佛 教 十 三 经

解深密经

赖永海 主编

赵锭华 译注

中华书局

总　序 ────────────────────

　　佛教有三藏十二部经、八万四千法门，典籍浩瀚，博大精深，即便是专业研究者，用其一生的精力，恐也难阅尽所有经典。加之，佛典有经律论、大小乘之分，每部佛经又有节译、别译等多种版本，因此，大藏经中所收录的典籍，也不是每一部佛典、每一种译本都非读不可。因此之故，古人有"阅藏知津"一说，意谓阅读佛典，如同过河、走路，要先知道津梁渡口或方向路标，才能顺利抵达彼岸或避免走弯路；否则只好望河兴叹或事倍功半。《佛教十三经》编译的初衷类此。面对浩如烟海的佛教典籍，究竟哪些经典应该先读，哪些论著可后读？哪部佛典是必读，哪种译本可选读？哪些经论最能体现佛教的基本精神，哪些撰述是随机方便说？凡此等等，均不同程度影响着人们读经的效率与效果。为此，我们精心选择了对中国佛教影响最大、最能体现中国佛教基本精神的十三部佛经，认为举凡欲学佛或研究佛教者，均可从"十三经"入手，之后再循序渐进，对整个中国佛教作进一步深入的了解与研究。

　　"佛教十三经"的说法，由来有自。杨仁山、梅吉庆以及中国佛学院都曾选有"佛教十三经"，所选经典大同小异。上

1

述三家都选录的经典有:《金刚经》、《维摩诘经》、《法华经》、《楞伽经》、《楞严经》;被两家选录的经典有:《心经》、《胜鬘经》、《观经》、《无量寿经》、《圆觉经》、《金光明经》、《梵网经》、《坛经》。此外,《四十二章经》、《佛遗教经》、《解深密经》、《八大人觉经》、《大乘密严经》、《地藏菩萨本愿经》、《菩萨十住行道品经》、《大毗卢遮那成佛神变加持经》为一家所选录。本着以上所说的"对中国佛教影响最大、最能体现中国佛教基本精神"的原则,这次我们选择了以下十三部经典:《心经》、《金刚经》、《无量寿经》、《圆觉经》、《梵网经》、《坛经》、《楞严经》、《解深密经》、《维摩诘经》、《楞伽经》、《金光明经》、《法华经》、《四十二章经》。

佛教发展至今已有两千多年的历史,就其历史发展、思想内容说,有大乘、小乘之分。《佛教十三经》所收录之经典,除了《四十二章经》外,多为大乘经典。此中之缘由,盖因佛法之东渐,虽是大小二乘兼传,但是,小乘佛教在传入中国之后,始终成不了气候,且自魏晋以降,更是日趋式微;直到十三世纪以后,才有南传上座部佛教在云南一带的流传,且范围十分有限。与此相反,大乘佛教自传入中土后,先依傍魏晋玄学,后融汇儒家的人性、心性学说而蔚为大宗,成为与儒道二教鼎足而三、对中国社会各个方面产生着巨大影响的一股重要的社会思潮。既然中国佛教的主体在大乘,《佛教十三经》所收录的佛经自然以大乘经典为主。

对于大乘佛教,通常人们又因其思想内容的差异把它分为空、有二宗。空宗的代表性经典是"般若经"。中国所见之般若类经典，以玄奘所译之《大般若经》为最，有六百卷之多。此外还有各类小本"般若经"的编译与流传，其中以《金刚经》与《心经》最具代表性与影响力。

　　"般若经"的核心思想是"空"。但佛教所说的"空"，非一无所有之"空"，而是以"缘起"说"空"，亦即认为，世间的万事万物，都是条件（"缘"即"条件"）的产物，都会随着条件的变化而变化。条件具备了，它就产生了（"缘起"）；条件不复存在了，它就消亡了（"缘灭"）。世间的一切事物，都不是一成不变的，而是一个念念不住的过程，因此都是没有自性的，无自性故"空"。《金刚经》和《心经》作为般若经的浓缩本，"缘起性空"同样是其核心思想，但二者又进一步从"对外扫相"和"对内破执"两个角度去讲"空"。《金刚经》的"对外扫相"思想集中体现在"一切有为法，如梦幻泡影，如露亦如电，应作如是观"这个偈句上，对内破执则有"应无所住而生其心"这一点睛之笔。《心经》则是以"色不异空，空不异色；色即是空，空即是色；受想行识亦复如是"来对外破五蕴身，以"心无罣碍"来破心执。两部经典都从扫外相、破心著的角度去说"空"。

　　有宗在否定外境外法的客观性方面与空宗没有分歧，差别仅在于，有宗虽然主张"外境非有"，但又认为"内识非无"，倡"三界唯心"、"万法唯识"，认为一切外境、外法都是"内识"的变现。在印度佛教中，有宗一直比较盛行，但在中国佛教史上，唯有玄奘、窥基创立的"法相唯识宗"全力弘扬"有宗"的思想，并把《解深密经》等"六经十一论"作为立宗的根据，《佛教十三经》选录了对"唯识宗"影响较大的《解深密经》进行注译。

《解深密经》的核心思想在论证一切外境外法与识的关系，认为一切诸法乃识之变现，阿赖耶识是生死轮回的主体，是万物生起的种子。经中还提出了著名的"三性"、"三无性"问题，并深入地论述了一切虚妄分别相与真如实性的关系。

　　与印度佛教不尽相同，中国佛教的主流或主体不在纯粹的"空宗"或"有宗"，而在大乘佛教基本精神与中国传统文化（特别是儒家心性学说）汇集交融而成的"真常唯心"思想，这种"真常唯心"思想也可称之为"妙有"的思想。首先创立并弘扬这种"妙有"思想的是智者大师创建的天台宗。

　　天台宗把《法华经》作为立宗的经典依据，故又称"法华宗"。《法华经》的核心思想，是"开权显实，会三归一"，倡声闻乘、缘觉乘、菩萨乘同归一佛乘，主张一切众生悉有佛性。《法华经》是南北朝之后，中国佛教走向以大乘佛教为主流的重要经典依据，也是中国佛教佛性理论确立以一切众生悉有佛性、都能成佛为主流的重要经典依据。而《法华经》的"诸法实相"也成为中国佛教"妙有"思想的重要思想资源和理论依据。

　　中国佛教注重"妙有"之思想特色的真正确立，当在禅宗。慧能南宗把天台宗肇端的"唯心"倾向推到极致，作为标志，则是《坛经》的问世。《坛经》是中国僧人撰写的著述中唯一被冠以"经"的一部佛教典籍，其核心思想是"即心即佛"、"顿悟成佛"。《坛经》在把佛性归诸心性、把人变成佛的同时，倡导"即世间求解脱"，主张把入世与出世统一起来，而这种思想的经典根据，则是《维摩诘经》。

　　《维摩诘经》可以说是对中国佛教影响最大的一部佛经，

不论是作为中国佛教代表的禅宗，还是成为现、当代佛教主流的人间佛教，《维摩诘经》中的"心净则佛土净"及"亦入世亦出世"、"在入世中出世"的思想，都是其最为重要的思想资源和经典依据。尤其值得一提的是，贯穿于整部《维摩诘经》的一根主线——"不二法门"，更是整个中国佛教的方法论依据。

《楞伽经》也是一部对禅宗、唯识乃至整个中国佛教有着重大影响的佛经。《楞伽经》思想有两个重要特点，一是融汇了空、有二宗，既注重"二无我"，又讲"八识"、"三自性"；二是把"如来藏"和"阿赖耶识"巧妙地统合起来。因此之故，《楞伽经》既是"法相唯识宗"借以立宗的"六经"之一，又被菩提达摩作为"印心"的依据，并形成一代楞伽师和在禅宗发展史颇具影响的"楞伽禅"。

《楞严经》则是一部对中国佛教之禅、净、律、密、教都有着广泛而深刻影响的大乘经典。该经虽有真、伪之争，但内容十分宏富，思想体系严密，几乎把大乘佛教所有重要理论都囊括其中，故自问世后，就广泛流行。该经以理、行、果为框架，谓一切众生都有"菩提妙明元心"，但因不明自心清净，故流转生死，如能修禅证道，即可成就无上正等正觉。这一思想对中国佛教的各宗各派都产生了极其深刻的影响。

《圆觉经》是一部非常能够体现中国佛教注重"妙有"思想特色的佛经。该经主张一切众生都具足圆觉妙心，本当成佛，无奈为妄念、情欲等所覆盖，才于六道中生死轮回；如能顿悟自心本来清净，此心即佛，无须向外四处寻求。该经所明为大乘圆顿之理，故对华严宗、天台宗、禅宗都有十分重要的影响。

《金光明经》对中国佛教的影响，主要体现在其"三身"、"十地"思想、大乘菩萨行之舍己利他、慈悲济世思想、金光明忏法及忏悔思想、以及天王护国思想。由于经中所说的诵持本经能够带来不可思议的护国利民功德，故长期以来被视为护国之经，在所有大乘佛教流行的地区都受到了广泛重视。

　　《无量寿经》是根据"十方净土"的思想建立起来的净土类经典，也是净土宗所依据的"三经"之一。经中主要叙述过去世法藏菩萨历劫修行成无量寿佛的经过，及西方极乐世界的种种殊胜。净土信仰自宋之后就成为与禅并驾齐驱的两大佛教思潮之一，到近现代更出现"家家阿弥陀，户户观世音"景象，故《无量寿经》在中国佛教史上的影响至为广泛和深远。

　　《梵网经》在佛教"三藏"中属"律藏"，是大乘戒律之一，在中国佛教大乘戒律中，《梵网经》的影响最大。经中主要讲述修菩萨的阶位（发趣十心、长养十心、金刚十心和体性十地）和菩萨戒律（十重戒和四十八轻戒），是修习大乘菩萨行所依持的主要戒律。另外，经中把"孝"与"戒"相融通、"孝名为戒"的思想颇富中国特色。

　　所以把《四十二章经》也收入《佛教十三经》，主要因为该经是我国最早译出的佛教经典，而且是一部含有较多早期佛教思想的佛经。经中主要阐明人生无常等佛教基本教义和讲述修习佛道应远离诸欲、弃恶修善及注重心证等重要义理，且文字平易简明，可视为修习佛教之入门书。

　　近几十年来，中国佛教作为中国传统文化的重要组成部分，以其特殊的文化、社会价值逐渐为人们所认识，研究佛教者也日渐增多。而要了解和研究佛教，首先得研读佛典。然而，佛教名相繁复，义理艰深，文字又晦涩难懂，即便有相当文史基础和哲学素养者，读来也颇感费力。为了便于佛学爱好者、研究者的阅读和把握经中之思想义理，我们对所选录的十三部佛典进行了如下的诠释、注译工作：一是在每部佛经之首均置一"前言"，简要介绍该经之版本源流、内容结构、核心思想及其历史价值；二是在每一品目之前，都撰写了一个"题解"，对该品目之内容大要和主题思想进行简明扼要的提炼和揭示；三是采取义译与意译相结合的原则，对所选译的经文进行现代汉语的译述。这样做的目的，是希望它对原典的阅读和义理的把握能有所助益。当然，这种做法按佛门的说法，多少带有"方便设施"的性质，但愿它能成为"渡海之舟筏"，而不至于沦为"忘月之手指"。

赖永海

庚寅年春于南京大学

前　言

　　《解深密经》在浩瀚的佛经中是一部十分独特的经典,唐代的窥基法师将其称为"经中之论"。其原因是本经的组织、论说方式、论说主题极类似论的形式。本经对一切经律进行了抉择,并从境、行、果的角度对佛法进行了十分深入的阐释。

一　经名与版本

　　"解深密"是梵文"珊地涅暮折那"的意译。"深密"原梵本有三义:两物相续义,骨节相连义,深密义。两物相续为指烦恼相续;骨节相连义是指烦恼结缚犹如人骨节一样坚固。玄奘大师取其深密义,意为本经能够解释佛法的深奥隐秘义和佛果的甚深境界、功德秘密,从而称为"解深密"。另外梵文中还有解脱意思,"解深密"也就含有深密解脱的意思。

　　本经的版本,据圆测疏说,本经有两种,一种是广本,有十万颂,一种是略本,一千五百颂。这是略本。本经在历史上曾有多个译本,在刘宋元嘉年间(424—453),中印度僧人求那跋陀罗法师在润州江宁县东安寺译出本经的最后两品,名为《相续

1

解脱经》，二卷。元魏延昌三年（514），北印度的菩提流支法师在洛阳少林寺完整译出本经，名为《深密解脱经》，五卷，开为十一品。南朝陈天嘉二年（561），西印度僧人真谛法师在建造寺译出本经的前两品，名为《佛说解节经》，一卷。玄奘大师（600—664）于唐贞观二十一年（647）五月十八日至七月十三日在弘福寺将此经重新译出，名为《解深密经》，五卷，并由沙门大乘光笔受。玄奘大师在印度曾三次聆听戒贤三藏讲《瑜伽师地论》，回国后译出《瑜伽师地论》一百卷，其中《瑜伽师地论》中第七十五——七十八卷中内含《解深密经》除序品外的七品。在这些译本中，玄奘法师的译本最为完善，他所译的译本文义明净，后世流传的多是奘师译的《解深密经》，本译注亦以此本为底本。另在藏文大藏经《丹珠尔》中，有藏译《圣解深密经》。

二　本经的内容

本经的内容，共有八品，除序品外，是按境、行、果的形式组成的。序品讲在有十八种圆满相的如来净土中，如来具足二十一种功德，以如来为主，具足十三种功德的诸大声闻众、具足十大功德的诸菩萨众来参加此次解深密法会。这是明教起因缘。后在圣教正说分中，《胜义谛相品》、《心意识相品》、《一切法相品》、《无自性相品》此四品称为胜义了义之教，明所观境；《分别瑜伽品》称为瑜伽了义之教，《地波罗蜜多品》称为地波罗蜜多了义之教，两者辩所观行；《如来成所作事品》称为如来成所作了义之教，显所得果。因观行者，要藉胜境，依境起行，由行得果。太虚法师曾总结为："第二至第五明境深密，第六至第七明行深密，第八明果深密，所以境行果即全经之大纲。"

　　本经所观境中再作两分，分为真俗境和有无性境。其中《胜义谛相品》明真谛境，《心意识相品》明世俗境。《一切法相品》明三性境，《无自性相品》明三无性境。《胜义谛相品》抉择了一切法，所谓的一切法分为有为法和无为法，是"诸圣者以圣智、圣见离名言故，现正等觉，即于如是离言法性，为欲令他现等觉故"，假立名相而说有为和无为，这是"一切法无二相"的原因。同时胜义谛相无相所行、不可言说、绝诸表示、绝诸诤论，超过一切寻思境相，另外胜义谛微细甚深超过诸行一异性相，具有遍于一切的一味相。《心意识相品》属世俗谛，此品揭示了心意识的秘密之义，在有情或卵生或胎生或湿生或化生身分生时，这最初的一切种子心识，因执持身的缘故称为"阿陀那识"，因对身摄受藏隐同安危也称为"阿赖耶识"，因此识色、声、香、味、触等积集滋长也称为"心"。以阿陀那识为依止、为建立，眼、耳、鼻、舌、身、意等六识身转。在意识与其他五识的关系中，其他五识身转时，不管是一识还是二、三、四、五识俱转时都唯有一分别意识随之而转。而要成为于心意识一切秘密善巧的菩萨行者，则需于内各别如实不见阿陀那、不见阿陀那识，不见阿赖耶、不见阿赖耶识，不见积集、不见心，及不见其他"六根"、"六境"、"六识"等，本经对此总结说："阿陀那识甚深细，一切种子如暴流，我于凡愚不开演，恐彼分别执为我。"

　　有无性境中《一切法相品》属三性境，此品广明一切法相三性道理，即遍计所执相，依他起相，圆成实相。这是从认知角度将一切法相分为了这三种。对于三相的了知，本品介绍：通过相名相应可以了知遍计所执相。通过依他起相上的遍计所执相执而可以了知依他起相本身。而在依他起相上不执着于遍计所执相，那么圆成实相也可以了知。本品还介绍，在诸法依他起相上，如实了知遍计所执相，就能如实了知一切无相之法，如果实了知了依他起相，就能如实了知一切杂染相法，如果能如实了知圆成实相，就能如实了知一切清净相法。而若能于依他起相上如实了知无相之法，就能断灭杂染相法，若能断灭杂染相法，就能证得清净相法。这也就是菩提道的清净过程，《无自性相品》属三无性境，本经依"三种无自性性，密意说言一切诸法皆无自性"，所谓的三种无自性性是相无自性性，生无自性性，胜义无自性性。其中一分胜义无自性性是由依他起相而立，一分胜义无自性性是依圆成实相而立。立三种无自性的原因是由于在依他起性和圆成实性上增益遍计所执自性，本品密意宣说了惟有一乘妙清净道的原理，但承认有种姓的差别，承认一向趣寂声闻种姓终不能成佛。本品还提出了义与不了义的三时教法。认为本经属第三时，以"显了相转正法轮，第一甚奇、最为希有"，是无上无容，是真了义的。

本经的观行部分，一是《分别瑜伽品》，瑜伽，意译作"相应"，本品以观行说为瑜伽。本品讲顺法而行得胜果的过程，也是诠瑜伽。本品对奢摩他、毗钵舍那的含义、分类，奢摩他、毗钵舍那、心的关系进行了详细的阐释，并从禅观中的唯识所现，推而广之日常中也是唯识所现，而成立一切唯识的道理。揭示了缘别法奢摩他、毗钵舍那，缘总法奢摩他、毗钵舍那的奥妙，还提到修奢摩他、毗钵舍那的菩萨应该知法知义，有五种相可以了知于法,可以通过十种义或五种义或四种义或三种义了知于义。本品分析了修奢摩他,毗钵舍那中的因、果、业和障碍,内心的散动,及菩萨十地中的对治障。本品宣说了大乘总空性相,这也是唯识与中观的争论焦点。在此品中还解释了菩萨依奢摩他、毗钵舍那勤修行证得阿耨多罗三藐三菩提的全过程:于见道前修真如观舍离一切粗细相,见道登地后,以三种所缘境事作意,依"以楔出楔方便遣内相","一切随顺杂染分相皆悉除遣,相除遣故粗重亦遣",如炼金法陶炼其心,直至证得阿耨多罗三藐三菩提。

另一属观行的是《地波罗蜜多品》,对于菩萨道的过程,上品止观中略说或总说,此中依地起度而广说或别说。本品对菩萨十地十一分圆满过程、菩萨十地得名、所对治、功德殊胜、所具有的随眠,特别对六种波罗蜜多进行了广解,对波罗蜜多的戒定慧所摄,资粮所摄,五相修学,六波罗蜜多的次第,各自品类差别,诸相违事,间杂染法,非方便行,清净相,因果义利等等广论其中奥义。本品还宣说了声闻乘、大乘惟是一乘的密意。

显所得果是《如来成所作事品》,在本品中讲了法身之相,如来化身生起相,如来化身善巧,如来言音差别(其中有契经四事,九事,二十九事,有调伏七相,本母十一相),如来心生起相,化身有心无心,如来所行境界差别相,成佛转轮涅槃无二相,如来于有情为缘差别,如来法身三乘解脱身差别相,如来菩萨威德住持有情相,明净秽二土差别相等。本品还宣说了契经、调伏、本母不共外道陀罗尼义。

三　本经的注疏

本经在历史上的注疏有:《解深密经疏》十一卷,令因法师撰;《解深密经疏》四十卷,圆测法师撰;《解深密经疏》十卷,玄范法师撰;《解深密经疏》三卷,元晓法师撰;《解深密经疏》若干卷,憬兴法师撰,但是现仅存的是圆测法师的疏。另因《瑜伽师地论》中内含《解深密经》中除序品外的七品,因此在《瑜伽师地论》的注疏中也含有《解深密经》的疏,而《瑜伽师地论》的注疏现存的也仅有窥基的《瑜伽师地论略纂》十六卷和遁伦法师撰的《瑜伽论记》四十八卷,可惜的是窥基的《略纂》现保存下来的只到《瑜伽师地论》的第六十六卷,而有关《解深密经》的注疏部分是在第七十五到七十八卷,因此其《解深密经》疏也遗失。近代有欧阳竟无居士,因遗失的《瑜伽论记》后半部分复出,录其文于经下,其中的序品用亲光法师的《佛地经论》补充之,这样形成十卷的《解深密经注》,由金陵刻经处刊行。另外,在藏文大藏经《丹珠尔》中有无著菩萨的《解深密经释》,文约义丰,有待从藏译汉。韩镜清居士还将《瑜伽师地论摄决择分所引解深密经慈氏品略解》(智藏论师造)一书,译藏为汉。本经也是唯识与中观的了义之争中的焦点,宗喀巴大师曾在中观的立场上作《依止〈解深密经〉辨了不了义》(已由法尊法师藏译汉),可参阅。

完整版圆测法师的《解深密经疏》在中土的流传,颇费一番周折。此疏在中土曾失传,后经杨仁山居士从日本寻回,在金陵刻经处刊刻印行,但此版本仍缺失四十卷的后五卷和《地波罗蜜多品》的品题疏文,后观空法师依据晚唐吐蕃的著名译师法成所译的藏文本还译为汉文。因圆测法师本人是朝鲜人，对此赵朴初先生在金陵刻经处完整版的测疏序文中说道："余维'深密'法门，传于弥勒，授于戒贤，译于玄奘，述于圆测，宝藏于东瀛，译存于西藏，上下千百年，广员数万里，合印、汉、藏、朝、日无数大德之力，展转授受，始得幸存天壤。"

另外，近代太虚大师撰有《解深密经纲要》，论全经大义和纲要和《解深密经—如来成所作事品讲录》，讲如来的果地功德。还有演培法师以白话文作《解深密经语体释》，是引进入解深密门的佳作。巨赞法师曾作《〈解深密经·无自性相品〉述意》，对《无自性相品》有精到的阐释。还有精治唯识的韩清净居士撰《瑜伽师地论披寻记》，也为论中所引的《解深密经》作了注疏，当代济群法师也精治《解深密经》，著有《〈解深密经〉要义说》、《〈解深密经〉与唯识思想》、《解深密经讲义》等文。

四　本经的历史地位与本译注的特点

《解深密经》不仅是"经中之论"而且是唯识宗立宗的经典，其中提出了诸法唯识，一切种子心识、三性三无性，一向趣寂声闻种姓终不能成佛、三时判教，瑜伽禅观等唯识立宗的重要内容。唯识宗把《大方广佛华严经》、《解深密经》、《楞伽经》、《如来出现功德庄严经》（未译）、《阿毗达磨经》（未译）、《厚严经》（未译）等六经作为立宗依据，而《解深密经》在其中是最重要的。本经除序品外，被《瑜伽师地论》中的《摄抉择分》全文引用，显示了瑜伽行派对此经的推崇，因此，本经是学习唯识宗思想必读的经典。另外，在诸经中，本经是对大乘禅观的奥义分析最为细致、最为系统的一部经典,是欲深入禅观者极重要的依据经典。

　　本《解深密经》注译,版本选用《藏要》本,此本是魏本、宋本、陈本、番本的校对本,可谓善本。注解和译文等主要依据的是圆测法师的《解深密经疏》,测疏对经文分析详尽,所引经论众多,是现代研究《解深密经》最重要的参考文本。另对其中有难解之处,多有参照其他异译本和《解深密经注》等,对近现代大德相关的著作多有参照。标点主要参照了北京慈氏学会的现代标点本,略有几处改动。本书的注译,尤其是对一些佛教名相的注释,参照或直接引用《佛光大词典》、《中华佛教百科全书》、《中国百科全书》(佛教篇)等,特此说明。另,本注译后有一较详细的附录,主要以图表等形式归纳诸品的内容要点和次第。这也是将古代的科判转化为现代可理解形式的一种尝试,希望对读者的理解经文能有所助益。

目 录

卷 一

序品第一

本品是序品，讲述举行此次法会的背景。此次法会是在佛陀主持的净土宫殿中举行的，佛陀具足有二十一种殊胜的功德。来参加法会的有无量回心向大乘的大声闻众，这些大声闻众具足十三种德相。还有无量登地的大菩萨众也来参加法会，诸菩萨众具足十大功德。此次法会以解甚深义密意菩萨等十位大菩萨为首。

如是我闻①。

一时②，薄伽梵住最胜光曜七宝庄严③，放大光明普照一切无边世界，无量方所妙饰间列，周圆无际其量难测，超过三界所行之处④，胜出世间善根所起⑤，最极自在净识为相⑥，如来所都，诸大菩萨众所云集⑦，无量天、龙、药叉、健达缚、阿素洛、揭路荼、紧捺洛、牟呼洛伽人非人等常所翼从⑧，广大法味喜乐所持⑨，现作众生一切义利⑩，蠲除一切烦恼缠垢⑪，远离众魔⑫，过诸庄严，如来庄严之所依处，大念慧行以为游路⑬，大止妙观以为所乘⑭，大空、无相、无愿解脱为所入门⑮，无量功德众所庄严大宝华王众所建立大宫殿中⑯。

是薄伽梵最清净觉⑰，不二现行⑱，趣无相法⑲，住于佛住⑳，逮得一切佛平等性㉑，到无障处㉒，不可转法㉓，所行无碍㉔，其所安立不可思议㉕，游于三世平等法性㉖，其身流布一切世界，于一切法智无疑滞，于一切行成就大觉，于诸法智无有疑惑，凡所现身不可分别，一切菩萨正所求智㉗，得佛无二住胜彼岸，不相间杂如来解脱妙智究竟㉘，证无中边佛地平等㉙，极于法界㉚，尽虚空性，穷未来际。

与无量大声闻众俱㉛，一切调顺皆是佛子㉜，心善解脱、慧善解脱、戒善清净㉝，趣求法乐，多闻、闻持、其闻积集㉞，善思所思、善说所说、善作所作㉟，捷慧、速慧、利慧、出慧、胜决择慧、大慧、广慧及无等慧慧宝成就㊱，具足三明㊲，逮得一切现法乐住㊳，大净福田、威仪寂静无不圆满㊴，大忍柔和成就无减，己善奉行如来圣教。

复有无量菩萨摩诃萨众从种种佛土而来集会㊵，皆住大乘㊶，游大乘法，于诸众生其心平等，离诸分别及不分别种种分别㊷，摧伏一切众魔怨敌，远离一切声闻、独觉所有作意，广大法味喜乐所持㊸，超五怖畏㊹，一向趣入不退转地㊺，息一切众生一切灾横而现在前。其名曰：解甚深义密意菩萨摩诃萨，如理请问菩萨摩诃萨，法涌菩萨摩诃萨，善清净慧菩萨摩诃萨，广慧菩萨摩诃萨，德本菩萨摩诃萨，胜义生菩萨摩诃萨，观自在菩萨摩诃萨,慈氏菩萨摩诃萨,曼殊室利菩萨摩诃萨等而为上首。

注释:

①如是我闻:每部佛经开头的常用语句。第一次佛教典籍的结集时,经文部分由阿难尊者诵出,阿难尊者在诵每部经前均说"如是我闻",以表示此下所诵乃直接从佛陀处所亲闻,并表示没有增减异分的过失。"如是"指经中内容,表信顺之义,信顺所闻之法,"我闻"是能持之人;"如是"表信成就,"我闻"表闻成就。

②一时:指佛陀在听众根基成熟、听说相会时,开说此经。

③薄伽梵:佛的十号之一,意译"有德"、"能破"、"世尊"、"尊贵"。即有德而为世所尊重者之意。在印度用于有德之神或圣者之敬称。据佛地论,含有二义:一具自在、炽盛、端严、名称、吉祥、尊贵六德;二能破烦恼魔、蕴魔、死魔、天魔四魔。因此名世皆尊重且能总摄诸德,因此经首皆置此名。最胜光曜:是七宝严饰的宫殿所发出的庄严光芒。七宝:即七种珍宝,《大智度论》指金、银、吠琉璃、赤真珠、玛瑙、车渠、颇胝迦等为七宝。《法华经》卷四以金、银、琉璃、车渠、玛瑙、真珠、玫瑰为七宝。此句彰显佛净土的名圆满,显色圆满。

④三界:欲界、色界、无色界为"三界",欲界是指有食欲、淫欲、睡眠欲之处,即地狱、饿鬼、畜生、阿修罗、人间及六欲天。色界指有净妙色法之处,即四禅天。无色界指无有色法之处,或说尚存微细色法之处,即四无色天包括空无边处天、识无

边处天、无所有处天、非非想天，或说尚存微细色法之处。此句
彰显佛净土的处所圆满。

⑤善根：即善之根本。又称"善本"、"德本"。指能生出
善法的根本。将善以树根为喻，故名"善根"。如依《俱舍论》
所说，则善根是指行者入见道位时，能生无漏智的根本。此句
彰显佛净土的因圆满。

⑥净识：即如来大圆镜智相应净识。此句彰显佛净土的果
圆满。

⑦大菩萨：菩萨，以智上求无上菩提，以悲下化众生，修诸
波罗蜜行，于未来成就佛果之修行者。深行的菩萨，于菩萨位
中已达不退位，称为大菩萨；尚在退位者，则为小菩萨。故若
以初住以上不退位为大菩萨，则在十信位者为小菩萨；若以初
地以上为大菩萨，则地前是小菩萨。此句彰显佛净土的辅翼
圆满。

⑧天、龙、药叉、健达缚、阿素洛、揭路荼（tú）、紧捺洛、牟
呼洛伽人非人：天，指梵天、帝释天、四天王等天神。果报殊胜，
光明清净。龙，指八大龙王等水族之主。药叉，旧称"夜叉"，指
能飞腾空中的鬼神。健达缚，系帝释天的音乐神，以香为食。阿
素洛即"阿修罗"，意译作非天、无端正、无酒。此神性好斗，常
与帝释战。"揭路荼"，即金翅鸟，身形巨大，其两翅相去三三六
万里，取龙为食。"紧捺洛"，似人而有角，故又名"人非人"，又称
"天伎神"、"歌神"。"牟呼洛伽"，即大蟒神。此八部众皆系佛
之眷属，受佛威德所化，而护持佛法。因此在大乘经典中，彼等
也往往是佛陀说法时的会众。"人非人"，天龙八部的总称。在

这里是佛净土中所化现的,非为三界所摄。此句彰显佛净土的眷属圆满。

⑨法味喜乐所持:意为佛在圆满净土中,得无漏,能说能受大乘法味,生大喜乐。此为彰显佛净土的任持圆满。

⑩众生:一般指迷界有情,五蕴等众缘假合而生,故称"众生",广义也包括佛菩萨。此句彰显佛净土的事业圆满。

⑪蠲(juān)除:消除、远离的意思。烦恼缠垢:烦恼即名"缠垢",数起现行的烦恼为缠,而自性染污为垢。烦恼有一百二十八个根本烦恼,欲界四谛各有十,色无色界四谛除嗔各九,合有一百一十二。缠有三缠,八缠,十缠之说,其中三缠为"贪,嗔,痴",八缠为"无惭、无愧、嫉、悭、悔、眠、掉举、昏沉",这里加上"忿、覆"构成十缠。又此处也摄所知障,所知障,覆蔽所知境界,障智不令生之无知性,其执遍计所执诸法萨迦耶见以为上首,含摄所有无明、法爱、恚等诸心心所法,及所发业并所得果,以此障碍菩提。本惑名缠,而随惑为垢。此句彰显佛净土的摄益圆满。

⑫魔:梵语 mâra,巴利语同。全称为"魔罗"。意译为"杀者"、"夺命"、"能夺"、"能夺命者"、"障碍"。旧译作"磨",至南朝梁武帝时始改为"魔"字。《瑜伽师地论》举四魔说,即烦恼魔、蕴魔、死魔、天魔。常说的魔王波旬,住于欲界第六他化自在天之高处,为破坏正教之神。此句彰显佛净土的无畏圆满。

⑬大念慧行:是大念、大慧、大行的合称。分别为闻所成慧、思所成慧、修所成慧的意思,指听闻佛法,记持如义,思量得解,按理修习而趣向佛教真理。大则指缘于大乘佛法。游路,

意为按此"念慧行"而趣入佛净土。此句彰显佛净土的路圆满。

⑭止：又名"奢摩他"。主指对法义的专注思维，连续不断，身起轻安乃至心起轻安。观：又名"毗钵舍那"，是指在止（奢摩他）基础上，对由止所缘的法义影像进行观察、思维、抉择等深层的意识活动。本经有《分别瑜伽品》广论此止观之义。有解"止"为"三摩地"，"观"为般若智慧的。此句彰显佛净土的乘圆满。

⑮大空、无相、无愿解脱：此即为三解脱门，遍计所执生法无我为空，缘此空三摩地，为空解脱门。相有十种：色、声、香、味、触、男女、生、老、病、死。而涅槃没有此等相称为无相，缘此无相三摩地称为"无相解脱门"。愿是求愿，观三界苦而无所求愿，无所造作名"无愿"，缘此无愿三摩地为"无愿解脱门"。此三解脱门是修所生慧，唯通无漏，不通有漏。《瑜伽师地论》卷七十四云"三种解脱门亦由三自性而得建立，谓由遍计所执自性故立空解脱门，由依他起自性故立无愿解脱门，由圆成实自性故立无相解脱门"。此句彰显佛净土的门圆满。

⑯大宝华王：宝红莲花，在所有花中最为殊胜，称为花王，极难得为大，是无量功德众善所起，是佛的依处。此句彰显佛净土的依持圆满。

⑰最清净觉：为佛陀于一切有为、无为所应觉境正开觉，一切所应觉境净妙圆满正开觉，于一切如所有性、尽所有性正开觉。此句讲佛的总德。

⑱不二现行：指佛陀远离有障、无障；内处、外处；生死、涅槃此等两边，具有于所知一向无障转的功德。现行，"实现"、

"现在发生作用"之义。此句讲佛陀的第一德。

⑲无相：有三种含义：真如（远离有无两种）；无住涅槃（不住生死涅槃）；三乘涅槃（无色、声、香、味、触、男女、生、老、病、死等十种相）等义。最胜清净能入于真如之境。此句讲佛陀的第二功德。

⑳佛住：住佛所住，无所住处，即安住无住涅槃，具有无功用佛事不休息住功德，即不用功用作一切事。又解为随众生其所应，正安住圣天梵住，或解为于空大悲善安住，或解为住大悲一切时观世间。此句讲佛陀的第三功德。

㉑一切佛平等性：显示佛陀获得一切诸佛相似事业殊胜功德，即所依的法身、意乐的应身、作业的化身，如是三身与一切十方三世如来平等无异。此句讲佛陀的第四功德。

㉒无障：佛陀修一切障对治功德，已证得解脱一切烦恼所知二障智及已永断一切障。此句讲佛陀的第五功德。

㉓不可转法：讲佛陀降服外道的功德，意为佛陀的教证二法，不为一切外道所能动转，也没有余法能胜过。此句讲佛陀的第六功德。

㉔无碍：讲佛陀生在世间不为世法所碍的功德，即行于世间不被世间利、衰、毁、誉、称、讥、苦、乐八法所染污；在作利益安乐有情事业中，不被高下所拘碍；行于诸境，不被诸魔境所障碍。此句讲佛的第七功德。

㉕安立：讲佛陀安立正法的功德。此为佛陀的第八功德。

㉖三世平等法性：讲佛陀的授记功德，佛陀能游涉于三世平等法性中，能对过去、未来的曾转、当转的事情就像发生在现在

一样，而予以授记。也意为佛陀获得三世诸佛相同的利益有情的事业。此句讲佛陀的第九功德。

㉗正所求智：讲佛陀无量所依调伏有情加行功德，即佛智是无量菩萨之所依。另解为佛陀成就佛种不断方便殊胜功德，以此佛智是诸菩萨所求。此句讲佛陀的第十五功德。

㉘不相间杂如来解脱妙智：指佛陀胜解现在前时，随诸众生所乐而显现，这是说明佛陀虽然证得一切佛平等性智，但具有随众而显现的分殊功德。也指一切如来自受用身各各不同，妙智显现不同，诸佛净土也不相同，在法会中，现种种身，诸菩萨所受用法乐各不相同，但皆到究竟。此句讲佛陀的第十七功德。

㉙无中边：此是说三种佛身方处无分限的功德。佛的法身不可分方所，受用身、变化身也是如此。没有一法在法身之外，也没一众生界出应化两身外。此句讲佛的第十八功德。

㉚极于法界：极清静法界的意思，即穷尽生死际而常现利益安乐一切有情。法界指意识所缘的一切境界，"十八界"之一。法界的"法"，原有"轨持"之意。即一切事物都能保持各自的特性，互不相繁，且能让人理解其究为何物。"界"，有"种族"、"分齐"之意，即分门别类的不同事物，各守其不同的界限。

㉛大声闻众：在《瑜伽师地论》中说，从他听闻正法言，又能另他闻正法声，而称为"声闻"。大声闻在佛地论中认为有四义，一是利根波罗蜜多种性声闻，二是无学果，三是如实义不定种性回心向大，四数量众多。众，梵语为僧伽，即和合众，理事二和称为"众"。

㉜调顺：在《大智度论》中"调顺"有三个方面的意思，一是心调顺，指对待别人的恭敬与打骂，心里等同无异，对于珍宝与瓦石看成相同，对于被别人持刀斫身和用旃檀香涂身，视为等同；二是利钝根本烦恼已断；三是对待六情众生，应贪不贪应嗔不嗔应疑不疑而守护众生。佛子：此经将声闻称为"佛子"，也有唯菩萨称为佛子的，在《大智度论》中将菩萨与声闻通称为佛子，意为皆从口生法生，包括须陀洹、斯陀含、阿那含、阿罗汉、入正位的菩萨。此文中讲大声闻众的十三德，这里是第一心善调顺德，第二绍隆佛种德。

㉝心善解脱、慧善解脱、戒善清净：指离三界贪，离贪心得解脱。此处解脱的烦恼指履心的爱烦恼。慧善解脱指离一切染污无明，离无明慧得解脱。此处解脱的烦恼是履慧的见烦恼。不能于一切解脱，有残结使，退法阿罗汉不名好解脱。戒善清静有三种解释，一是具足六支，名戒善净，六支指住净尸罗；善自防守别解律仪；轨则具足；所行皆悉具足；于微细罪，见大怖畏；受学学处。二是得无漏戒称为"善清静"。三是住无学位，回向大乘，自分戒净，修菩萨戒为"善清静"。此处说第三心慧解脱德，第四戒善清静德。

㉞多闻、闻持、其闻积集：对于无量经典，经典中初中后分皆能听受称为"多闻"。对于所闻义能够忆持，令其不忘失称为"闻持"。反复地研习文义，令其坚住，称为"其闻积集"。此为第六闻持积集德。

㉟善思所思、善说所说、善作所作：指身、语、意三业清净。此为第七三业随智德。

㊱捷慧、速慧、利慧、出慧、胜决择慧、大慧、广慧及无等慧：指八慧。对于佛法迅速了知称为"捷慧"；没有滞碍称为"速慧"；对于微细义能通解，知尽其所有，如所有名为"利慧"；对于出世间法善于了知称为"出慧"；对于出世间诸离欲法能了知称为"胜决择慧"；将此慧长时间串习称为"大慧"；将此慧用于无量无边所行境称为"广慧"；其余诸慧不能与此慧相等，此慧最胜称为"无等慧"。此是第八诸慧差别德。

㊲三明：指住随念智证通明，死生智证通明，漏尽智证通明即宿命明、天眼明、漏尽明，相当于六通中宿命通、天眼通、漏尽通。在六通中，神足通、天耳通、他心通仅是神通而不是能达无漏智慧的明，后三通既是神通又是明。直知过去宿命事称为"宿命通"，而知过去因缘行业称为明；直知死此生彼称为"天眼通"，知行因缘际会不失称为明；直知尽结使，不知更生不生称为"漏尽通"，若知漏尽更不复生称为"明"。这三种明是大阿罗汉和辟支佛所证得的。这是说第九具足三明德。

㊳现法乐住：色界"四等持"之一，禅定七名之一。《俱舍论》讲即依净、无漏之四根本静虑而得现前之法乐。现法乐住唯指色界四静虑（四禅），不通于近分及无色界，这是因为静虑（禅定）中有两种乐，一种是受乐，一种是轻安乐。前三静虑两种乐都有，第四静虑虽只有轻安乐，但此轻安乐比前三静虑的二乐势用更为广大。近分定时势用不广大，唯心边生，不是极其充悦而不称为乐住，无色界中因没有这样的乐受，也不称为乐住。这是说第十现法乐住德。

㊴福田：指大声闻众断除了贪恚等诸烦恼尽，因永离了烦

恼，如良田去除了稊稗，能够迅速地生长广大果，因此被称为众生的福田。这是第十一胜净福田德。

㊵菩萨摩诃萨：梵语全称为"菩提萨埵摩诃萨埵"，菩提是"觉"的意思，萨埵是"有情"的意思，摩诃义为"大"。大有三义：愿大、行大、利益众生大，登地以上的诸大菩萨可称为"菩萨摩诃萨"。

㊶大乘：音译"摩诃衍那"、"摩诃衍"，乘，即交通工具之意，系指能将众生从烦恼之此岸载至觉悟之彼岸的教法而言，能化众生及求菩提。也有解为依法性真如为大乘的。菩萨摩诃萨有十大，此句讲菩萨精进大，安住大乘，拔济有情，令离生死。

㊷分别：劫名分别，梵音为"劫腊波"，翻译为"分别"。以分分差别名分别，是有为之法，时劫所摄。无有时劫分分差别，名不分别，是无为法，非时劫所摄。分别与不分别是两所缘境。种种分别指能分别心，缘前面的分别与不分别境。这句是说诸大菩萨断除了一切劫与非劫分别，不分别劫与非劫，能长时修行无厌，一切长时犹如一念，平等而转。此句讲菩萨摩诃萨时大。

㊸法味喜乐：大乘"十二部经"名大法，真如解脱等为味，此说大菩萨以大乘法味喜乐为食，长养菩萨戒、定、慧、解脱、解脱知见五分法身。此句讲菩萨摩诃萨主持大。

㊹五怖畏：不活畏、恶名畏、死畏、恶趣畏、怯众畏称为"五怖畏"。此五怖畏，在菩萨证得清静意乐地时皆已远离。此句讲菩萨摩诃萨清净大。

㊺不退转地：在菩萨地的前七地仍然有加行功用运转，八

地以上则得无加行功用运转,一向趣入不退转地。此句讲菩萨摩诃萨证得大。

译文:

这部经典是我亲自听佛陀说的。

当时,佛陀住在具有最胜光曜的七宝所庄严的净土宫殿中。此净土宫殿放大光明普照一切无边世界。宫殿的无量方所中,众多妙饰间列其中。宫殿方圆无边无际难以测量,超过了三界的所行之处。这是由佛陀的超出世间善根所起。宫殿以最极自在的净识为相。宫殿由佛陀如来所住持,常有无量的大菩萨众云集,无量的天、龙、药叉、健达缚、阿素洛、揭路荼、紧捺洛、牟呼洛伽等天龙八部众作为佛陀的眷属辅翼云集,都以广大法味喜乐为所持。净土宫殿能现为众生作一切义利,消除了一切烦恼缠垢,远离了众魔,超过诸种庄严,是如来妙庄严的所依处。大念慧行是通向此宫殿的道路,大止妙观是所乘的工具,大空、无相、无愿解脱为所入之门。无量功德众所庄严的大宝华王众是此净土宫殿的依持处。

这时,佛陀达到了最清净觉。现量行持不二境界,趣无相法,住于佛住,达到了一切佛的平等性,到无障处,不被余法所转,所行无碍,其所安立不可思议,佛陀能游涉于三世平等法性中,其身流布一切世界,于一切法智善于决定而无疑滞,于一切行成就大觉,妙善了达一切法智无有疑惑,以非虚妄分别而随有情示现其身。佛陀的智慧是一切菩萨的所依所求之处,获得了诸佛的无二平等法身。如来解脱随缘所显现的妙智不相间杂，都已圆满究竟，证得了远离中间、边地相的佛地平等法性的功德，极尽了清净法界，获得了尽虚空性的法界智慧功德，并且此功德穷尽未来际没有间断。

来参加佛陀法会的有无量大声闻众，他们一切调顺都是佛子，心善解脱、慧善解脱、戒善清净，趣求法乐，具足多闻，对于所闻之义能够忆持不忘，研习文义使所闻积集，善思所思、善说所说、善作所作；成就捷慧、速慧、利慧、出慧、胜决择慧、大慧、广慧及无等慧等慧宝，具足三明，达到了一切现法乐处，断除了贪恚等诸烦恼，能成为众生的福田，威仪寂静无不圆满，成就大忍柔和功德，并无减退，己身善于奉行如来圣教。

还有无量的大菩萨众从种种佛土而来，到此净土宫殿集会，这些大菩萨众都精进地安住大乘，游习于大乘法，对诸众生其心平等，远离了一切劫与非劫分别，也不分别劫与非劫，一切长时，犹如一念，平等而转，能够摧伏一切众魔怨敌，远离了一切声闻、独觉所有作意，以大乘的广大法味喜乐为所持，超离了五种恐怖畏惧，一向趣入不退转地；能够息灭众生一切有情众生的一切灾横，获得地位现前。这些大菩萨的名字是：解甚深义密意菩萨摩诃萨，如理请问菩萨摩诃萨，法涌菩萨摩诃萨，善清净慧菩萨摩诃萨，广慧菩萨摩诃萨，德本菩萨摩诃萨，胜义生菩萨摩诃萨，观自在菩萨摩诃萨，慈氏菩萨摩诃萨，曼殊室利菩萨摩诃萨等大菩萨众作为上座。

胜义谛相品第二

　　胜义谛相，胜义与世俗相对，胜指胜智，义指义境。以真如理为胜智的境义称为"胜义"。谛有两方面的意思，一方面是不舍离于所说义之义，谛在这里与语言有关，另一方面是观察以上所说义到究竟清净义称为"谛"，这里含有清净真如的意思。相是体相、相状的意思。本品即是讲胜义谛的真如有离言等五种自体相状。本品与后面三品共同组成"境、行、果"中的所观"境"。所观境就是指佛教行者所观照的对象，这里有"世俗境"和"胜义境"之分（后面四、五两品分为有性境和无性境）。大乘佛教中所观"境"面对的是一切法，一切法包括了有为法和无为法，本品开始就分析了一切法，指出一切法中的有为法和无为法都是假名安立的，一切法的本质是无二，即非有为非无为。这就是"胜义谛境"所讨论的问题。但是要怎样来表示"胜义谛"呢？本品认为胜义谛相超过了我们一切的意识寻思境界，其无相所行，不可言说，绝诸表示，不是通过诤论来获得的，是圣者的内证境界。"胜义谛相"奥义微细甚深，其与一切行相的关系，既不是相同也非不同，超过或"一"（相同）或"异"（不同）的行相境界，此中的偈颂说明：要真正了知"胜义谛相"的奥义，获得解脱，须要勤修止观。这也就是第六品所说的。本品还说"胜义谛相"于一切处中是同一味相。于如在蕴处所获得的胜义谛相和于其他处如"缘起"、"食"、"四谛"、"三十七道品"等处所获得的"胜义谛相"是相同的。

　　尔时，如理请问菩萨摩诃萨即于佛前问解甚深义密意菩萨摩诃萨言[①]："最胜子！言一切法无二[②]。一切法无二者，何等一切法？云何为无二？"

　　解甚深义密意菩萨谓如理请问菩萨曰："善男子！一切法者，略有二种：所谓有为、无为[③]。是中有为，非有为、非无为，无为，亦非无为、非有为[④]。"

　　如理请问菩萨复问解甚深义密意菩萨言："最胜子！如何有为，非有为、非无为，无为，亦非无为、非有为？"

　　解甚深义密意菩萨谓如理请问菩萨曰："善男子！言有为者，乃是本师假施设句[⑤]。若是本师假施设句，即是遍计所集言辞所说[⑥]，若是遍计所集言辞所说，即是究竟种种遍计言辞所说，不成实故，非是有为。善男子！言无为者，亦堕言辞，设离有为无为少有所说，其相亦尔。然非无事而有所说，何等为事？谓诸圣者以圣智圣见离名言故现正等觉，即于如是离言法性，为欲令他现等觉故，假立名相谓之有为。

　　"善男子！言无为者，亦是本师假施设句。若是本师假施设句，即是遍计所集言辞所说，若是遍计所集言辞所说，即是究竟种种遍计言辞所说，不成实故，非是无为。善男子！言有为者，亦堕言辞，设离无为有为少有所说，其相亦尔。然非无事而有所说，何等为事？谓诸圣者以圣智圣见离名言故现正等觉，即于如是离言法性，为欲令他现等觉故，假立名相谓之无为。"

尔时，如理请问菩萨摩诃萨复问解甚深义密意菩萨摩诃萨言："最胜子！如何此事彼诸圣者以圣智圣见离名言故现正等觉，即于如是离言法性，为欲令他现等觉故假立名相，或谓有为、或谓无为？"

解甚深义密意菩萨谓如理请问菩萨曰："善男子！如善幻师或彼弟子住四衢道⑦，积集草叶、木、瓦砾等现作种种幻化事业⑧，所谓象身、马身、车身、步身、末尼、真珠、琉璃、螺贝、璧玉、珊瑚、种种财谷库藏等身⑨。若诸众生愚痴顽钝恶慧种类⑩，无所知晓⑪，于草叶木瓦砾等上诸幻化事，见已闻已作如是念：此所见者，实有象身，实有马身、车身、步身、末尼、真珠、琉璃、螺贝、璧玉、珊瑚、种种财谷库藏等身，如其所见，如其所闻，坚固执着、随起言说'唯此谛实，余皆愚妄'，彼于后时应更观察。

"若有众生非愚非钝善慧种类有所知晓⑫，于草叶木瓦砾等上诸幻化事，见已闻已作如是念：此所见者，无实象身，无实马身、车身、步身、末尼、真珠、琉璃、螺贝、璧玉、珊瑚、种种财谷库藏等身，然有幻状迷惑眼事，于中发起大象身想，或大象身差别之想，乃至发起种种财谷库藏等想，或彼种类差别之想，不如所见，不如所闻，坚固执着随起言说'唯此谛实，余皆愚妄'，为欲表知如是义故，亦于此中随起言说，彼于后时不须观察。

"如是若有众生是愚夫类、是异生类，未得诸圣出世间慧，于一切法离言法性不能了知，彼于一切有为无为见已闻已作如是念：此所得者，决定实有有为无为，如其所见，如其所闻，坚固执着随起言说'唯此谛实，余皆愚妄'，彼于后时应更观察。

"若有众生非愚夫类，已见圣谛、已得诸圣出世间慧，于一切法离言法性如实了知，彼于一切有为无为见已闻已作如是念：此所得者，决定无实有为无为，然有分别所起行相，犹如幻事迷惑觉慧，于中发起为、无为想，或为无为差别之想，不如所见，不如所闻，坚固执着随起言说'唯此谛实，余皆痴妄'，为欲表知如是义故，亦于此中随起言说，彼于后时不须观察。

"如是善男子！彼诸圣者于此事中，以圣智圣见离名言故现正等觉，即于如是离言法性，为欲令他现等觉故，假立名相谓之有为、谓之无为。"

尔时，解甚深义密意菩萨摩诃萨欲重宣此义而说颂曰：

> 佛说离言无二义，甚深非愚之所行，
> 愚夫于此痴所惑，乐着二依言戏论。
> 彼或不定或邪定[13]，流转极长生死苦，
> 复违如是正智论，当生牛羊等类中。

注释：

①如理请问菩萨：这是第一位发问的菩萨，因他顺理发问，故称为"如理请问菩萨"。解深密义菩萨：因能解释甚深义理密意而得名。又名"宝冠顶菩萨"，"宝观顶"是佛的名号，该菩萨是此佛的弟子。解深密义菩萨回答了如理请问菩萨的提问。

②法：音译为"达摩"。意义较为复杂。主要有两种意思，一是"任持自性"的意思、一是"轨生物解"的意思。任持自性，意指能保持自体的自性（各自的本性）不改变；轨生物解，指能轨范人伦，令人产生对一定事物理解之根据。这里主要是前一种意义。

③"略有二种"数句：法略说分"有为法"和"无为法"；非略非广分为五种：心法、心所有法、色法、心不相应行法、无为法；广说有百法。有为、无为：《瑜伽师地论》中说，有生灭的依因缘和合作用的称为"有为"，反之称为"无为"，《大智度论》中有说有所得为"有为"，无所得为"无为"，有说取相是"有为"，不取相是"无为"。在此经中，以三性来分"有为"与"无为"，有三种"有为"与"无为"，第一种是遍计所执有为和无为，坚固执着实有有为法与无为法；第二种是唯依依他起相分有为无为，这里意思为决定没实有有为法与无为法；第三种是讲有为法即是依他起性，无为法即是圆成实性。在此处文中，有为法无为法是从第三种说法来说的。后文有解释。

④"是中有为"数句：这里所说的"有为法"是依他起性的有为法，不是遍计所执的有为法和无为法，所说的"无为法"是圆成实性意义上的无为法，不是遍计所执性的无为法和有为法。

⑤本师假施设句:"本师"此处是指佛陀如来,"假施设句"指为了说明某一道理而假立施设的语句。

⑥遍计:周遍计度,也有译师翻译成"分别"。

⑦幻师:在真谛《金光明经》中认为,幻师是阿赖耶识无始以来的能造虚妄。弟子:比喻"七识"。《瑜伽师地论》卷八十四中也说八识为师。四衢道有解为"四谛"或"四念处"或"四识住"(识住于色、受、想、行四蕴)。

⑧积集草叶、木、瓦砾等:比喻诸种子积集在本识中。草叶细软可比喻善种,木石等粗强的可比喻为恶种。此句可譬喻说因善恶种子生出诸果来。

⑨象身、马身、车身、步身、末尼、真珠、琉璃、螺贝、璧玉、珊瑚、种种财谷库藏等身:象身、马身、车身、步身可喻为"因缘"或"有情";而末尼等可喻为"果"或"无情"。

⑩愚痴顽钝恶慧种类:愚痴可喻无明体,顽钝可喻痴用,恶慧可喻诸见。

⑪无所知晓:可比喻恶慧(诸见)用。

⑫非愚非钝善慧种类有所知晓:非愚非钝,是指起悟近缘,无痴善根。善慧种类有所知晓比喻地前加行位中分证能取所取空性或地上了知胜义无二的道理。

⑬不定或邪定:三定聚众生中的两聚。三定聚指:正定聚、邪定聚、不定聚。《大智度论》卷八十四讲:"能破颠倒者,称为正定;不能破颠倒者,称为邪定;得因缘能破,不得因缘则不能破者,称为不定。"

译文：

这时，如理请问大菩萨（菩萨名）即在佛前问解甚深义密意大菩萨（菩萨名）说："佛子，佛陀常说'一切法无二'，在这'一切法无二'中，什么是一切法？怎么说是无二的？"

解甚深义密意大菩萨回答如理请问大菩萨说："善男子！一切法简单来说有两种：一种是有为法，一种是无为法。这里所说的有为法非有为、非无为；所说的无为法，也非无为、非有为。

如理请问菩萨再问解甚深义密意菩萨说："佛子，如何说所说的有为法非有为、非无为；所说的无为法，也非无为、非有为？"

解深义密意菩萨回答如理请问菩萨说："善男子！讲说有为法，这是本师佛陀假立施设的语句，如果是佛陀假立施设的，也就是说周遍计度的所集言辞所说，如果是周遍计度的所集言辞所说，也就是说毕竟所有种种言说都是周遍计度的，不是实有，故不存在实有的有为。善男子！说无为，也是言辞遍计的。另外如果离开了有为法、无为法外，还有如'非有为非无为'等少许说法的话，这类说法和有为法、无为法一样也是遍计名言所说，不是实有的。但是佛陀如来也不是无事而说。那么是为了什么事呢？这是因为诸圣者因圣智、圣见现正等正觉，而此圣智、圣见无法用名言来表达，但为了使其他众生也能够明白这离言的真如法性，假立名相而说有为。"

"善男子！说无为也是本师佛陀假施设的语句，如果是佛陀假立施设的，也就是说周遍计度所集言辞所说，如果是周遍计度所集言辞所说，也就是说毕竟所有种种言说都是周遍计度的，不是实有的，因此不是存在实有的无为。善男子！说有为，也是言辞遍计，另外，如果离开了无为法和有为法，还有如'非无为非有为'的等少许说法的话，这类说法和无为法有为法一样也是遍计名言所说，不是实有的。但是佛陀如来也不是无事而说。那么是为了什么事呢？这是因为诸圣者因圣智、圣见现正等正觉，而此圣智、圣见无法用名言来表达，但为了使其他众生也能够明白这离言的真如法性，假立名相而说无为。"

这时，如理请问大菩萨再问解甚深义密意大菩萨说："佛子！为什么说诸圣者因圣智、圣见现正等正觉，而此圣智、圣见是无法用名言来表达的，但为了使其他众生也能够明白这离言的真如法性，假立名相而说有为无为？"

解甚深义密意菩萨对如理请问菩萨说："善男子！这好像一位幻化功能高超的幻化师或幻化师的弟子住在四街道中，积集了草叶、木、瓦砾等物，变现作种种幻化事业，将它们都幻化成象身、马身、车身、步身、末尼、真珠、螺贝、璧玉、珊瑚、种种财谷库藏等身。如果有众生是愚痴、顽钝、恶慧的种类，对幻境无所知晓，于由草叶、木、瓦砾等幻化出来的现象，看到听到后认为：这里所看到的，真实有象身，真实有马身、车身、步身、末尼、真珠、琉璃、螺贝、璧玉、珊瑚、种种财谷库藏等身，坚固执着所看到所听到的，从而说'只有这是真实的，其余的都是愚妄的'。这类众生以后还需要作进一步观察来认识幻相。

"如果有众生不是愚痴也非顽钝，是具有善慧的种类，对幻境有所知晓，对由草叶、木、瓦砾等幻化出来的现象，看到听到后认为：这里所看到的，不是实际有象身，不是实际有马身、车身、步身、末尼、真珠、琉璃、螺贝、璧玉、珊瑚、种种财谷库藏等身，是由于幻状迷惑眼睛的缘故，从而于幻境中生起大象身想，或种种大象身的差别想，乃至发起其他种种财谷库藏等想或者这些的种类差别想。事实上并非是眼所看到的，耳所听到的，对此坚固执着，而说：'只有这样才是真实的，其他的都是愚妄的'。为了表达这种意义，而在其中随起言说。这类众生因如实了解幻相，所以后面就不须再作观察了。

　　"如果有众生是愚夫种类，是异生类，没有得到诸圣者的出世间智慧。对一切法的离言法性不能了知。他对于一切有为法无为法，见到听到的，会作这样想：这些所看到听到的有为法无为法决定是实有的。坚固执着所看到所听到的，从而说'只有这是真实的，其余的都是愚妄的'。这类众生以后还需要做进一步观察来认识真相。

　　"如果有众生不是愚夫种类，已见到圣谛，已得到了诸圣出世间的智慧。对一切法的离言法性都如实了知。那么他对于一切有为法无为法，见到听到的，会作这样想：这些所看到听到的有为法无为法决定不是实有的。但因有分别而产生了种种行相，这犹如幻事迷惑觉慧一样。在这里面发起有为无为的想法，或有为无为差别的想法。事实上并非是眼所看到的，耳所听到的，对此坚固执着，而说：'只有这样才是真实的，其他的都是愚妄的'。为了表达这种意义，而在其中随起言说。这类众生因如实了解了真相，所以后面就不须再作观察了。

　　"正因为这样，善男子，那些圣者在此事中，以无法用名言来表达的圣智、圣见现正等觉，但为了使其他众生也能够明白此离言的真如法性，而假立名相而说有为，无为的。"

这时，解甚深义密意大菩萨想重新宣说这道理，以颂的形式来说：

> 佛说离言无二义，甚深非愚之所行，
> 愚夫于此痴所惑，乐着二依言戏论。
> 彼或不定或邪定，流转极长生死苦，
> 复违如是正智论，当生牛羊等类中。

尔时，法涌菩萨摩诃萨白佛言[①]："世尊！从此东方过七十二殑伽河沙等世界[②]，有世界名具大名称，是中如来号广大名称，我于先日从彼佛土发来至此。我于彼土曾见一处，有七万七千外道并其师首同一会坐，为思诸法胜义谛相，彼共思议、称量、观察遍寻求时[③]，于一切法胜义谛相竟不能得，唯除种种意解、别异意解、变异意解互相违背共兴诤论[④]，口出矛𮢶[⑤]，更相𮢶刺，恼坏既已，各各离散。

"世尊！我于尔时，窃作是念：如来出世甚奇希有！由出世故，乃于如是超过一切寻思所行胜义谛相亦有通达作证可得[⑥]。"

说是语已，尔时世尊告法涌菩萨摩诃萨曰："善男子！如是如是，如汝所说，我于超过一切寻思胜义谛相现正等觉，现等觉已，为他宣说、显现开解、施设照了。

何以故？我说胜义是诸圣者内自所证⑦，寻思所行是诸异生展转所证⑧，是故法涌，由此道理当知胜义超过一切寻思境相。

"复次法涌，我说胜义无相所行，寻思但行有相境界⑨。是故法涌，由此道理当知胜义超过一切寻思境相。

"复次法涌，我说胜义不可言说⑩，寻思但行言说境界。是故法涌，由此道理当知胜义超过一切寻思境相。

"复次法涌，我说胜义绝诸表示⑪，寻思但行表示境界。是故法涌，由此道理当知胜义超过一切寻思境相。

"复次法涌，我说胜义绝诸诤论⑫，寻思但行诤论境界。是故法涌，由此道理当知胜义超过一切寻思境相。

"法涌当知，譬如有人尽其寿量习辛苦味，于蜜、石蜜上妙美味不能寻思、不能比度、不能信解⑬，或于长夜由欲贪胜解、诸欲炽火所烧然故，于内除灭一切色声香味触相妙远离乐不能寻思、不能比度、不能信解⑭，或于长夜由言说胜解乐著世间绮言说故，于内寂静圣默然乐不能寻思、不能比度、不能信解⑮，或于长夜由见闻觉知表示胜解乐著世间诸表示故，于永除断一切表示萨迦耶灭究竟涅槃不能寻思、不能比度、不能信解⑯，法涌当知，譬如有人于其长夜，由有种种我所摄受诤论胜解乐著世间诸诤论故，于北拘卢洲无我所、无摄受、离诤论不能寻思、不能比度、不能信解⑰。

如是法涌，诸寻思者于超一切寻思所行胜义谛相不能寻思、不能比度、不能信解。"

尔时，世尊欲重宣此义而说颂曰：

> 内证无相之所行，不可言说绝表示，
> 息诸诤论胜义谛，超过一切寻思相。

注释：

①法涌菩萨：第二个发问的菩萨，此菩萨住居八地，依法身上起，法辩用而不竭，犹如涌泉。也有翻译成"昙无竭"、"法盛"、"法上"。

②殑（jìng）伽河：即为恒河。

③思议、称量、观察：思义就是外道所说的现量，称量就是比量，观察就是圣言量，此句讲外道依此三量遍寻求时，对于胜义谛相竟不能得。

④种种意解、别异意解、变异意解：种种意解，指以为用种种诸法以为胜义而没有别的真如；别异意解，指离诸法外，别有胜义；变异意解，指认为胜义不是常住的是变化的。

⑤攒（zuàn）：意为小矛，古代的一种击刺兵器，也可作动词，意为"刺"。

⑥寻思：寻思即用分别为体。是故不证无相真如。本经说寻思是通说寻、伺都名寻思。因都有推求思量的意思。

⑦内自所证：是说圣者用无分别智缘真如境，内证自体。玄奘法师认为是正智亲证自体不变而缘，如自证分。而无分别相分是后得智变影而缘。

⑧展转：此说寻思所行即是凡夫众生依他言说，而不是内自所证，因此称为"展转"。

⑨有相境界：相的行处是指"十八界"。相即"六尘"，行即"六识"，处即"六根"，此根尘识只是觉观境。但是真如不是觉观境。此中无相的解释，与中观唯识不同，清辩宗认为通约三性说无所得，护法等宗只遣遍计所执。

⑩不可言说：大乘中有四种不可言说的道理：一离损益等而不可说。如《大智度论》中，说火应烧舌。二现量境故名不可说。玄奘法师认为："诸部皆云，说诸法言多是表诠。但比量中异法喻言唯是遮诠。大乘亦尔。"这是说诸法自相不可言说，若诠释共相，就要遮除余法。"随其所应，破诸妄执，我等皆妄，谁复为真？毕竟空，心言路绝，分别戏论皆不能行，唯诸圣贤内智所证示正道理。"三名义相对互为客的原因而不可言说。四一切法无所得而不可言说。如《金刚般若波罗蜜多经》说"如来所说法，皆不可取，不可说。何以故？一切圣人皆以无为法而有差别。"又如《维摩诘经》中维摩诘"默然无言"明不二法门。

⑪胜义绝诸表示：此说胜义谛理不是见、闻、觉、知四种境界之所表示。因见、闻、觉、知都是有漏戏论所摄。《大智度论》第四十卷说："眼识所知名为所见，耳识所知名为所闻，鼻舌身三识所知名为所觉，意识所缘名为所知。"

⑫诤论：指有我、我所见，于五蕴中执有真我。但是真如离我我所，不是我见等诤论烦恼所行之处。因此说"绝诸诤论"。

⑬"于蜜、石蜜上妙美味"句：这可谓出家上味胜乐喻。喻在家久在生死，恒习在世间忧苦粗味，对于出家乐妙梵行味不能

寻思、比度、信解。

⑭"于内除灭一切色声香味触"句：这可谓远离五欲妙乐喻，是四种乐中的远离乐。

⑮"于内寂静圣默然乐"句：这可谓贤圣默然寂静乐喻，是四种乐中的寂静乐。

⑯"于永除断一切表示萨迦耶灭"句：这可谓绝诸表示寂乐喻，是四种乐中菩提乐。

⑰"于北拘卢洲无我所"句：这可谓离诸诤论觉乐喻。是四种乐中菩提乐。

译文：

这时，法涌大菩萨对佛陀说："世尊！从这里向东方过相当于七十二条恒河所有沙数量的世界，有一个世界名字叫做具大名称，那里有位称号为'广大名称'的如来，我前几天从那佛的国土出发来到这里。我在那里曾看到一地方，有七万七千外道为了思考诸法的胜义谛相和他们的师长聚坐在一起。他们在共同思议、称量、观察周遍寻求一切法的胜义谛相时，对于一切法的胜义谛相竟不能得，只是产生互相违背的种种意解、别异意解、变异意解，并造成了彼此之间的诤论，甚至恶语相向，互相烦恼之后，各各离去。

"世尊！当我看到这种现象时，私下想到：如来出世是非常稀有的！由于如来出世的缘故，对于超过一切寻思所行的胜义谛相，就有通达作证的因缘了。"

在法涌菩萨说完此话后，这时佛陀告诉法涌菩萨摩诃萨说:"善男子！是的，是的，正像你所说的，我已获得了对超离一切寻思的胜义谛相的了知，成就了无上正等正觉，我成正觉后，为他人宣说、显现开解、施设照了此离一切寻思的胜义谛相。为什么说胜义谛相超过一切寻思境相呢？我说胜义谛相是圣者们内自所证的，而寻思是凡夫们依他言说展转所证的，因此法涌，从这个道理可以知道所谓的胜义谛相是超过一切寻思境相的。

"还有法涌，我说胜义谛相是无相境界，而寻思所行的是有相境界。因此法涌，从这个道理可以知道所谓的胜义谛相是超过一切寻思境相的。

"还有法涌，我说胜义谛相是不可以言说的，而寻思所行的是言说境界。因此法涌，从这个道理可以知道所谓的胜义谛相是超过一切寻思境相的。

"还有法涌，我说胜义谛相是不可以表示的，而寻思所行的是表示境界。因此法涌，从这个道理可以知道所谓的胜义谛相是超过一切寻思境相的。

"还有法涌，我说胜义谛相远离诸种诤论，而寻思所行的是诤论境界。因此法涌，从这个道理可以知道所谓的胜义谛相是超过一切寻思境相的。

"法涌，下面这些譬喻的道理你是应该知道的。譬如有人尽其一生常常品尝的是辛苦的味道，因此对于蜜糖，石蜜（冰糖）的上妙美味是没法通过寻思来了解的，也没法通过比较来了解的，也是没法真正信解这种妙味的。或者有人在生死长夜中胜解贪欲，乐著信解贪欲，常处在被诸贪欲炽火所燃烧的境界中，因此对远离外在散乱，同时于内灭除一切色声香味触相的妙远离乐是没法通过寻思来了解，也没法通过比较来了解，也是没法真正信解这种妙乐的。或者有人在生死长夜中胜解言说，执着言说，乐于世间的绮语，因此对远离外在散乱的内在寂静圣默妙乐没法通过寻思来了解，也没法通过比较来了解，也没法真正信解这种妙乐。或者有人胜解见闻觉知表示，执着世间诸表示，因此对于永远除断一切表示的萨迦耶见到达究竟涅槃的境界是没法通过寻思来了解，也没法通过比较来了解，也没法真正信解这种境界。譬如有人在生死长夜中，胜解有种种我所，种种摄受，种种诤论，乐著世间诤论，因此对北拘卢洲的无我所、无摄受、离诤论的境界是没法通过寻思来了解，也没法通过比较来了解，也没法真正信解这种境界。正是这样，法涌，乐著于寻思的人对于超过一切寻思所行的胜义谛相是不能通过寻思来了解的，也没法通过比较来了解，也没法真正信解这种境界。"

这时，佛陀为了重新宣说胜义谛相的道理而说颂为：

内证无相之所行，不可言说绝表示，

息诸诤论胜义谛，超过一切寻思相。

尔时，善清净慧菩萨摩诃萨白佛言："世尊甚奇，乃至世尊善说，谓世尊言胜义谛相微细甚深，超过诸法一异性相[①]，难可通达。世尊！我即于此曾见一处，有众菩萨等正修行胜解行地，同一会坐，皆共思议胜义谛相与诸行相一异性相。于此会中，一类菩萨作如是

言'胜义谛相与诸行相都无有异'，一类菩萨复作是言
'非胜义谛相与诸行相都无有异，然胜义谛相异诸行
相'，有余菩萨疑惑犹豫，复作是言'是诸菩萨谁言谛
实、谁言虚妄？谁如理行、谁不如理'？或唱是言'胜
义谛相与诸行相都无有异'，或唱是言'胜义谛相异诸
行相'②。世尊！我见彼已，窃作是念：此诸善男子愚痴
顽钝、不明不善、不如理行，于胜义谛微细甚深超过诸
行一异性相不能解了。"

说是语已，尔时世尊告善清净慧菩萨摩诃萨曰：
"善男子！如是如是！如汝所说，此诸善男子愚痴顽
钝、不明不善、不如理行，于胜义谛微细甚深超过诸行
一异性相不能解了。何以故？善清净慧！非于诸行如
是行时，名能通达胜义谛相③，或于胜义谛而得作证④。
何以故？善清净慧！若胜义谛相与诸行相都无异者，
应于今时一切异生皆已见谛，又诸异生皆应已得无上
方便安隐涅槃，或应已证阿耨多罗三藐三菩提。若胜
义谛相与诸行相一向异者，已见谛者于诸行相应不除
遣，若不除遣诸行相者，应于相缚不得解脱，此见谛者
于诸相缚不解脱故，于粗重缚亦应不脱⑤，由于二缚不
解脱故，已见谛者应不能得无上方便安隐涅槃⑥，或不
应证阿耨多罗三藐三菩提。

"善清净慧！由于今时非诸异生皆已见谛，非诸异
生已能获得无上方便安隐涅槃，亦非已证阿耨多罗三

藐三菩提，是故'胜义谛相与诸行相都无异相'不应道
理。若于此中作如是言'胜义谛相与诸行相都无异'
者，由此道理当知一切非如理行、不如正理。善清净
慧！由于今时非见谛者于诸行相不能除遣，然能除遣，
非见谛者于诸相缚不能解脱，然能解脱，非见谛者于
粗重缚不能解脱，然能解脱，以于二障能解脱故，亦能
获得无上方便安隐涅槃，或有能证阿耨多罗三藐三菩
提，是故'胜义谛相与诸行相一向异相'不应道理。若
于此中作如是言'胜义谛相与诸行相一向异'者，由此
道理当知一切非如理行、不如正理。

　　"复次善清净慧！若胜义谛相与诸行相都无异者，
如诸行相堕杂染相，此胜义谛相亦应如是堕杂染相。
善清净慧！若胜义谛相与诸行相一向异者，应非一切
行相共相名胜义谛相。善清净慧！由于今时胜义谛相
非堕杂染相，诸行共相名胜义谛相，是故'胜义谛相与
诸行相都无异相'不应道理，'胜义谛相与诸行相一向
异相'不应道理。若于此中作如是言'胜义谛相与诸
行相都无有异'或'胜义谛相与诸行相一向异'者，由
此道理当知一切非如理行、不如正理。

　　"复次善清净慧！若胜义谛相与诸行相都无异者，
如胜义谛相于诸行相无有差别，一切行相亦应如是无
有差别，修观行者于诸行中如其所见、如其所闻、如
其所觉、如其所知不应后时更求胜义。若胜义谛相与

诸行相一向异者，应非'诸行唯无我性、唯无自性之所显现是胜义相'，又应俱时别相成立，谓杂染相及清净相。善清净慧！由于今时一切行相皆有差别、非无差别，修观行者于诸行中如其所见、如其所闻、如其所觉、如其所知复于后时更求胜义，又即'诸行唯无我性、唯无自性之所显现名胜义相'，又非俱时染净二相别相成立，是故'胜义谛相与诸行相都无有异'或'一向异'不应道理。若于此中作如是言'胜义谛相与诸行相都无有异'或'一向异'者，由此道理当知一切非如理行、不如正理。

"善清净慧！如螺贝上鲜白色性，不易施设与彼螺贝一相异相。如螺贝上鲜白色性，金上黄色亦复如是。如箜篌声上美妙曲性，不易施设与箜篌声一相异相，如黑沈上有妙香性，不易施设与彼黑沈一相异相，如胡椒上辛猛利性，不易施设与彼胡椒一相异相，如胡椒上辛猛利性，诃梨涩性亦复如是，如蠹罗绵上有柔软性⑦，不易施设与蠹罗绵一相异相，如熟酥上所有醍醐，不易施设与彼熟酥一相异相，又如一切行上无常性、一切有漏法上苦性、一切法上补特伽罗无我性，不易施设与彼行等一相异相⑧，又如贪上不寂静相及杂染相，不易施设此与彼贪一相异相，如于贪上，于瞋痴上当知亦尔⑨。如是，善清净慧！胜义谛相不可施设与诸行相一相异相。

"善清净慧！我于如是微细极微细、甚深极甚深、难通达极难通达、超过诸法一异性相胜义谛相现正等觉，现等觉已，为他宣说、显示开解、施设照了。"

尔时，世尊欲重宣此义而说颂曰：

行界胜义相，离一异性相，

若分别一异，彼非如理行。

众生为相缚，及为粗重缚，

要勤修止观⑩，尔乃得解脱。

注释：

①一异：彼此皆同为一，彼此皆异为异。都为偏于一方的思想。《中论》中因缘品有说："不生亦不灭，不常亦不断，不一亦不异，不来亦不去。"嘉祥法师疏中说："不一不异，治外道计执一异障。"《大智度论》卷二十有说：'诸圣人，破吾我相，灭一异相。'

②"或唱是言"二句：这是第三师计。是对于以上二说，犹豫不决，不是别有计。

③通达：知胜义称为"通达"。

④作证：能得涅槃及菩提果称为"作证"。

⑤于诸相缚不解脱故，于粗重缚亦应不脱：对于这二缚，玄奘法师介绍印度有两种看法。一种看法是以一切有漏相分为"相缚"，而能缘见分贪等诸惑为"粗重缚"。一种看法是相缚即末那识以为自性，末那识名为相缚。粗重缚有两种，一种是以六识中的惑称为粗重。一种是烦恼所知二障势力使诸有漏五蕴

等法无所堪任,而说此为粗重缚。《显扬圣教论》中说两者是依他起:相缚为缘起于粗重缚,粗重缚为缘又能生相缚。

⑥安隐涅槃:宗镜录中说:"安隐快乐者,则寂静妙常。世事永息者,则攀援心断。"涅槃,原是印度语,具称"涅槃那",其意义包括有灭、寂、寂灭、寂静、灭度。在印度的原语应用上,是指火的熄灭或风的吹散,如灯火熄灭了称为"灯焰涅槃"。《般涅槃经》,说涅槃具足法身、般若、解脱的三德,具足常、乐、我、净的四德,具足常、恒、安、清凉、不老、不死、无垢、快乐如甜酥之具八味的八德。

⑦蠹(dù)罗绵:传说是蒲柳华。

⑧"不易施设与蠹罗绵一相异相"以下六句:此为理事一异喻。

⑨"如螺贝上鲜白色性"至"于嗔痴上当知亦尔"数句:以上有十种比喻。究其次第是约六境说。初二约色,次一约声,次一约香,二约味,次二约触,后二约法。

⑩止:梵音名"奢摩他",翻译为"止",体即定。止息散乱,名之为止。观:梵音"毗钵舍那",翻译为"观"。体即是慧,审察诸法,名之为观。后文"分别瑜伽品"有详论。

译文:

这时,善清净慧大菩萨对佛说:"佛陀是极为稀有的,佛陀的善说也是极为稀有的。佛陀所说的胜义谛相微细甚深,超过诸法一异性相的道理很难通达。世尊!我在这里曾看到一处,有许多菩萨修行胜解行地,他们聚坐在一起,大家共同思量议论胜义谛与诸行相的一异性相问题。在这会中,有一类菩萨认为:'胜义谛相与诸行相都无有异。'有一类菩萨认为:"胜义谛相与诸行相不是都无有异,应该说胜义谛相与诸行相是不同的。"还有些菩萨疑惑犹豫,认为:'这些菩萨谁说的是真实的呢?这些谁说的是虚幻呢?谁说的是如理的,谁说的是不如理的呢?'或说'胜义谛相与诸行相都无有异,'或说'胜义谛相与诸行相是不同的',佛陀!我见到这种情况,私下想:这些善男子愚痴顽钝、不明不善、不如理行,对于胜义谛相微细甚深,超过诸行一异性相的奥义不能了解。"

当善清净慧大菩萨说完这话后,那时佛陀告诉善清净慧大菩萨说:"善男子!是这样的!是这样的!正像你所说的,这些善男子愚痴顽钝、不明不善、不如理行,对于胜义谛相微细甚深,超过诸行一异性相的奥义不能了解。为什么呢?善清净慧!不是通过执着于胜义谛相与诸行相是一相还是异相的方式,来通达胜义谛相,或者以此来证明胜义谛相的。为什么呢?善清净慧!如果胜义谛相和诸行相是一的话,那么现在一切轮回的众生都应见到道谛了,一切轮回的凡夫都应该获得无上方便的安隐涅槃了,或者说都已证得了无上正等正觉了。如果胜义谛相与诸行相始终是异的话,那么已经见到道谛的行者对诸行相就不用除遣了,如果不除遣诸行相的话,那么就不能从相缚中解脱出来,那么这所谓的见到道谛的人因不能从相缚中解脱,当然也就不能从粗重缚中解脱出来,而因不能从此二缚中解脱,那么已经见到道谛的行者也就不能获得无上方便安隐涅槃了,或者说也就不应证得无上正等正觉了。

"善清净慧！因为现在轮回的凡夫都没见到道谛，也没有获得无上方便安隐的涅槃，也没证得无上正等正觉，因此'胜义谛相与诸行相都无有异'的看法是没有道理的。如果对这问题说'胜义谛相与诸行相都无有异'，那么由上面道理可以知道这一切都是不如理行，与正理违背的。善清净慧！由于现见到道谛的行者对于诸行相能除遣，而不是不能除遣，现见到道谛的行者对于粗重缚能够解脱，而不是不能解脱，由于能够从这二障中解脱的原因，也就能够获得无上方便的安隐涅槃，或者说可以证得无上正等正觉。因此说'胜义谛相与诸行相一向异相'是没有道理的。如果对这问题说'胜义谛相与诸行相一向异相'，那么由以上道理可以知道这一切都是不如理行，与正理违背的。

"还有善清净慧！如果胜义谛相和诸行相都无异，像诸行相都是堕入杂染相的，那么胜义谛相也应堕入杂染相。善清净慧！如果胜义谛相和诸行相一向是异的，那么不应说一切行相的共相称为胜义谛相。善清静慧！由于事实上胜义谛相是不会堕入杂染相中的，而诸行的共相名为胜义谛相，因此说'胜义谛相和诸行相都无异相'是没有道理的，同样'胜义谛相和诸行相一向异相'也是没有道理的。如果对这问题说'胜义谛相与诸行相都无有异'，或者'胜义谛相和诸行相一向异'，那么由以上道理可以知道这一切说法都是不如理行，与正理违背的。

"还有善清净慧！如果胜义谛相和诸行相都无异，那么像胜义谛相和诸行相没有差别一样，一切行相也应像这样没有差别，修观行者在修行中对诸行相如其所见、如其所闻、如其所觉、如其所知后就不应该进一步寻求胜义谛相了。如果胜义谛相和诸行相始终一向异的话，应该不是'以诸行唯无我性，唯无自性所显现的是胜义相'来说明胜义谛相的，胜义谛相与诸行相应该分别独立成立，即杂染相和清净相独立成立。善清净慧！由于现实中一切行相都有差别而不是没有差别，修观行者在修行时对诸行相如其所见、如其所闻、如其所觉、如其所知后，是更要进一步去寻求胜义谛相，另外也是以'诸行唯无我性，唯无自性所显现的是胜义相'来说明胜义谛相的，杂染相和清静相也不是分别独立成立的。因此说，'胜义谛相和诸行相无有异'或'一向异'是没有道理的。如果对这问题说：'胜义谛相与诸行相无有异'，或者'胜义谛相和诸行相一向异'，那么由以上道理可以知道这一切说法都是不如理行，与正理违背的。

　　"善清净慧！像螺贝上所显示的鲜白色特性，不能施设说此鲜白色性和螺贝是一相还是异相。像螺贝上的鲜白色性一样，其他颜色金色、黄色也是这样的。像对箜篌奏出乐曲所听到的美妙性，不能施设说此美妙性和箜篌的乐曲声是一相还是异相。像对黑色沉香所嗅到的妙香性，不能施设说此妙香性和黑色沉香是一相还是异相。像对胡椒所尝到的辛猛味性，不能施设说此辛猛味性和胡椒是一相还是异相，诃梨涩性也是这样的。像对蠹罗绵所触到的柔软性，不能施设说这柔软性与蠹罗绵是一相还是异相。像从熟酥中所提炼出来的最上层的醍醐，不能施设说这醍醐与熟酥是一相还是异相。又一切行的无常性，一切有漏法的苦性、一切法的补特伽罗无我性，不能施设说它们各自与一切行，一切有漏法，一切法是一相还是异相。又如心烦恼贪的不寂静相和杂染相，不能施设说与贪是一相或异相，像对于贪来说一样，对于其他心烦恼嗔、痴也可以推知是如此的。正是这样的原因，善清净慧！胜义谛相不可施设说与诸行相是一相还是异相。

"善清净慧！我对如此微细极微细、甚深极甚深、难通达极难通达、超过诸法一异性相胜义谛相现正等觉，现正等觉后，为其他众生宣说，显现开解，施设照了。"

这时，佛陀为了重新宣说这道理而说颂为：

> 行界胜义相，离一异性相，
>
> 若分别一异，彼非如理行。
>
> 众生为相缚，及为粗重缚，
>
> 要勤修止观，尔乃得解脱。

尔时，世尊告长老善现曰[①]："善现！汝于有情界中，知几有情怀增上慢、为增上慢所执持故记别所解[②]？汝于有情界中，知几有情离增上慢记别所解？"

尔时，长老善现白佛言："世尊！我知有情界中，少分有情离增上慢记别所解[③]。世尊！我知有情界中，有无量无数不可说有情怀增上慢，为增上慢所执持故记别所解[④]。

"世尊！我于一时住阿练若大树林中[⑤]，时有众多苾刍亦于此林依近我住[⑥]，我见彼诸苾刍于日后分展转聚集[⑦]，依有所得现观[⑧]，各说种种相法记别所解。于中一类由得蕴故、得蕴相故、得蕴起故、得蕴尽故、得蕴灭故、得蕴灭作证故记别所解⑨。如此一类由得蕴故，复有一类由得处故、复有一类得缘起故⑩，当知亦尔。复有一类由得食故、得食相故、得食起故、得食尽故、得食灭故、得食灭作证故记别所解⑪，复有一类由得谛故、得谛相故、得谛遍知故、得谛永断故、得谛作证故、得谛修习故记别所解⑫，复有一类由得界故、得界相故、得界种种性故、得界非一性故、得界灭故、得界灭作证故记别所解⑬，复有一类由得念住故、得念住相故、得念住能治所治故、得念住修故、得念住未生令生故、得念住生已坚住不忘、倍修增广故记别所解⑭。如有一类得念住故，复有一类得正断故、得神足故、得诸根故、得诸力故、得觉支故⑮，当知亦尔。复有一类得八支圣道故、得八支圣道相故、得八支圣道能治所治故、得八支圣道修故、得八支圣道未生令生故、得八支圣道生已坚住不忘、倍修增广故记别所解⑯。

"世尊！我见彼已，便作是念：此诸长老依有所得现观，各说种种相法记别所解，当知彼诸长老一切皆怀增上慢，为增上慢所执持故，于胜义谛遍一切一味相不能解了。是故世尊甚奇乃至世尊善说，谓世尊言胜义谛相微细最微细、甚深最甚深、难通达最难通达遍一切一味相。世尊！此圣教中修行苾刍于胜义谛遍一切一味相尚难通达，况诸外道？"

尔时，世尊告长老善现曰："如是如是，善现！我于微细最微细、甚深最甚深、难通达最难通达遍一切一味相胜义谛现正等觉，现等觉已，为他宣说、显示开解、施设照了。何以故？善现！我已显示于一切蕴中清净所缘是胜义谛，我已显示于一切处、缘起、食、谛、界、念住、正断、神足、根、力、觉支、道支中清净所缘是胜义谛，此清净所缘于一切蕴中是一味相、无别异相。如于蕴中，如是于一切处中、乃至一切道支中是一味相、无别异相。是故善现，由此道理当知胜义谛是遍一切一味相。

"复次善现！修观行苾刍通达一蕴真如、胜义、法无我性已，更不寻求各别余蕴、诸处、缘起、食、谛、界、念住、正断、神足、根、力、觉支、道支真如胜义法无我性，唯即随此真如、胜义、无二智为依止故，于遍一切一味相胜义谛审察趣证。是故善现，由此道理当知胜义谛是遍一切一味相。

"复次善现！如彼诸蕴展转异相，如彼诸处、缘起、食、谛、界、念住、正断、神足、根、力、觉支、道支展转异相，若一切法真如、胜义、法无我性亦异相者，是则真如、胜义、法无我性亦应有因，从因所生，若从因生应是有为，若是有为应非胜义，若非胜义应更寻求余胜义谛。善现！由此真如、胜义、法无我性不名有因非因所生，亦非有为是胜义谛，得此胜义更不寻求余胜义谛，唯有常常时、恒恒时、如来出世、若不出世，诸法法性安立、法界安住。是故善现，由此道理当知胜义谛是遍一切一味相。善现！譬如种种非一品类异相色中，虚空无相、无分别、无变异、遍一切一味相，如是异性异相一切法中，胜义谛遍一切一味相当知亦尔。"

尔时，世尊欲重宣此义而说颂曰：

此遍一切一味相，胜义诸佛说无异，

若有于中异分别，彼定愚痴依上慢^⑦。

注释：

①善现：须菩提尊者的意译名。

②增上慢：是慢、过慢、慢过慢、我慢、增上慢、卑慢、邪慢七慢中之一。慢以恃己于他高举为性。增上慢，在《法华经》中所说的，未得谓得未证谓证名增上慢。

③少分有情：圆测疏中认为此处指初地已上菩萨，如实了知一味相法空胜义，不生起起法增上慢。不是指二乘和凡夫等。

④为增上慢所执持故：圆测疏中认为，此"增上慢"是凡夫和有学圣者所起。

⑤阿练若处：又称"阿兰若处"，指适合于出家人修行与居住之僻静场所。又译为"远离处"、"寂静处"、"最闲处"、"无诤处"。即距离聚落一俱卢舍而适于修行之空闲处。其住处或居住者，即称"阿练若处"。

⑥苾刍（bìchú）：即为"比丘"的音译。有五义：一是乞士，乞食而清净活命；二是破烦恼；三是出家人号；四是清净持戒；

五是怖魔。

⑦日后分：指六时中的日没时，约下午四点。印度分一昼夜为六时，即昼三时、夜三时。晨朝、日中、日没为昼三时，初夜、中夜、后夜为夜三时。晨朝即上午八时顷，日中为正午十二时顷，日没为下午四时顷；初夜即午后八时顷，中夜为子夜十二时顷，后夜为晨四时顷。

⑧有所得现观：现观，《瑜伽师地论》讲决定义为现观，《俱舍论》则说对诸谛境现见分明。此处有所得现观是指这些比丘，依初法轮所说十三法门，如言执义。不了解无所得一味法句胜义，从而起增上慢，便自认为证得究竟胜义。

⑨得蕴故、得蕴相故、得蕴起故、得蕴尽故、得蕴灭故、得蕴灭作证：蕴，积集之义，谓许多物事聚集一起，系指有为法而言，此处指五蕴。得蕴者，是总显所证五蕴法门；得蕴相者，是指得蕴自性差别相；蕴起故，得蕴尽此二句显生灭无常见；得蕴灭，得蕴灭作证此二句如次显示灭道二谛，断苦集谛得灭谛故，由道断蕴作证灭。此段分别从五蕴、处、缘生、四食、四谛、十八界六种善巧所观境界来说。

⑩处：旧译作"入"。心、心所生长门之义。心王、心所以处为所依，缘处而生长，若离处，则不得生长。"六根"、"六境"合为"十二处"。亦即指以"六根"为所依、"六境"为所缘，根与境为能生长心、心所作用之处所，故称"十二处"或"十二入"。缘起：即"十二因缘"，具有："此有故彼有，此生故彼生；此无故彼无，此灭故彼灭"的意义。

⑪食：牵引、长养、持续之意。即牵引、养育众生之肉身或

圣者之法身,而使之存在,并永远保持其状态以及触等精神作用(心、心所)之饮食。三界中能长养肉身之食物,称作"世间食";长养悟智(法身)之食物,称"出世间食"。世间食有四种:段食、触食、思食、识食。出世间食有禅悦食、法喜食、愿食、念时、解脱食。

⑫谛:即为"四谛"。谛是指真实不虚的道理意思。在《瑜伽师地论》二十七卷中说:"是如是实非不如实。是无颠倒非是颠倒。故名为谛。"

⑬界:这里指"十八界"。界本身有层、根基、成分、要素、领域、种族、分界等含义。"十八界"指眼界、色界、眼识界、耳界、声界、耳识界、鼻界、香界、鼻识界、舌界、味界、舌识界、身界、触界、身识界、意界、法界、意识界。事实上就是把宇宙诸法分析成为"六根"、"六境"和"六识"所组成。

⑭念住:即"四念住","三十七道品"中之一科。指集中心念于一点,防止杂念妄想生起,以得真理之四种方法。以身、受、心、法四境为所缘,并以四境的自相及一切法的共相分别来观身不净、受是苦、心无常、法无我,以次第对治净、乐、常、我等四颠倒之观法。此文中提到六句,念住,念住相二句同蕴初两句,后面说念住能治所治是说明四念住能对治四颠倒,"得念住修故、得念住未生令生故、得念住生已坚住不忘、倍修增广句"三句是以四种修来说明四念住。《显扬圣教论》说有七种修意同此:一已生善法、二令住、三不忘、四令修满、五令倍修、六令增长、七令广大。其中已生者是已得,令住是闻慧。令不忘是思慧。令修满是修慧。

⑮正断：即"四正断"或称"无为四正勤"。（一）为除断已生之恶，而勤精进。（二）为使未生之恶不生，而勤精进。（三）为使未生之善能生，而勤精进。（四）为使已生之善能更增长，而勤精进。以一心精进，行此四法，故称四正勤。神足：即"三十七道品"中的"四神足"。又称"四如意足"。"如意"是指如意自在的神通。从其"不测"这点来说，又称为"神"，此种通以定为其依止的脚足，故称"定"为"如意足"或"神足"。四神足系由欲求（欲）、心念（心）、精进（勤）、观照（观）四法之力，引发种种神用而产生之三摩地（定）。诸根："三十七道品"中的"五无漏根"，有信根、精进根、念根、定根、慧根。诸力：即"三十七道品"中的五力，指由信等五根之增长所产生之五种维持修行、达到解脱之力量，即信力、精进力、念力、定力、慧力。觉支：即"三十七道品"的"七觉支"，有念觉支、择法觉支、精进觉支、喜觉支、安觉支、定觉支、舍觉支。

⑯八支圣道：即"三十七道品"中的"八正道"：正见、正思维、正语、正业、正命、正精进、正念、正定。

⑰上慢：即为增上慢。

译文：

这时，佛陀问长老须菩提说："须菩提！你在有情界中，知道有多少有情怀有增上慢，并由于被增上慢所影响而执持记别自己所解的？你在有情界中，知道有多少有情远离增上慢执持记别自己所解的？

这时，长老须菩提对佛陀说："世尊！我知道有情界中有少部分有情远离了增上慢执持记别自己所解。世尊！我知道有情界中有无量无数不可说的有情怀有增上慢，并因增上慢执持记别自己所解。"

"世尊！我有一段时间住在寂静的阿练若大树林中，那时有很多的比丘也依近我而住，我看到那些比丘在日后时分展转聚集，依照有所得的现观，说种种相法并执着于自己所得的见解。他们其中一类获得了对蕴、蕴相、蕴起、蕴尽、蕴灭、蕴灭作证相法的了解，并由此执着于自己所得的见解。这样一类是得到了对蕴的了解，还有的一类是获得了对处的了解，还有一类是获得了对缘起的了解，也象上面对蕴的执着一样，由此执着于自己所得的见解。还有一类获得了对食、食相、食起、食尽、食灭、食灭作证的了解，并由此执着于自己所得的见解。还有一类获得了对谛、谛相、谛遍知、谛永断、谛作证、谛修习的了解，并由此执着于自己所得的见解。还有一类获得了对界、界相、界种种性、界非一性、界灭、界灭作证的了解，并由此执着于自己所得的见解。还有一类获得了念住、念住相、念住能治所治、念住修故、念住未生令生、念住生已坚住不忘、倍修增广的了解，并由此执着于自己所得的见解。正像有一类获得念住的了解一样，还有一类获得了对正断、神足、诸根、诸力、觉支的了解，并由此执着于自己所得的见解。还有一类获得了对八支圣道、八支圣道相、八支圣道能治所治、八支圣道修、八支圣道未生令生、八支圣道生已坚住不忘、倍修增广的了解，并由此执着于自己所得的见解。

"世尊！我看到他们，便想到：这些长老依照有所得现观，各说种种相法记别自己所解,应该知道这是由于诸位长老一切皆怀增上慢,并被增上慢所执持的原因,而对胜义谛遍一切一味相不能明了。因此世尊佛陀是极为殊胜的,佛陀的言说也是极为殊胜的。世尊所说的胜义谛相是微细最微细、甚深最甚深、难通达、最难通达的,是遍一切一味相。世尊!在这如来圣教中修行的比丘对胜义谛遍一切一味相尚难以通达,何况是诸外道呢?"

这时,佛陀告诉长老须菩提说:"是这样的,是这样的,须菩提!我对微细最微细、甚深最甚深、难通达最难通达的遍一切一味相胜义谛已经现成正等正觉,我自己现成正等正觉后,为其他众生宣说,显示开解,施设照了。什么原因呢?须菩提!我已经显示了一切蕴中清净所缘是胜义谛,我已显示了一切处、缘起、食、谛、界、念住、正断、神足、根、力、觉支、道支中清净所缘是胜义谛,这里清净所缘于一切蕴中是一味相、没有其他异相。像在蕴中一样,其他在一切处中、乃至一切道支中也是一味相、没有异相。因此须菩提,由此道理应该知道胜义谛是遍一切一味相的。

"还有须菩提!修观行的比丘通达一蕴的真如、胜义、法无我性后,就不会再去寻求其他诸蕴、诸处、缘起、食、谛、界、念住、正断、神足、根、力、觉支、道支的真如、胜义法无我性。仅随这通达的真如、胜义、无二智为依止,对遍一切一味相的胜义谛审察趣证。因此须菩提,由此道理应该知道胜义谛相是遍一切一味相的。

"还有须菩提!像那诸蕴展转呈不同相一样,那诸处、缘起、食、谛、界、念住、正断、神足、根、力、觉支、道支也展转呈不同相,假如一切法真如、胜义、法无我性也呈不同相的话,那么真如、胜义、法无我性也应该是有原因的,是有原因才生起的,如果是有原因才生起的那么应该是有为,如果是有为应该不是胜义的,如果不是胜义的那么应该寻求其他胜义谛。须菩提!由此道理可知真如、胜义、法无我性不说是有因生或非因所生,也不说有为是胜义谛,获得得这胜义后就不须再去寻求其他的胜义谛了,只存在常常时、恒恒时,不管如来出世或不出世,诸法法性都是这样安立的、法界都是这样安住的。须菩提!譬如在不是同一品类的不同的色中,虚空是无相、无分别、无变异、遍一切色中都是一味相的,而在异性异相一切法中,胜义谛遍一切一味相也应该知道是类似相同的。"

这时,佛陀为了重新宣说此义而说颂为:

此遍一切一味相,胜义诸佛说无异,

若有于中异分别,彼定愚痴依上慢。

心意识相品第三

　　心意识：在佛教中，心、意、识是三者相互并提的。其义有通义和别义。以别义来说，心是梵语"质多"（citta）的意译，意思是集起；意是梵语"末那"（manas）的意译，是思量的意思，识是梵语"毗若南"（vijñâna）的意译，是了别的意思。如《成唯识论》中说"集起名心，思量名意，了别名识，是三别义。"通义，则是三者其体为一，这也如《俱舍论》卷四中说"心意识三名所诠，义虽有异，而体是一"。本经义趣在于通义。相：指体相、相状的意思。本品题目就是指心意识的体相或相状。本品是所观境中的世俗谛境，不过本品不是从"五蕴""十二处""十八界"来广讲，而是揭示心意识深层体相的秘密。唯识所说的一切唯识的思想，本品是极重要的依据。本品讲有情生命开始的时候，最初的一切种子心识执着于五根与名相分别，这样展转和合，获得生命的增长广大和成熟。这最初的一切种子心识由于执持身的缘故，称为"阿陀那识"，另方面此识对身摄受并藏隐同安危，由这样的原因也称为"阿赖耶识"，此识又是色、声、香、味、触等积集滋长，也称为"心"。因此，在本经中一切种子心识、阿陀那识、阿赖耶识、心这四者是等同的。其他眼、耳、鼻、舌、身、意等六识是依止此阿陀那识而建立。其中，意识与其他五识的关系也具奥妙：当其他五识身转时，不管是一识还是二、三、四、五识俱转时都唯有一分别意识随之而转，而不是五识单独的活动。因此在本品中，意识相较于其他五识，跟阿陀那识的关系更为特殊。本品举了"大暴水流喻"和"善净镜面喻"来说明以阿陀那识为依止建立，五识身转的情况。而要成为于心意识一切秘密善巧的菩萨行者，则需于内各别如实不见阿陀那、不见阿陀那识，不见阿赖耶、不见阿赖耶识，不见积集、不见心，及不见其他"六根"、"六境"、"六识"等，本品对此总结说："阿陀那识甚深细，一切种子如暴流，我于凡愚不开演，恐彼分别执为我。"

尔时广慧菩萨摩诃萨白佛言^①："世尊！如世尊说于心意识秘密善巧菩萨^②，于心意识秘密善巧菩萨者，齐何名为于心意识秘密善巧菩萨？如来齐何施设彼为于心意识秘密善巧菩萨？"

说是语已，尔时世尊告广慧菩萨摩诃萨曰："善哉！善哉^③！广慧！汝今乃能请问如来如是深义，汝今为欲利益安乐无量众生，哀愍世间及诸天人阿素洛等^④，为令获得义利安乐故发斯问^⑤。汝应谛听^⑥！吾当为汝说心意识秘密之义。

"广慧！当知于六趣生死^⑦，彼彼有情堕彼彼有情众中，或在卵生、或在胎生、或在湿生、或在化生身分生起^⑧。于中最初一切种子心识成熟^⑨，展转和合^⑩，增长广大^⑪，依二执受：一者有色诸根及所依执受，二者相名分别言说戏论习气执受^⑫。有色界中具二执受，无色界中不具二种。

"广慧！此识亦名阿陀那识⑬。何以故？由此识于身随逐执持故。亦名阿赖耶识⑭。何以故？由此识于身摄受藏隐同安危义故。亦名为心⑮。何以故？由此识色、声、香、味、触等积集滋长故。

"广慧！阿陀那识为依止、为建立故六识身转⑯，谓眼识，耳、鼻、舌、身、意识。此中有识，眼及色为缘生眼识，与眼识俱随行同时同境有分别意识转⑰，有识耳鼻舌身及声香味触为缘生耳鼻舌身识，与耳鼻舌身识俱随行同时同境有分别意识转。

"广慧！若于尔时一眼识转，即于此时唯有一分别意识与眼识同所行转，若于尔时二、三、四、五诸识身转，即于此时唯有一分别意识与五识身同所行转。广慧！譬如大暴水流，若有一浪生缘现前唯一浪转，若二若多浪生缘现前有多浪转，然此暴水自类恒流无断无尽。又如善净镜面，若有一影生缘现前唯一影起，若二若多影生缘现前有多影起，非此镜面转变为影，亦无受用灭尽可得。如是广慧，由似暴流阿陀那识为依止为建立故，若于尔时有一眼识生缘现前，即于此时一眼识转，若于尔时乃至有五识身生缘现前，即于此时五识身转。

"广慧！如是菩萨虽由法住智为依止为建立故⑱，于心意识秘密善巧，然诸如来不齐于此施设彼为于心意识一切秘密善巧菩萨。广慧！若诸菩萨于内各别如实不见阿陀那[19]、不见阿陀那识，不见阿赖耶、不见阿赖耶识，不见积集、不见心，不见眼、色及眼识，不见耳、声及耳识，不见鼻、香及鼻识，不见舌、味及舌识，不见身、触及身识，不见意、法及意识，是名胜义善巧菩萨，如来施设彼为胜义善巧菩萨。广慧！齐此名为于心意识一切秘密善巧菩萨，如来齐此施设彼为于心意识一切秘密善巧菩萨。"

尔时，世尊欲重宣此义而说颂曰：

阿陀那识甚深细，一切种子如暴流[20]，

我于凡愚不开演，恐彼分别执为我。

注释：

①广慧菩萨：此菩萨以广慧立名。此慧无量无边所行境故，名为广慧。

②善巧：如实了知称为"善巧"。

③善哉！善哉：称赞德之美。《大智度论》中说，言可信并能问于佛，能断除大众的疑惑，使大众能获大利益而称为"善哉"。

④世间：《大智度论》中提到有三世间：一器世间，二五蕴世间，三众生世间。这里指五蕴众生。

⑤义利安乐：《佛地论》中认为：现益称为乐，当益称为利。世间称为乐，出世称为利。离恶称为乐，摄善称为利，福德称为乐。智慧称为利。

⑥谛听：心专一境。《瑜伽师地论》第八十三卷说："言谛听者，谓如是相法劝令审听。"

⑦六趣：也称"六道"。有地狱趣、饿鬼趣、畜生趣、阿修罗趣、人趣、天趣。趣是趣向之义，众生受报，皆由因趣果，故"六道"又名"六趣"。

⑧卵生："四生"之一，指破卵壳而出生者，如鹅、雁、命命鸟等，佛经中载有卵生之人，例如《俱舍论》卷八之世罗与邬波世罗兄弟；胎生："四生"之一，即由母胎而生，如人类在母胎之内完成身体之后才出生。劫初的人类，男女未分，所以都是化生，后来因为发生淫情，生出男女二根，才变为胎生。湿生：亦作"因缘生"，"四生"之一，由湿气而生之意，如蟋蟀、飞蛾、蚊虫、蠛蜕、麻生虫等及某类人、龙等，以彼等依粪聚、注道、秽厕、腐肉、陈粥、丛草、池沼、江河等润湿之地出生。化生："四生"之一，为无所依托而自然借业力生出者，此有一切之天众、地狱之有情、中有之有情及某类人。人与傍生趣各具"四生"。这里"四生"摄"六趣"，"六趣"对中有有情未摄。

⑨最初一切种子心识成熟：指各趣生受生位中，最初结生一切种子心识成熟。最初结生的时候种识成熟，成为羯罗蓝，称为"结生"。结生时，父母贪爱俱极，最后决定时各出一滴浓厚精血，二精血和合。住在母胎中，合为一段，正象熟乳凝结的时候，而此处是一切种子异熟所摄，并执受所依的阿赖耶识，和合依托于此。这羯罗蓝，有诸根大种，只与身根和根所依的大种俱生。这羯罗蓝，是识最初依托的地方，也叫"肉心"。识最初依托于此，最后也从这里舍离。

⑩展转和合：有以识为缘，根大种等展转和合和识与羯罗蓝展转和合两种解释。

⑪增长广大：也有两种解释，一种是由前面展转和合的力量使羯罗蓝等渐增长位，根大种等也增长广大。一种因和合的原因名色渐渐增长广大。

⑫二执受：指受生位，有异熟识执受二种为所缘境。一者执受五根；二者执相名分别。《瑜伽师地论》说，阿赖耶识由二种所缘境转，一是了别内执受，二是了别外无分别器相。了别内执受是指了别遍计所执自性妄执习气，及诸色根根所依处；了别外无分别器相是指阿赖耶识一切时没有间断像灯焰内执受膏烛，外发光明一样，缘内执受同时缘外器相。对于执受，圆测法师认为有两义，"一者赖耶执根依处，为自所依；二者执持种子，为自所摄"。

⑬阿陀那识：梵语"阿陀那"。真谛法师翻译成"无解"，玄奘法师翻译成"执持"。因此识随逐于身，执持色根使其不失坏而说此识名为执持。《摄大乘论》中有二义来解释阿陀那识：一是指执受色根令不坏故，二是指执受自体取彼生。《成唯识论》认为阿陀那识有执持、执受、执取三义："以能执持诸法种子，及能执受色根依处，亦能执取结生相续。故说此识。"在此经中是阿赖耶识的别名，是第八识。旧译中指第七识。

⑭阿赖耶识：梵语"阿赖耶"。翻译为"藏"。藏有三义：一者能藏，二者所藏，三者执藏。此经中讲此识摄受有根身为所依止，并同所依身藏隐同安危而称为藏。小乘部派佛教只建立眼识、耳识、鼻识、舌识、身识、意识等"六识"；中观派中也立

"六识",如清辩法师在《中观心论》中说:"离六识外。无别阿赖耶识。"瑜伽行派却认为在此"六识"的深处,有不断地生死轮回、经常都有持续活动的根本性的心,并称之为"阿赖耶识"。而最先提到此阿赖耶识的就是此《解深密经》。

⑮心:梵语"质多"。有三义,一是集起义,集诸法种,起诸法。二是积集,有两方面的意思,一是诸法种子所积集,指种种法熏习种子所积集;二是指外六境界积集滋长。三是采集,指采集种种所缘境。此经中是第二义积集的意思。

⑯六识:眼识、耳识、鼻识、舌识、身识、意识为六识。指眼、耳、鼻、舌、身、意等六根对境所产生的六种认知作用。眼识指眼根对色境时,即产生眼识;但能见色,未起分别。耳识指耳根对声境时,即产生耳识;但能闻声,未起分别。鼻识指鼻根对香境时,即产生鼻识;但能闻香,未起分别。舌识指舌根对味境时,即产生舌识;但能尝味,未起分别。身识指身根对触境时,即产生身识;但能觉触,未起分别。意识指意根对法境时,即产生意识。此意识与前五识之最大差别,在于能对五境分别善恶好丑。

⑰分别意识转:眼识生起的时候,必然有一分别意识同时随行,同缘一境。

⑱法住智:《瑜伽师地论》卷九十四中说:"谓如有一听闻随顺缘生缘起,无倒教已。于缘生行因果分位。住异生地,便能如实。以闻思修所成作意,如理思惟。能以妙慧,悟入信解,苦真是苦,集真是集,灭真是灭,道真是道,诸如是等。如其因果安立法中所有妙智,名法住智。"指凡夫依教法而生起的智慧。

经中是说地前菩萨虽然因法住智而能了知心意识中的世俗差别，但是未能证解心意识的秘密胜义。

⑲于内各别：阿陀那等诸法体上，都有自相共相的道理。对于其中自相现量境称为"内"。诸法自相各附自体称之"各别"。如实不见：指如实了知阿陀那等自相，离诸分别称为"不见"。而不是无分别称为"不见"。真谛法师认为，此是指地上菩萨依胜义谛，由根本智。对内各别于真如境上证知，如实不见阿陀那用，如实不见阿陀那体，赖耶及心体用差别。

⑳种子：原指植物种子，借喻为现象生起之根据。即世间的种种行为在发生过后尚有余势潜在地存留着，并成为未来行为生起的原因，或影响未来的行为。换言之，初期佛教将促使善恶业及其果报连续不绝的潜在功能，譬喻为种子。部派佛教时代，经量部、化地部等部派，认为种子是支持人类生存的力量。大乘瑜伽行派则以之构成及维持阿赖耶识，并以之为生起现行的功能。此说为唯识思想之重要概念。

译文：

这时，广慧大菩萨对佛陀说："世尊！像世尊所说的心意识秘密善巧菩萨，对于这位心意识秘密善巧菩萨为何称为心意识秘密善巧菩萨？佛陀如来为何施设说其为心意识秘密善巧菩萨？"

说完这话后，这时，佛陀回答广慧大菩萨说："很好啊！很好啊！广慧！你如今能够问如来这样的深义，你如今是为了利益和安乐无量的众生，哀愍世间和诸天人、阿修罗等众生，为了能够使诸众生获得义利与安乐而发此问的。你应该谛听！我应当为你说心意识秘密的道理。

"广慧！你应该知道，在六趣轮回的生死中，种种有情众生堕入种种有情众生的过程中，或以卵生，或以湿生，或以化身生，在这出生的最初中，一切种子心识先成熟，然后展转和合，并增长广大，此识依据两种执受：一种是有色诸根和诸根所依的执受，第二种是对名相的分别言说戏论习气持受。在有色界中具有这两种执受，而无色界中则不具有这两种执受。

"广慧！这识也叫阿陀那识。为什么这么说呢？这是因为此识对身体随逐执持的缘故，所以称为阿陀那识。同时这识也称为阿赖耶识，为什么这么说呢？这是因为此识能对身体摄受，藏隐同安危的缘故。同时这识也称为心。为什么这么说呢？这是因为此识是色、声、香、味、触等境界积集滋长的缘故。

"广慧！以阿陀那识为依止，为建立而有六识身，这六识身为眼识、耳识、鼻识、舌识、身识、意识。这里有识，因眼和所缘色而生眼识，跟这眼识同时同境的有分别意识随转。类似还有识，因耳、鼻、舌、身和所缘的声、香、味、触而生耳识、鼻识、舌识、身识，与耳识、鼻识、舌识、身识同时同境也有分别意识随转。

"广慧！如果有眼识转，那么即在此时有一分别意识和眼识同所行所转，如果当时有二、三、四、五种诸识身转，那么也惟有一分别意识与五识身同所转。广慧，这就像大瀑布的水流一样，如果有一浪缘现前生起，那么就只一浪转，如果有多浪缘现前生，那么就有多浪转，但是这大瀑水流自体是恒常流动无断无尽的。这又像一清净的镜面，如果有一影缘现前生，那么只有一影生起，如果有两个或多个影缘现前生，那么镜面也有多影生起。这里并不是镜面转变为影，也没受用灭尽可得。正是这样的，广慧，以像瀑流一样的阿陀那识为依止而建立诸识，如果有一眼识缘现前生起，那么此时只是一眼识随转，如果这时有二、三、四乃至五识身缘现前就有五识身随转。

"广慧！这样菩萨虽然以法住智为依止，为建立的缘故，而对心意识秘密有了善巧的了解，但是诸如来不因为达到这样的认识就施设其为于心意识一切秘密善巧菩萨。广慧！如果诸菩萨对内各别如实的不见阿陀那、不见阿陀那识，不见阿赖耶、不见阿赖耶识，不见积集、不见心，不见眼、色及眼识，不见耳、声及耳识，不见鼻、香及鼻识，不见舌、味及舌识，不见身、触及身识，不见意、法及意识，这才称为胜义善巧菩萨，如来才施设其为胜义善巧菩萨。广慧！这样才能称为于心意识一切秘密善巧菩萨。这样如来才施设其为于心意识一切秘密善巧菩萨。"

这时，世尊想重新宣说此义而说颂为：

阿陀那识甚深细，一切种子如暴流，

我于凡愚不开演，恐彼分别执为我。

卷 二

一切法相品第四

　　一切法相：这里一切法略说有三种：一者有为法，二者无为法，三者不可说法。《大智度论》中说有色法、心法、心所法、心不相应行法、无为法等，广说有百法等。此品说三性（遍计所执性、依他起性、圆成实性）是一切法的体性相状，称为"一切法相"，讲法相三性的道理，属于所观的有性境。本品是唯识宗三性思想的依据，从认知的角度将一切法相分为三种，即遍计所执相、依他起相、圆成实相。遍计所执相是指一切法假名安立的自性，依他起相是指一切法的缘生自性，圆成实相是指一切法的平等真如。本品举了"眩翳过患喻"和"清净颇胝迦宝喻"来说明此三相。通过相名相应可以了知遍计所知相，以依他起相上的遍计所执相为缘，可以了知依他起相，以依他起相上遍计所执相无执以为缘故，可以了知圆成实相。同时，三相的了知与菩提道的清净过程直接相关：在诸法依他起相上，如果能如实了知遍计所执相，就能如实了知一切无相之法，如果能如实了知依他起相，就能如实了知一切杂染相法，如果能如实了知圆成实相，就能如实了知一切清净相法。而若能于依他起相上如实了知无相之法，就能断灭杂染相法，若能断灭杂染相法，就能证得清净相法。

尔时德本菩萨摩诃萨白佛言①:"世尊！如世尊说于诸法相善巧菩萨,于诸法相善巧菩萨者,齐何名为于诸法相善巧菩萨？如来齐何施设彼为于诸法相善巧菩萨？"

　　说是语已,尔时世尊告德本菩萨曰:"善哉！德本！汝今乃能请问如来如是深义,汝今为欲利益安乐无量众生,哀愍世间及诸天、人、阿素洛等,为令获得义利安乐故发斯问。汝应谛听！吾当为汝说诸法相。

　　"谓诸法相略有三种。何等为三？一者遍计所执相②,二者依他起相③,三者圆成实相④。云何诸法遍计所执相？谓一切法假名安立自性差别,乃至为令随起言说。云何诸法依他起相⑤?谓一切法缘生自性,则此有故彼有,此生故彼生,谓无明缘行乃至招集纯大苦蕴。云何诸法圆成实相⑥?谓一切法平等真如⑦,于此真如,诸菩萨众勇猛精进为因缘故、如理作意无倒思惟为因缘故乃能通达,于此通达渐渐修习,乃至无上正等菩提方证圆满⑧。

　　"善男子！如眩翳人眼中所有眩翳过患⑨,遍计所执相当知亦尔,如眩翳人眩翳众相,或发毛轮、蜂蝇、苣蕂⑩,或复青黄赤白等相差别现前,依他起相当知亦尔,如净眼人远离眼中眩翳过患,即此净眼本性所行无乱境界,圆成实相当知亦尔。

　　"善男子！譬如清净颇胝迦宝⑪,若与青染色合,则似帝青、大青末尼宝像，由邪执取帝青、大青末尼宝故惑乱有情，若与赤染色合，则似琥珀末尼宝像，由邪执取琥珀末尼宝故惑乱有情，若与绿染色合，则似末罗羯多末尼宝像[12]，由邪执取末罗羯多末尼宝故惑乱有情，若与黄染色合，则似金像，由邪执取真金像故惑乱有情。

"如是德本！如彼清净颇胝迦上所有染色相应，依他起相上遍计所执相言说习气当知亦尔，如彼清净颇胝迦上所有帝青、大青、琥珀、末罗羯多、金等邪执，依他起相上遍计所执相执当知亦尔[13]，如彼清净颇胝迦宝，依他起相当知亦尔，如彼清净颇胝迦上所有帝青、大青、琥珀、末罗羯多、真金等相，于常常时于恒恒时无有真实、无自性性，即依他起相上由遍计所执相于常常时于恒恒时无有真实、无自性性，圆成实相当知亦尔。

"复次德本！相名相应以为缘故，遍计所执相而可了知，依他起相上遍计所执相执以为缘故，依他起相而可了知，依他起相上遍计所执相无执以为缘故，圆成实相而可了知。

"善男子！若诸菩萨能于诸法依他起相上，如实了知遍计所执相，即能如实了知一切无相之法，若诸菩萨如实了知依他起相，即能如实了知一切杂染相法，若诸菩萨如实了知圆成实相，即能如实了知一切清净相法。善男子！若诸菩萨能于依他起相上如实了知无相之法，即能断灭杂染相法，若能断灭杂染相法，即能证得清净相法。

"如是德本！由诸菩萨如实了知遍计所执相、依他起相、圆成实相故，如实了知诸无相法、杂染相法、清净相法，如实了知无相法故，断灭一切杂染相法，断灭一切染相法故，证得一切清净相法。齐此名为于诸法相善巧菩萨，如来齐此施设彼为于诸法相善巧菩萨。"

尔时，世尊欲重宣此义而说颂曰：

      若不了知无相法，杂染相法不能断，
      不断杂染相法故，坏证微妙净相法。
      不观诸行众过失，放逸过失害众生，
      懈怠住法动法中，无有失坏可怜愍。

注释：

①德本菩萨：此菩萨以无量劫来种植富智两种德本为因立号。

②遍计所执相：本经中以"谓一切法假名安立自性差别，乃至为令随起言说"来说明遍计所执相。《摄大乘论》第四卷讲："云何成遍计所执，何因缘故名遍计所执？无量行相意识遍计，颠倒生相，故名遍计所执。自相实无，唯有遍计所执可得。是故说名遍计所执。"无著菩萨对此的解释是："无量行相者，谓种种我法境界影像，一云依他因缘我法，一云所执我法。意识遍计者，谓即意识说名遍计。颠倒生相者，谓乱识所取能取义相生

因：一云遍计所执境义，相生颠倒乱识之因；一云所执无量行相，与依他起相见生因，故名遍计所执者。谓即遍计所执义相，名为遍计所执自性。自相实无，唯有遍计所执可得者。谓于实无我及法中，唯有遍计所执影像相貌可得。故名遍计所执。"世亲菩萨的解释是："无量行相者，所谓一切境界行相。意识遍计者，谓即意识说名遍计。颠倒生相者，谓是能生虚妄颠倒所缘境相。自相实无者，实无彼体。唯有遍计所执可得者，唯有乱识所执可得。"《瑜伽师地论》卷七十四曾列举遍计所执的五种业：（一）能生依他起自性，（二）即于彼性能起言说，（三）能生补特伽罗执，（四）能生法执，（五）能摄受彼二种执习气粗重。

③依他起相：本经中以"谓一切法缘生自性，则此有故彼有，此生故彼生，谓无明缘行乃至招集纯大苦蕴"来说明依他起性。《摄大乘论》中说："若依他起自性，实唯有识，似义显现之所依止。云何成依他起？何因缘故名依他起？从自熏习种子所生依他缘起，故名依他起。生刹那后无有功能自然住故，名依他起。"《唯识三十颂》中说："依他起自性，分别缘所生。"护法论师解释为依他众缘而得生起，称为"依他起"。

④圆成实相：本经中以"谓一切法平等真如"来说明圆成实相。《摄大乘论》中说："由无变异性故，又由清净所缘性故，一切善法最胜性故，由最胜义，名圆成实。"

⑤依他起：因缘生的一切烦恼、业、生杂染都是从缘生的因此称为"依他"。泛说依他有二种：一种杂染；一种清净。《成唯识论》说有漏无漏皆依他起，都是依他众缘而得起。本经说染

非净。在《摄大乘论》中通过十一识来说明依他起："此中何者依他起相，谓阿赖耶识为种子，虚妄分别所摄诸识。此复云何？谓身身者受者识，彼所受识、彼能受识、世识、数识、处识、言说识、自他差别识、善趣恶趣死生识，此中若身身者受者识，彼所受识、彼能受识、世识、数识、处识、言说识。此由名言熏习种子，若自他差别识，此由我见熏习种子。若善趣恶趣死生识，此由有支熏习种子。"这样称为"依他起相"。

⑥圆成实：在《辩中边》中认为圆成实性有二种，分无为与有为。无为总摄真如涅槃，因没有变异，所以称为"圆成实"；有为总摄一切圣道，因于境无倒也称为"圆成实"。在《摄大乘论》中，圆成实性有四种："云何应知圆成实自性，应知宣说四清净法：一者自性清净，谓真如空实际无相胜义法界；二离垢清净，谓即此离一切障垢；三者得此道清净，谓一切菩提分法波罗蜜多等；四者生此境清净，谓诸大乘妙正法教，由此法教清净缘故，非遍计所执自性，最净法界等流性故，非依他自性。如是四法，总摄一切清净法尽。"

⑦真如：在本经提到七种真如：流转真如、相真如、了别真如、安立真如、邪行真如、清净真如、正行真如。《成唯识论》卷九称："真谓真实，显非虚妄；如谓如常，表无变异。谓此真实于一切位常如其性，故曰真如。"中观派以性空为如（真如），亦名诸法实相。《大智度论》卷三十二称："诸法实相，常住不动。"瑜伽行派主要以"法无我"、"圣智行"为真如。唯识家以"唯识实性"为真如，《大乘起信论》曰："一切法从本已来，离言说相，离名字相，离心缘相，毕竟平等，无有变异，不可破坏，唯是一心，故

名真如。"

⑧"诸菩萨永猛精进"五句：此显胜用，于真如修观，诸菩萨众在资粮位中勇猛精进，在加行位中无倒思惟，由此在见道位中能够通达。住修道位渐渐修集，至究竟位中方证圆满。《瑜伽师地论》中说有三用："一证得清净用；二解脱二缚用；三引发功德用。"以上三性具有不即不离之关系。若以蛇、绳、麻三物为喻，则愚人（能遍计）于黑夜中见绳，信以为真蛇（实我相之遍计所执性），遂心生恐怖；后经觉者（佛、菩萨）教示，而知非蛇（生空），仅为似蛇之绳（指依他起性之假有）。且更进一步了解实际所执着之绳（实法相之遍计所执性）亦不具实体之意义（法空），其本质为麻（圆成实性）；绳（依他起性）仅为因缘假合，由麻而成之形态。

⑨翳（yì）：目疾引起的障膜。

⑩苣藤（jùshèng）：即胡麻、芝麻。

⑪颇胝（zhī）迦宝：又称"水玉"、"白珠"。《俱舍论》中说妙高山王由四宝所成：金、银、吠琉璃、颇胝迦。这颇胝迦，应当为赤色。又日轮下面有颇胝迦宝是火珠所成，月轮下面有颇胝迦宝是水珠所成。因此颇胝迦宝具众色。这里是为白色。

⑫末罗羯多：一种说法称此宝为"煞色宝"，因由此宝能煞一切色尽坏的缘故。

⑬依他起相上遍计所执相执：前喻说执种子故，能生依他似色等相。这里指由现执，执彼为实。这两喻显遍计所执相。

译文：

这时德本大菩萨对佛陀说："世尊！像世尊所说的于诸法相善巧菩萨，对于这位于诸法相善巧菩萨，怎样才称为于诸法相善巧菩萨呢？如来为何施设其为于诸法相善巧菩萨？"

说这话后，这时，佛陀告诉德本菩萨说："很好啊！德本！你现能请问如来这样的深义，你现为了能够利益安乐无量的众生，哀愍世间和诸天、人、阿素洛等众生，为了能够使诸众生获得义利安乐而发此问。你应谛听！我应当为你说诸法相。

"所谓的诸法相略有三种。哪三种呢？第一种是遍计所执相，第二种是依他起相，第三种是圆成实相。什么是诸法的遍计所执相呢？遍计所执相是指一切法通过假名来安立自性差别，乃至为了能够随起言说而假名安立。什么是诸法的依他起相呢？依他起相是指一切法由缘而生的自性，就是指'此有故彼有，此生故彼生'，是指如十二缘起中的，由无明而缘行乃至由此而招集纯大苦蕴的缘生性。什么是诸法圆成实相呢？圆成实相是说一切法平等真如，诸菩萨众只有通过勇猛精进，如理作意，无倒思惟为因缘才能通达真如，通达后渐渐修习，到达获得无上正等菩提时才圆满获证此真如。

"善男子！如眩翳人眼中有类毛轮等的眩翳错觉过患一样，遍计所执相应该知道也是这样的，如眩翳人的有诸多眩翳相，或显发为毛轮、蜂蝇、苣藤等，或以青、黄、赤、白等颜色差别相现前，依他起相应该知道也是如此，如无眼疾的净眼人远离眼中眩翳过患一样，净眼的本性所行不会产生杂乱不实的境界，应该知道圆成实相也是如此的。

"善男子！譬如清净的颇胝迦宝，如果与青染色合，则像帝青色末尼宝、大青色末尼宝像，由于邪执取帝青色末尼宝、大青色末尼宝的缘故从而惑乱了有情，如果和赤染色合，则像琥珀摩尼宝像，由于邪执取琥珀末尼宝的原因从而惑乱了有情；如果和绿染色合，则像末罗羯多末尼宝像，由于邪执取末罗羯多末尼宝的原因从而惑乱了有情，如果和黄染色合，则似金像，由于邪执取真金像的原因从而惑乱了有情。

"是这样的，德本！就像那清净颇胝迦上所有相应的染色一样，依他起相上的遍计所执的言说习气应当知道也是这样的。就像对那清净颇胝迦宝上的所有帝青、大青、琥珀、末罗羯多、金等的邪执一样，依他起相上的遍计所执相执应当知道也是这样的。就像那清净颇胝迦宝一样，依他起相应当知道也是这样的。就像那清净颇胝迦宝上所有的帝青、大青、琥珀、末罗羯多、真金等相，于常常时于恒恒时无有真实、无自性性一样，在依他起相上由遍计所执相于常常时于恒恒时没有真实、无自性性，圆成实相应当知道也是这样的。

"还有德本！从相与名相应以为缘，遍计所执相可以了知；从依他起相上的遍计所执相执着以为缘，依他起相可以了知；从依他起相上遍计所执相无执以为缘，圆成实相可以了知。

"善男子！如果诸菩萨能在诸法依他起相上，能够如实了知遍计所执相，那么就能如实了知一切无相之法；如果诸菩萨能够如实了知依他起相，那么就能如实了知一切杂染相法；如果诸菩萨能够如实了知圆成实相，那么就能如实了知一切清净相法。善男子！如果诸菩萨能够在依他起相上如实了知无相之法,那么就能断灭杂染相法;如果能够断灭杂染相法,那么就能证得清净相法。

"是这样的,德本!由于诸菩萨如实了知遍计所执相、依他起相、圆成实相的缘故,诸菩萨就如实了知了诸无相法、杂染相法、清净相法,由如实了知无相法的缘故,诸菩萨就断灭一切杂染相法,由断灭一切染相法的缘故,诸菩萨就证得一切清净相法。达到这样才称名为于诸法善巧菩萨,达到这样如来才施设彼为于诸法相善巧菩萨。"

这时,世尊想重新宣说此义而说颂为:

> 若不了知无相法,杂染相法不能断,
> 不断杂染相法故,坏证微妙净相法。
> 不观诸行众过失,放逸过失害众生,
> 懈怠住法动法中,无有失坏可怜愍。

无自性相品第五

　　自性，指自体之本性。即诸法各自具有真实不变、清纯无杂之个性，称为自性。《十八空论》说"自性有两义，一无始，二因"。又显识论亦举出不杂、不变二义。另在《楞伽阿跋多罗宝经》卷一，将自性分为七种，即：集性自性、性自性、相性自性、大种性自性、因性自性、缘性自性、成性自性。本经将一切法之性相分为遍计所执性、依他起性、圆成实性三种。本品是所观的无性境，与上品相对。太虚大师曾将第二品《胜义谛相品》判为明般若真空之理，第三《心意识相品》和第四《一切法相品》判为明唯识法相之义，而本品判为明真俗不二，空有圆融，回归中道。这也颇有道理。本品与唯识宗立宗关系密切，三种无自性性，五种种性，三时判教等都在本品中有所提出或提及。本品讲的三种无性性是：相无性性、生无性性、胜义无自性性。此与上品所说的三性密切相关，但不是一一对应关系。相无自性性是指遍计所执相，假名安立为相，因此说相无性性。生无性性是指依他起相，诸法依他缘力而有，不是自然有，因此说依他无性性。胜义无自性性则特别一些，分为两分来说：一分是指因缘生法的依他起相中不存在胜义的自性，因此说为胜义无自性性；一分是诸法的圆成实相称为"胜义无自性性"。在胜义无自性性中空有关系得到了圆融。这与中观的一切法空诠释有所不同。另外说有三种无自性性，不是因为三种自性别别成立，而是由于在依他起性和圆成实性上增益遍计所执自性的情况下来说三种无性性。本品还约修行位次来说三种无自性性：佛陀先为十信前种解脱分善根位，资粮位上行者宣说生无自性性，后对加行位、通达位、修习位行者宣说相无自性性及胜义无自性性，众生依此而行能获得遍解脱烦恼、业、生三种杂染（这也说明了在迈入解脱道时，首先最能受益的是对缘生法的了解，从而悟缘起达性空）。一切声闻、独觉、菩萨都共此一妙清净道，同此一究竟清净，本品就此密意宣说只有一乘，而不是说没有种性差别，宣说了一向趣寂声闻种姓终不能成佛，这也为唯识宗的五种种性说提供了依据。本品就诸蕴、十二处、十二有支、四食、十八界、四圣谛、三十七道品广说了三种无自性性。还举了毗湿缚药、杂彩画地、熟酥、虚空四喻来说明以此三种无自性性而说的诸法皆无自性，无生无灭，本来寂静，自性涅槃无自性性的了义言教，遍于一切不了义经中能够安处、显发、增胜的特性。在品末提出辨别了义与不了义的著名的三时判教，认为本经属第三时，以"显了相转正法轮，第一甚奇、最为希有"，是无上无容，是真了义的。这也是唯识宗立本宗为了义的依据。

　　尔时，胜义生菩萨摩诃萨白佛言[①]："世尊！我曾独在静处，心生如是寻思：世尊以无量门曾说诸蕴所有自相、生相、灭相、永断、遍知，如说诸蕴，诸处、缘起、诸食亦尔，以无量门曾说诸谛所有自相、遍知、永断、作证、修习，以无量门曾说诸界所有自相、种种界性、非一界性、永断、遍知，以无量门曾说念住所有自相、能治所治及以修习、未生令生、生已坚住不忘、倍修增长广大，如说念住，正断、神足、根、力、觉支亦复如是，以无量门曾说八支圣道所有自相、能治所治及以修习、未生令生、生已坚住不忘、倍修增长广大[2]，世尊复说一切诸法皆无自性、无生无灭、本来寂静、自性涅槃[3]。未审世尊依何密意作如是说：一切诸法皆无自性、无生无灭、本来寂静、自性涅槃。我今请问如来斯义，惟愿如来哀愍解释，说'一切法皆无自性、无生无灭、本来寂静、自性涅槃'所有密意。"

尔时，世尊告胜义生菩萨曰："善哉！善哉！胜义生！汝所寻思甚为如理。善哉！善哉！善男子！汝今乃能请问如来如是深义，汝今为欲利益安乐无量众生，哀愍世间及诸天人阿素洛等，为令获得义利安乐故发斯问。汝应谛听！吾当为汝解释所说'一切诸法皆无自性、无生无灭、本来寂静、自性涅槃'所有密意。

"胜义生！当知我依三种无自性性，密意说言一切诸法皆无自性。所谓相无自性性、生无自性性、胜义无自性性。善男子！云何诸法相无自性性？谓诸法遍计所执相。何以故？此由假名安立为相，非由自相安立为相，是故说名相无自性性。云何诸法生无自性性？谓诸法依他起相。何以故？此由依他缘力故有，非自然有，是故说名生无自性性。云何诸法胜义无自性性？

谓诸法由生无自性性故，说名无自性性，即缘生法亦名胜义无自性性。何以故？于诸法中若是清净所缘境界，我显示彼以为胜义无自性性。依他起相非是清净所缘境界，是故亦说名为胜义无自性性④。复有诸法圆成实相亦名胜义无自性性。何以故？一切诸法法无我性名为胜义⑤，亦得名为无自性性，是一切法胜义谛故，无自性性之所显故，由此因缘名为胜义无自性性。

"善男子！譬如空华，相无自性性当知亦尔，譬如幻像，生无自性性当知亦尔，一分胜义无自性性当知亦尔，譬如虚空，惟是众色无性所显，遍一切处，一分胜义无自性性当知亦尔，法无我性之所显故，遍一切故。

"善男子！我依如是三种无自性性，密意说言一切诸法皆无自性。胜义生！当知我依相无自性性，密意说言一切诸法无生无灭、本来寂静、自性涅槃。何以故？若法自相都无所有，则无有生，若无有生则无有灭，若无生无灭则本来寂静，若本来寂静则自性涅槃，于中都无少分所有更可令其般涅槃故，是故我依相无自性性，密意说言一切诸法无生无灭、本来寂静、自性涅槃。

"善男子！我亦依法无我性所显胜义无自性性，密意说言一切诸法无生无灭、本来寂静、自性涅槃。何以故？法无我性所显胜义无自性性，于常常时于恒恒时，诸法法性安住无为，一切杂染不相应故。于常常时于恒恒时，诸法法性安住故无为，由无为故无生无灭，一切杂染不相应故，本来寂静自性涅槃。是故我依法无我性所显胜义无自性性，密意说言一切诸法无生无灭、本来寂静、自性涅槃。"

注释：

①胜义生菩萨：胜义就是所证之境，胜智之境称为"胜义"。生是指能证智缘胜义而生这样称之为生。从其立号称为"胜义生"。

②"世尊以无量门曾说诸蕴"至"倍修增长广大"数句：以上分说蕴教、四谛教、诸界、四念住、八圣道。

③自性涅槃：涅槃原是印度语，具称"涅槃那"，其意义包括有灭、寂、寂灭、寂静、灭度。在印度的原语应用上，是指火的熄灭或风的吹散，如灯火熄灭了称为"灯焰涅槃"。《大般涅槃经》，说涅槃具足法身、般若、解脱的三德，具足常、乐、我、净的四德，具足常、恒、安、清凉、不老、不死、无垢、快乐如甜酥之具八味的八德。《成唯识论》总结有四种涅槃："一本来自性清净涅槃，谓一切法相真如理，虽有客染而本性净。一切有情平等共有。与一切法不一不异，离一切相一切分别，寻思路绝名言道断，唯真圣者自内所证。其性本寂故名涅槃；二有余依涅槃，谓即真如出烦恼障，虽有微苦所依未灭，而障永寂故名涅槃；三无余依涅槃，谓即真如出生死苦，烦恼既尽余依亦灭，众苦永寂故名涅槃；四无住处涅槃，谓即真如出所知障，大悲般若常所辅翼，由斯不住生死涅槃利乐有情穷未来际用而常寂故名涅槃。一切

有情皆有初一。二乘无学容有前三。唯我世尊可言具四。"此处的自性涅槃就是自性清净涅槃，指"佛如、众生如"的法尔真实如是之理。

④"于诸法中若是清净所缘境界"以下四句：此中文句较为难解，因从文义的逻辑上似乎是矛盾的，因先说"若是清净所缘境界，我显示彼以为胜义无自性性"，后又说"非是清净所缘境界，是故亦说名为胜义无自性性"。演培法师曾认为其中有多字，前面的"胜义无自性性"中"无自性性"几字多余。然就其文中语气来说，玄奘法师翻译并非是多余字，这里的主要的矛盾在于理解依他起相为什么称为胜义无自性性，这里的胜义无自性性含义是什么。本来此段就是就是讲此原因的，综合看此段的文义思路，是说清静所缘的境界，佛陀显示为胜义，并且此胜义是无自性性的，而依他起相不是清净所缘，因此是没有胜义自性性的。也就是说从依他起相中去看是找不到胜义的自性，所以说依他起相也是一分胜义无自性性。这在《显扬胜教论》卷十六中曾提到："依他起性，由异相故，亦得建立为胜义无性，何以故？由无胜义性故。"这里也说是因没有胜义自性性的原因而说依他起相是胜义无自性性的。对于为什么于依他起相说胜义无自性性，而不对遍计所执相说胜义无自性性。宗喀巴大师在《依止〈解深密经〉辩了不了义》文中对此解释道："谓缘依他起上遍计执空，数数修习，能净诸障，如是亦缘有法依他，疑彼亦是清净所缘，故是胜义。遍计执上无彼疑故，无彼疑过。"这主要是说修观上会对依他起怀疑为清净所缘，而遍计所执是不会的，从而说依他起没有胜义自性性。

⑤法无我：无我是佛教的根本教义之一，无我分为人无我和法无我。人无我是指人是由五蕴假和合而成，没有常恒自在的主体——我（灵魂）的存在；法无我则是指一切法都由种种因缘和合而生，不断变迁，没有常恒的主宰者。本经以三种无性性来说无我。

译文：

这时，胜义生大菩萨对佛说："世尊！我曾经独自在静处，心里这样寻思：佛陀曾经以无量法门宣说诸蕴的自相、生相、灭相、永断、遍知，佛陀如说诸蕴一样，对诸处、缘起、诸食的自相、生相、灭相、永断、遍知也作以宣说。佛陀也曾经以无量法门宣说诸谛的所有自相、遍知、永断、作证、修习。也曾以无量法门宣说诸界的所有自相、种种界性、非一界性、永断、遍知，也曾以无量法门宣说念住所有自相、能治所治及以修习、未生令生、生已坚住不忘、倍修增长广大，如对说念住一样，也对正断、神足、根、力、觉支也作这样的宣说。佛陀也曾经以无量法门宣说八支圣道所有自相、能治所治及以修习、未生令生、生已坚住不忘、倍修增长广大。佛陀还宣说一切诸法皆无自性、无生无灭、本来寂静、自性涅槃。但不知佛陀是依照什么密意作这样说的：一切诸法皆无自性、无生无灭、本来寂静、自性涅槃。我今请问如来这里面的奥义，希望如来能哀愍众生解释'一切法皆无自性、无生无灭、本来寂静、自性涅槃'的所有密意。"

这时，佛陀告诉胜义生菩萨说："很好啊！很好啊！胜义生！你所寻思的很有道理。很好啊！很好啊！善男子，你现在能请问如来这样的深义,你现今为了利益安乐无量众生,哀慈怜愍世间及诸天、人、阿素洛等,为了让他们获得义利安乐而发此问。你应仔细谛听!我将为你解释我所说的'一切诸法皆无自性、无生无灭、本来寂静、自性涅槃'的所有密意。

"胜义生!应当知道我是依三种无自性性的密意来说一切诸法皆无自性。这三种无自性性是指相无自性性、生无自性性、胜义无自性性。善男子!为什么说诸法相无自性性呢?这是因为诸法是遍计所执相的缘故。为什么呢?这是由假名安立为相而不是由自相安立为相来说名相无性性。为什么说诸法生无自性性呢?这是说诸法是依他起相的缘故。为什么呢?这是因为诸法是依他缘力才有的,而不是自然有的,因此说是生无自性性。为什么说诸法胜义无自性性?是由于诸法生无自性性,而说名无自性性,也就是说缘生法也称为胜义无自性性。为什么呢?在诸法中如果是清净所缘的境界,我显示其为胜义无自性性。依他起相不是清净所缘境界,因此也可名为胜义无自性性。还有诸法圆成实相也称为胜义无自性性。为什么呢?一切诸法的法无我性称为胜义,也称名为无自性性。由于一切法胜义谛的原因,是无自性性所显的缘故,由此因缘称为胜义无自性性。

"善男子!好像空花,相无自性性应该知道也是这样的,好像幻像,生无自性性应该知道也是这样的,一分胜义无自性性也应该知道是这样的。好像虚空,只是众色无性所显,遍一切处,一分胜义无自性性应该知道也是这样的。因为是法无我性所显现的,所以遍一切处。

"善男子！我依这样三种无自性性，密意说言一切诸法都没有自性。胜义生！应该知道我依相无自性性，密意说言一切诸法无生无灭，本来寂静，自性涅槃。为什么呢？如果自相都无所有，那么就没有生，如果没有生那么就没有灭，如果无生无灭那么本来寂静，如果本来寂静，那么自性就是涅槃，对于其中没有少分所有可以使自性趋入涅槃，因此我依照相无自性性，密意说一切诸法无生无灭，本来寂静、自性涅槃。

"善男子！我也依照法无我性所显胜义无自性性，密意说言一切诸法无生无灭，本来寂静、自性涅槃。为什么呢？法无我性所显胜义无自性性，于常常时，于恒恒时，诸法的法性安住无为，一切杂染不相应的缘故。由于常常时、恒恒时，诸法法性安住的原因而呈现无为，由于是无为的，因此也就是无生无灭，一切杂染与此不相应的缘故，本来寂静，自性涅槃。因此我依法无我性所显的胜义无自性性，密意说一切诸法无生无灭、本来寂静、自性涅槃。"

"复次胜义生！非由有情界中诸有情类，别观遍计所执自性为自性故，亦非由彼别观依他起自性及圆成实自性为自性故，我立三种无自性性，然由有情于依他起自性及圆成实自性上增益遍计所执自性故，我立三种无自性性。由遍计所执自性相故，彼诸有情于依他起自性及圆成实自性中随起言说，如如随起言说，如是如是由言说熏习心故、由言说随觉故、由言说随眠故，于依他起自性及圆成实自性中执着遍计所执自性相。

如如执着，如是如是于依他起自性及圆成实自性上执着遍计所执自性，由是因缘生当来世依他起自性。由此因缘，或为烦恼杂染所染、或为业杂染所染、或为生杂染所染[①]，于生死中长时驰骋、长时流转，无有休息，或在那洛迦、或在傍生、或在饿鬼、或在天上、或在阿素洛、或在人中受诸苦恼。

"复次胜义生！若诸有情从本已来未种善根、未清净障、未成熟相续、未多修胜解、未能积集福德、智慧二种资粮[②]，我为彼故，依生无自性性宣说诸法，彼闻是已，能于一切缘生行中，随分解了无常无恒是不安隐变坏法已，于一切行心生怖畏、深起厌患，心生怖畏深厌患已，遮止诸恶，于诸恶法能不造作，于诸善法能勤修习，习善因故未种善根能种善根、未清净障能令清净、未成熟相续能令成熟，由此因缘多修胜解，亦多积集福德、智慧二种资粮。

"彼虽如是种诸善根，乃至积集福德、智慧二种资粮，然于生无自性性中，未能如实了知相无自性性及二种胜义无自性性，于一切行未能正厌、未正离欲、未正解脱、未遍解脱烦恼杂染、未遍解脱诸业杂染、未遍解脱诸生杂染，如来为彼更说法要，谓相无自性性及胜义无自性性，为欲令其于一切行能正厌故、正离欲故、正解脱故、超过一切烦恼杂染故、超过一切业杂染故、超过一切生杂染故。彼闻如是所说法已，于生无自性性中能正信解相无自性性及胜义无自性性，拣择思惟，如实通达，于依他起自性中能不执着遍计所执自性相，由言说不熏习智故、由言说不随觉智故、由言说离随眠智故能灭依他起相③，于现法中智力所持，能永断灭当来世因，由此因缘于一切行能正厌患、能正离欲、能正解脱、能遍解脱烦恼、业、生三种杂染。

"复次胜义生！诸声闻乘种姓有情，亦由此道、此行迹故证得无上安隐涅槃，诸独觉乘种姓有情、诸如来乘种姓有情，亦由此道、此行迹故证得无上安隐涅槃。一切声闻、独觉、菩萨皆共此一妙清净道，皆同此一究竟清净，更无第二。我依此故，密意说言惟有一乘，非于一切有情界中无有种种有情种姓，或钝根性、或中根性、或利根性有情差别。

"善男子！若一向趣寂声闻种姓补特伽罗④，虽蒙诸佛施设种种勇猛加行方便化导，终不能令当坐道场证得阿耨多罗三藐三菩提。何以故？由彼本来惟有下劣种姓故，一向慈悲薄弱故，一向怖畏众苦故。由彼一向慈悲薄弱，是故一向弃背利益诸众生事，由彼一向怖畏众苦，是故一向弃背发起诸行所作。我终不说一向弃背利益众生事者、一向弃背发起诸行所作者当坐道场能得阿耨多罗三藐三菩提，是故说彼名为一向趣寂声闻。若回向菩提声闻种姓补特伽罗，我亦异门说为菩萨。何以故？彼既解脱烦恼障已⑤，若蒙诸佛等觉悟时，于所知障其心亦可当得解脱⑥，由彼最初为自利益修行加行脱烦恼障，是故如来施设彼为声闻种姓。

注释：

①烦恼杂染：指身见、边见及贪嗔痴等一切烦恼能染污真性，令不清净。包括一切之烦恼与随烦恼。业杂染：指由烦恼所生，或以烦恼为助缘所生之一切身语意三业，种种造作，染污真性。生杂染：因烦恼及业而有生，由此生苦，更有老病死苦、爱别离苦、求不得苦、怨憎会苦等，皆能染污真性，令不清净。

②善根：又称"善本"、"德本"。指能生出善法的根本。将善以树根为喻，故名善根。如依《俱舍论》所说，则善根是指行者入见道位时，能生无漏智的根本。相续：即法之前后连续无间断之意。《俱舍论》卷四说："何名相续？谓因果性三世诸行。"卷三十说："业为先后色心起，中无间断，名为相续。"胜解：又作"信解"。心所之名。为"俱舍七十五法"中"十大地法"之一，"唯识百法"中属"五别境"之一，指殊胜了解之义。即于所缘之境起印可的精神作用（即作出确定之判断）。资粮：指长养、资益菩提因的诸善法。诸经论多说资粮有福德、智慧二种之别，如《金光明最胜王经》卷六说："我常拥护令彼众生离苦得乐，能成福智二种资粮。"《大宝积经》卷五十二中说："菩萨摩诃萨修行般若波罗蜜多故，善能通达二种资粮，何者是耶？谓福及智。舍利子，云何名为福德资粮？所谓布施体性福所作事、尸罗体性福所作事、诸修体性福所作事及大慈定大悲方便。（中略）复次舍利子，云何菩萨摩诃萨智德资粮善巧？舍利子，是

菩萨摩诃萨修行般若波罗蜜多时，由住如是如是因缘法故，摄取于智，是故名曰智德智粮。"

③随眠：小乘中，说一切有部以贪、嗔、痴等根本烦恼为随眠；经部将烦恼的现行称为"缠"，将其种子称为"随眠"。大乘唯识家亦将眠伏于阿赖耶识中的烦恼种子，称为随眠。

④补特伽罗：就是通常说的"众生"的别名，还有译为"数取趣"、"众数者"等。这是指轮回转生之主体而言。数取趣，意为数度往返六趣轮回者。乃外道"十六知见"之一。即"我"之异名。或单指人之意而言。佛教主张无我说，故不承认有生死主体之真实补特伽罗（胜义之补特伽罗），但为解说权便之故，而将人假名为补特伽罗（世俗之补特伽罗）。

⑤烦恼障：与所知障并称为"二障"。《成唯识论》卷九谓，扰乱众生身心，妨碍至涅槃之一切烦恼，称为"烦恼障"。至于虽不令起业而不生于三界（迷界），然能覆盖所知之境界而妨碍正智产生之一切烦恼，则称"所知障"（智障）。此二障均属萨迦耶见，而依据百二十八之根本烦恼为体。其中，由于执著有"真实之人"、"真实之众生"，遂执着于"我的存在"（我执），此即为烦恼障；至于执著有"实体万法"之法执，即为所知障；以上即是同一烦恼之二面观。故烦恼障以我执为根本，所知障以法执为根本。若由作用之特征而言，烦恼障乃障碍涅槃，而所知障乃障碍菩提；此即言，烦恼障为障碍涅槃之正障，而所知障为给与正障力量之兼障，故仅有所知障并无障碍涅槃之能力。

⑥所知障：指对一切所知及菩提的障碍。又名"智障"或"智碍"。"二障"之一。如《佛地经论》卷七中说："所知障者，

谓执遍计所执诸法萨迦耶见以为上首，所有无明、法爱、恚等诸心心所法，及所发业并所得果皆摄在中，皆以法执及无明为根本故。"《成唯识论》卷九说："所知障者，谓执遍计所执诸法萨迦耶见而为上首，见、疑、无明、爱、恚慢等，覆所知境，无颠倒性，能障菩提，名所知障。（中略）此障但与不善、无记二心相应，论说无明唯通不善无记性故；痴、无痴等不相应故；烦恼障中，此障必有，彼定用此为所依。"

译文：

"还有胜义生！我不是因为有情界中诸有情众生，离开依他起自性和圆成实自性，别观遍计所执自性为自性，也不是有情众生，离开遍计所执自性，别观依他起自性和圆成实自性为自性，而立三种无自性性的。而是有情在依他起自性和圆成实自性上增益遍计所执自性的原因，我才立三种无自性性的。由于有遍计所执自性相的缘故，诸有情众生在依他起自性和圆成实自性中随起言说，如如随起言说，如是如是由言说熏习心的原因，由言说而说随觉，由言说而说随眠的原因，在依他起自性和圆成实自性上执着遍计所执性自性，由于这样的原因，生来世依他起自性。由此因缘，或被烦恼杂染所染、或被业杂染所染、或被生杂染所染，在生死中长时驰骋、长时流转，无有休息，或在那洛迦、或在傍生、或在饿鬼、或在天上、或在阿素洛、或在人中受诸苦恼。

"还有胜义生！如果诸有情从本以来就没有种善根、没有清净障、没能成熟相续、没能多修胜解、没能积集福德、智慧二种资粮,就这种情况,我就为其依生无自性性来宣说诸法。这类有情听闻这道理以后,能对于一切缘生行中,随分开解无常无恒的道理,对一切缘生行法认为都是不安隐的,会变坏的法。于是对一切行心里生起怖畏、深起厌患。心里生起怖畏深厌患后,就遮止诸恶,对于诸恶法就能够不造作,对于诸善法能够勤加修习,因修习善的原因,未种善根能种善根、未清净障能令清净、未成熟相续能令成熟,由于这些因缘而能够多修胜解,也能多积集福德、智慧二种资粮。

"这些有情众生,虽然种了诸种善根,甚至积集了福德、智慧二种资粮,但在生无自性性中,不能如实了知相无自性性和二种胜义无自性性,对一切行不能正厌,不能正离欲,不能正解脱,不能遍解脱烦恼杂染、不能遍解脱诸业杂染,不能遍解脱诸生杂染,如来就进一步为他宣说相无自性性和胜义无自性性的法要,为了能够使其有情能对一切行能够正厌、正离欲、正解脱、超过一切烦恼杂染故、超过一切业杂染故、超过一切生杂染的原因。这类有情听闻这样说法后,在生无自性性中能够正信解相无自性性和胜义无自性性,拣择思维,如实通达,在依他起自性中能不执着遍计所执自性相。由言说的不熏习智、言说的不随觉智、言说的离眠智的原因能灭依他起相,以这种智力持住现法,能永断灭当来世的因,由此的因缘对一切行能够正厌患、能够正离欲、能够正解脱、能够遍解脱烦恼、业、生三种杂染。

"还有胜义生!不仅诸声闻乘种姓有情是由此道,由此行迹而证得无上安隐涅槃的,而且诸独觉乘种姓有情、诸如来乘种姓的有情,也是由此道,此行迹证得无上安隐涅槃。一切声闻、独觉、菩萨都是同此妙清净道,都同此一究竟清净,而没有第二种。我依照这个道理,密意说佛法只有一乘,但不是说一切有情界中没有种种有情种姓如钝根性、中根性、利根性有情的差别。

"善男子!如果是一向趣寂声闻种姓的补特伽罗,虽然蒙诸佛施设种种勇猛加行方便的化导,但终究不能使其坐道场证得阿耨多罗三藐三菩提。为什么呢?由于其本来只有下劣种性的缘故,一向慈悲薄弱,一向怖畏众苦。由于其一向慈悲薄弱的缘故,所以一向弃背利益诸众生事,由于其一向怖畏众苦的缘故,所以一向弃背发起诸行所作。我终不说一向弃背利益众生事的有情、一向弃背发起诸行所作的有情,能够坐道场得阿耨多罗三藐三菩提。由于这样,说这类有情为一向趣寂声闻。如果是回向菩提的声闻种姓的补特伽罗,我也异门说为菩萨。为什么呢?因为其已经解脱烦恼障了,如果蒙佛化导觉悟时,对于其心的所知障也可以解脱,由彼最初是因为了自利益而修行,并通过加行解脱烦恼障,所以如来施设这类有情为声闻种姓。

"复次胜义生!如是于我善说、善制法、毗奈耶最极清净意乐所说善教法中①,诸有情类意解种种差别可得。

"善男子!如来但依如是三种无自性性,由深密意于所宣说不了义经,以隐密相说诸法要,谓一切法皆无自性、无生无灭、本来寂静、自性涅槃。于是经中，若诸有情已种上品善根、已清净诸障、已成熟相续、已多修胜解、已能积集上品福德智慧资粮，彼若听闻如是法已，于我甚深密意言说如实解了，于如是法深生信解，于如是义以无倒慧如实通达，于此通达善修习故，速疾能证最极究竟，亦于我所深生净信，知是如来应正等觉于一切法现正等觉。

"若诸有情已种上品善根、已清净诸障、已成熟相续、已多修胜解，未能积集上品福德智慧资粮，其性质直②，是质直类，虽无力能思择废立，而不安住自见取中。彼若听闻如是法已，于我甚深秘密言说虽无力能如实解了，然于此法能生胜解、发清净信，信此经典是如来说，是其甚深显现、甚深空性相应，难见难悟，不可寻思，非诸寻思所行境界、微细详审聪明智者之所解了，于此经典所说义中自轻而住，作如是言'诸佛菩提为最甚深，诸法法性亦最甚深，惟佛如来能善了达，非是我等所能解了，诸佛如来为彼种种胜解有情转正法教，诸佛如来无边智见，我等智见犹如牛迹'，于此经典虽能恭敬为他宣说、书写护持、披阅流布、殷重供养、受诵温习，然犹未能以其修相发起加行③，是故于我甚深密意所说言辞不能通达，由此因缘，彼诸有情亦能增长福德智慧二种资粮，于彼相续未成熟者亦能成熟。

"若诸有情广说乃至未能积集上品福德智慧资粮，

性非质直，非质直类，虽有力能思择废立，而复安住自见取中。彼若听闻如是法已，于我甚深密意言说不能如实解了，于如是法虽生信解，然于其义随言执着，谓一切法决定皆无自性、决定不生不灭、决定本来寂静、决定自性涅槃，由此因缘，于一切法获得无见及无相见，由得无见、无相见故，拨一切相皆是无相，诽拨诸法遍计所执相、依他起相、圆成实相。何以故？由有依他起相及圆成实相故，遍计所执相方可施设。若于依他起相及圆成实相见为无相，彼亦诽拨遍计所执相，是故说彼诽拨三相。虽于我法起于法想，而非义中起于义想，由于我法起法想故及非义中起义想故，于是法中持为是法，于非义中持为是义，彼虽于法起信解故福德增长，然于非义起执着故退失智慧，智慧退故退失广大无量善法。

"复有有情从他听闻，谓法为法、非义为义，若随其见，彼即于法起于法想、于非义中起于义想，执法为法、非义为义，由此因缘当知同彼退失善法。

"若有有情不随其见，从彼欻闻'一切诸法皆无自性、无生无灭、本来寂静、自性涅槃'便生恐怖④，生恐怖已，作如是言'此非佛语，是魔所说'，作此解已，于是经典诽谤毁骂，由此因缘获大衰损、触大业障⑤。

"由是缘故，我说若有于一切相起无相见、于非义中宣说为义，是起广大业障方便，由彼陷坠无量众生，令其获得大业障故。

"善男子！若诸有情未种善根、未清净障、未熟相续、无多胜解、未集福德智慧资粮，性非质直，非质直类，虽有力能思择废立，而常安住自见取中，彼若听闻如是法已，不能如实解我甚深密意言说，亦于此法不生信解，于是法中起非法想，于是义中起非义想，于是法中执为非法，于是义中执为非义，唱如是言'此非佛语，是魔所说'，作此解已，于是经典诽谤毁骂、拨为虚伪，以无量门毁灭摧伏如是经典，于诸信解此经典者起怨家想，彼先为诸业障所障，由此因缘复为如是业障所障，如是业障初易施设，乃至齐于百千俱胝那庾多劫无有出期⑥。

"善男子！如是于我善说善制法毗奈耶最极清净意乐所说善教法中，有如是等诸有情类意解种种差别可得。"

尔时，世尊欲重宣此义而说颂曰：

> 一切诸法皆无性，无生无灭本来寂，
> 诸法自性恒涅槃，谁有智言无密意？
> 相生胜义无自性，如是我皆已显示，
> 若不知佛此密意，失坏正道不能往。
> 依诸净道清净者，惟依此一无第二，
> 故于其中立一乘，非有情性无差别。
> 众生界中无量生，惟度一身趣寂灭，

大悲勇猛证涅槃，不舍众生甚难得。
微妙难思无漏界，于中解脱等无差，
一切义成离惑苦，二种异说谓常乐。

注释：

①毗奈耶：三藏之一，谓佛所说之戒律。译曰"灭"，或"律"，新译曰"调伏"。戒律灭诸过非，故云灭，如世间之律法，断决轻重之罪者，故云律，调和身语意之作业，制伏诸要行，故云调伏。

②性质直：即是信的意思。《维摩诘经》说："直心是道场"，说直心就是信心。《大智度论》中也说："佛法海中信能入故。"因此质直即是信心。

③"于此经典虽能恭敬为他宣说"二句：此处讲"十法行"，《大般若经》中说"十法行"为："佛告阿难，受持此经，有十法行：一者书写；二者供养；三者施他；四者谛听；五者披读；六者受持；七者广说；八者讽诵；九者思惟；十者修习。"《显扬圣教论》也详说："一于菩萨藏法，若多若少尊重恭敬，书持法行；二若劣若胜，诸供养具，供养法行；三若自书已，由矜愍心施他法行；四若他发意恭敬尊重，以微妙声，宣扬阐赞，由宗仰故，谛听法行；五发净信解恭敬重心披读法行；六为欲修习法随法行，从师受已，讽诵法行；七既讽诵已为坚持故，以广妙音温习法行；八悲愍他故，传授与彼，随其广略开演法行；九独处闲静极善研寻称理观察思惟法行；十如所思惟修行奢摩他毗钵舍那为欲趣入，乃至为令诸所求义成就法行。"本文中没列听闻、思惟、修习。

④欻(xū):忽然的意思。

⑤业障:"三障"之一,"四障"之一。又作"业累"。意思是众生于身、口、意所造作之恶业能蔽障正道,故称业障。另据北本《涅槃经》卷十一、《大毗婆沙论》卷一一五、《俱舍论》卷十七等,谓一切恶业中,以五无间业为业障,余一切恶业非为业障,无碍于圣道之修行。所谓五无间业,即:(一)害母,(二)害父,(三)害阿罗汉,(四)破和合僧,(五)恶心出佛身血。然而《普贤行愿品》〈忏悔业障〉文中之'业障',则不限于五无间业,而是指一切不善业而言。后世一般佛教徒所谓的业障,亦多指所有不善业,而非仅指五无间业。

⑥俱胝那庾多:表数量,《俱舍论》第十二卷引经说:"有一无余数始为一,十一为十,十十为百,十百为千,十千为万,十万为洛叉,十洛叉为度洛叉,十度洛叉为俱胝,十俱胝为末陀,十末陀为阿庾多,十阿庾多为大阿庾多,十大阿庾多为那庾多,如是展转满六十数。"

译文:

"还有胜义生!这样,在我善说和善制的法藏和毗奈耶藏中,在我最极清净意乐所说善教法中,诸有情类的意解还是有种种差别的。

"善男子!如来只是依这样生无自性性,相无自性性,胜义无自性性三种无自性性,用甚深密意的方式宣说不了义经,其中以隐密相宣说诸法要为:一切法皆无自性、无生无灭、本来寂静、自性涅槃。对于这类经中,如果诸有情众生已种上品善根、已清净诸障、已成熟相续、已多修胜解、已能积集上品福德智慧资粮，那么他如果听闻到这样的法后，对我甚深密意言说能够如实解了，对这样法深生信解，并以无倒慧如实通达法义。因为能够通达并善于修习的缘故，速疾能够证得最极究竟，同时对我也深生净信，知道如来应正等觉对一切法现正等觉。

"如果诸有情众生已种上品善根、已清净诸障、已成熟相续、已多修胜解，但是未能积集上品福德智慧资粮，其性质直具足信心，是质直类众生，虽然没有能力去思择废立圣教的道理，但是不安住于自见取中。他如果听闻这样的教法后，对我的甚深秘密言说，虽然无力如实解了，然而对于此法能生胜解、发清净信，相信此经典是如来所说，是其甚深义的显现，是与甚深空性相应的，难见难悟，不可寻思，不是诸寻思所行的境界、是微细详审的聪明智者才能解了的，对经典所说奥义，这类有情自轻己智不能解了经义而住。作这样的言说：'诸佛所有能证菩提真俗二智的菩提法最为甚深，诸法的法性也最为甚深，只有佛如来能善了达，不是我等所能解了的，诸佛如来为了那些具有种种胜解的有情转正法教，诸佛如来具有无量无边像海一样的智慧，而我等众生智慧犹如象牛走过留下足迹中的浅水。'这类有情对此经典虽然能恭敬为他人宣说、书写护持、披阅流布、殷重供养、受诵温习，但是还不能依此修行发起加行，因此对于我所说的甚深密意言辞不能通达。由于这种因缘，这类有情也能增长福德智慧二种资粮，虽然现在相续没有成熟，但是以后还是会成熟。

"如果诸有情在上品善根、清净诸障、成熟相续、多修胜解，积集上品福德智慧资粮这五事中缺一乃至全无，性不质直，不具足信心，不是质直类，虽然有能力思择废立，但是安住在自见取中。他如果听闻了这样的教法后，对于我甚深密意言说不能如实解了，对于这样的教法虽然生起信解，然而对于其中的奥义随言执着，认为一切法决定皆无自性、决定不生不灭、决定本来寂静、决定自性涅槃。由于这样的因缘，对于一切法获得无见和无相见，由于获得无见、无相见的原因，拨一切相都是无相，而诽拨诸法具有遍计所执相、依他起相、圆成实相。为什么呢？因为有依他起相及圆成实相的缘故，遍计所执相才可以施设。如果有情对于依他起相及圆成实相见为无相，那么其也诽拨遍计所执相，因此说其诽拨三相。虽对于我法中生起法想，但是对于非正义中也生起正义想。由于对我教法起法想和对非正义中起正义想的缘故，于是对我的教法持为是法，对于非正义中也执为是正义，其虽然对于法起信解因此福德增长，但是对于非正义起执着，因此退失智慧。因智慧退失的原因也就退失了广大无量善法。

"还有有情从他人那听闻，说此法是法，此非正义是正义的，如果跟随他的见解，这类有情也对于此法起法想，此非正义中起正义想，认为执着之法是法，非正义为正义，由此的因缘应当知道这类有情同以上的情形一样退失善法。

"还有有情不随其见，从他忽然听闻：'一切诸法皆无自性、无生无灭、本来寂静、自性涅槃'便生起恐怖，生恐怖后，便作这样的言说：'这不是佛陀的教法，是魔所说的'。作这样见解后，于是对这类经典诽谤毁骂，由此因缘而获大衰损，触犯大的业障。

"由于这样的缘故，我说如果有情对于一切相起无相见，在非正义中宣说为正义，是会引发广大业障方便，由此会陷坠无量众生，使他们获得大业障。

"善男子！如果有类有情未种善根、未清净诸障、未能成熟相续、无多胜解、未能集福德和智慧资粮，性非质直，不具足信心，非质直类，虽然有能力思择废立，但常安住自见取中，此类众生虽然听闻这样的法后，不能如实解了我甚深密意言说，对于此法也不生信解，在这法中生起非法想，在正义中生起非正义想，对于法中执为非法，对于正义的执为非正义，并作这样的言论：'这不是佛所说的，是魔所说的'，作这样的见解后，于是对经典进行诽谤毁骂、认为经典是虚伪的，以无量的方式来毁灭摧伏这样的经典，对诸信解这经典者起怨家想，这类众生是因为被先世诸业障所障，由此因缘现世更为这样的业障所障，这样的业障开始时比较容易施设，但是所受苦果百千俱胝那庚多劫没有出期。

"善男子！在我善说和善制的法藏和毗奈耶藏中，在我最极清净意乐所说善教法中，诸有情类的意解是有这样种种差别可得的。"

这时，世尊想重新宣说这道理而说颂为：

　　　一切诸法皆无性，无生无灭本来寂，
　　　诸法自性恒涅槃，谁有智言无密意？
　　　相生胜义无自性，如是我皆已显示，
　　　若不知佛此密意，失坏正道不能往。

> 依诸净道清净者，惟依此一无第二，
> 故于其中立一乘，非有情性无差别。
> 众生界中无量生，惟度一身趣寂灭，
> 大悲勇猛证涅槃，不舍众生甚难得。
> 微妙难思无漏界，于中解脱等无差，
> 一切义成离惑苦，二种异说谓常乐。

尔时，胜义生菩萨复白佛言："世尊！诸佛如来密意语言甚奇希有，乃至微妙最微妙、甚深最甚深、难通达最难通达！如是我今领解世尊所说义者，若于分别所行遍计所执相所依行相中，假名安立以为色蕴，或自性相、或差别相，假名安立为色蕴生、为色蕴灭及为色蕴永断、遍知或自性相、或差别相，是名遍计所执相，世尊依此施设诸法相无自性性。若即分别所行遍计所执相所依行相，是名依他起相，世尊依此施设诸法生无自性性及一分胜义无自性性。如是我今领解世尊所说义者，若即于此分别所行遍计所执相所依行相中，由遍计所执相不成实故，即此自性无自性性、法无我真如、清净所缘是名圆成实相，世尊依此施设一分胜义无自性性。

"如于色蕴，如是于余蕴皆应广说，如于诸蕴，如是于十二处一一处中皆应广说，于十二有支一一支中皆应广说，于四种食一一食中皆应广说，于六界、十八界一一界中皆应广说。

"如是我今领解世尊所说义者，若于分别所行遍计所执相所依行相中，假名安立以为苦谛、苦谛遍知或自性相、或差别相，是名遍计所执相，世尊依此施设诸法相无自性性。若即分别所行遍计所执相所依行相是名依他起相，世尊依此施设诸法生无自性性及一分胜义无自性性。如是我今领解世尊所说义者，若即于此分别所行遍计所执相所依行相中，由遍计所执相不成实故，即此自性无自性性、法无我真如、清净所缘是名圆成实相，世尊依此施设一分胜义无自性性。

"如于苦谛，如是于余谛皆应广说，如于圣谛，如是于诸念住、正断、神足、根、力、觉支、道支中一一皆应广说。

"如是我今领解世尊所说义者，若于分别所行遍计所执相所依行相中，假名安立以为正定，及为正定能治所治、若正修未生令生、生已坚住不忘、倍修增长广大或自性相或差别相，是名遍计所执相，世尊依此施设诸法相无自性性。若即分别所行遍计所执相所依行相，是名依他起相，世尊依此施设诸法生无自性性及一分胜义无自性性。如是我今领解世尊所说义者，若即于此分别所行遍计所执相所依行相中，由遍计所执相不成实故，即此自性无自性性、法无我真如、清净所缘是名圆成实相，世尊依此施设诸法一分胜义无自性性。

译文：

这时，胜义生菩萨再对佛陀说："世尊！诸佛如来密意语言甚奇稀有，乃至微妙最微妙、甚深最甚深、难通达最难通达！这样我现在领解世尊所说的教义，如果对于在分别所行遍计所执相所依行相中，假名安立以为色蕴，或自性相、或差别相，假名安立为色蕴生、为色蕴灭及为色蕴永断、遍知或自性相、或差别相，是名遍计所执相，世尊依此施设诸法相无自性性。若即分别所行遍计所执相所依行相，是名依他起相，世尊依此施设诸法生无自性性及一分胜义无自性性。这样我今领解佛陀所说的教义中，如果在此分别所行遍计所执相所依行相中，由于遍计所执相不成实故，就此自性无自性性、法无我真如、清净所缘称为圆成实相，佛陀依此施设一分胜义无自性性。

"像对于色蕴一样，这样对于余蕴也都应该广说，像对于诸蕴一样，对待十二处一一处中也都应广说，于十二有支一一支中也都应广说，于四种食一一食中也都应广说，于六界、十八界一一界中也都应广说。

"正如这样我所领解佛陀所说的教义中，对于在分别所行遍计所执相所依行相中，假名安立以为苦谛、苦谛遍知或自性相、或差别相，称为遍计所执相，佛陀依此而施设诸法相的无自性性和一分胜义无自性性。正如这样我所领解佛陀所说的教义中，对于这里的分别所行遍计所执相所依行相中，由于遍计所执相不成实的原因，即此自性无自性性、法无我真如、清净所缘称为圆成实相，世尊依此施设一分胜义无自性性。

"像对于苦谛一样，这样对于余谛也都应该广说，像对于圣谛一样,对待诸念住、正断、神足、根、力、觉支、道支中一一也都应该广说。

"正如这样我所领解佛陀所说的教义中,如果在分别所行遍计所执相所依行相中,假名安立以为正定,及为正定能治所治、若正修未生令生、生已坚住不忘、倍修增长广大或自性相或差别相,称为遍计所执相,佛陀依此施设诸法相的无自性性。而对于分别所行遍计所执相的所依行相,称为依他起相,佛陀依此施设诸法生无自性性和一分胜义无自性性。正如这样我所领解佛陀所说的教义中,对于此分别所行遍计所执相所依行相中,由于遍计所执相不成实的原因,而此自性无自性性、法无我真如、清净所缘称为圆成实相,佛陀依此施设诸法的一分胜义无自性性。

"世尊!譬如毗湿缚药①,一切散药、仙药方中皆应安处,如是世尊依此诸法皆无自性、无生无灭、本来寂静、自性涅槃、无自性性了义言教,遍于一切不了义经皆应安处。

"世尊!如彩画地,遍于一切彩画事业皆同一味,或青、或黄、或赤、或白,复能显发彩画事业,如是世尊依此诸法皆无自性广说乃至自性涅槃无自性性了义言教,遍于一切不了义经皆同一味,复能显发彼诸经中所不了义。

"世尊!譬如一切成熟珍馐,诸饼果内投之熟酥更生胜味,如是世尊依此诸法皆无自性广说乃至自性涅槃无自性性了义言教，置于一切不了义经生胜欢喜。

"世尊！譬如虚空，遍一切处皆同一味，不障一切所作事业，如是世尊依此诸法皆无自性广说乃至自性涅槃无自性性了义言教，遍于一切不了义经皆同一味，不障一切声闻、独觉及诸大乘所修事业。"

说是语已，尔时世尊叹胜义生菩萨曰："善哉！善哉！善男子！汝今乃能善解如来所说甚深密意言义，复于此义善作譬喻，所谓世间毗湿缚药、杂彩画地、熟酥、虚空。胜义生！如是如是，更无有异，如是如是，汝应受持！"

尔时，胜义生菩萨复白佛言："世尊初于一时在婆罗痆斯仙人堕处施鹿林中②，惟为发趣声闻乘者③，以四谛相转正法轮④，虽是甚奇、甚为希有，一切世间诸天人等先无有能如法转者，而于彼时所转法轮，有上有容⑤，是未了义，是诸诤论安足处所。

"世尊在昔第二时中，惟为发趣修大乘者⑥，依一切法皆无自性、无生无灭、本来寂静、自性涅槃，以隐密相转正法轮⑦，虽更甚奇、甚为希有，而于彼时所转法轮，亦是有上、有所容受，犹未了义⑧，是诸诤论安足处所。

"世尊于今第三时中，普为发趣一切乘者，依一切法皆无自性、无生无灭、本来寂静、自性涅槃无自性性，以显了相转正法轮⑨，第一甚奇、最为希有，于今世尊所转法轮⑩，无上无容，是真了义，非诸诤论安足处所。

"世尊！若善男子或善女人，于此如来依'一切法皆无自性、无生无灭、本来寂静、自性涅槃'所说甚深了义言教，闻已信解、书写、护持、供养、流布、受诵、温习、如理思惟、以其修相发起加行，生几所福？"

说是语已，尔时世尊告胜义生菩萨曰："胜义生！是善男子或善女人，其所生福无量无数，难可喻知。吾今为汝略说少分：如爪上土比大地土，百分不及一，千分不及一，百千分不及一，数、算、计、喻、邬波尼杀昙分亦不及一⑪，或如牛迹中水比四大海水，百分不及一，广说乃至邬波尼杀昙分亦不及一。如是于诸不了义经闻已信解，广说乃至以其修相发起加行所获功德，比此所说了义经教闻已信解所集功德，广说乃至以其修相发起加行所集功德，百分不及一，广说乃至邬波尼杀昙分亦不及一。"

说是语已，尔时胜义生菩萨复白佛言："世尊！于是解深密法门中当何名此教？我当云何奉持？"

佛告胜义生菩萨曰："善男子！此名胜义了义之教，于此胜义了义之教汝当奉持！"

说此胜义了义教时，于大会中，有六百千众生发阿耨多罗三藐三菩提心⑫，三百千声闻远尘离垢⑬，于诸法中得法眼净⑭，一百五十千声闻永尽诸漏心得解脱⑮，七十五千菩萨得无生法忍⑯。

注释：

①毗湿缚药：此药有多种功能。如果把此药放到诸合诸药草皆有神验。

②婆罗疣（nà）斯仙人堕处：在《大严经》中说，一生补处菩萨，将下生时，有天子下阎浮提告诉这里辟支佛说，应该舍此土，因为十二年后，当有菩萨降神入胎。这时，波罗奈国的五百辟支佛，听闻天语后，从座上而起，踊在虚空，高七多罗树，作火烧身，入于涅槃，只有舍利从空降下，因此此地称为"仙人堕处"。也有说，从前有五百仙人，飞行空中，到此地遇退因缘，一时堕落。

③声闻乘："三乘"之一。指听闻佛陀声教而证悟之出家弟子。《大乘法苑义林章》卷二谓声闻者，"声"谓音声，引申为佛陀之说法，"闻"谓听闻。乘，为运载之意，指能乘载众生至彼岸者；即指佛陀之教法。若修行者闻佛说法，信受精进而修行者，名曰"声闻"。此即声闻原本之字义。原始佛教圣典中，释迦在世时的弟子，不论在家或出家，皆称为"声闻"。但至后世，声闻被限定为出家弟子。大乘佛教兴起之后，声闻与缘觉皆被大乘教徒贬为小乘。并认为声闻乘有下列特性：（1）以《阿含经》为所依；（2）观"苦、集、灭、道"四圣谛；（3）经三生六十劫之长远修行，期证阿罗汉果；（4）以灰身灭智为涅槃；（5）着重在个人证悟而不致力济度众生。

④四谛：四谛即"苦、集、灭、道"四谛，谛谓真实不虚，如来亲证。苦谛，苦即三界轮回生死逼恼之义，凡是有为有漏之法莫不皆含苦性，总有"三苦、八苦"。三苦，从其逆缘逼恼，正

受苦时，从苦生苦，名"苦苦"；从其顺缘，安乐离坏时而生苦恼，名"坏苦"；生老病死刹那变异而生苦恼，即名"行苦"。八苦即生、老、病、死、爱别离、怨憎会、求不得和五盛阴苦。外有寒热饥渴等逼恼之身苦，内有烦恼之心苦，所有诸苦皆归苦谛所摄。集谛，集谓积聚二十五有苦果之因，一切众生，无始以来，由贪嗔痴等烦恼，造积善恶业因，能招感三界生死等苦果。灭谛，又名"尽谛"，灭谓灭二十五有，寂灭涅槃，尽三界结业烦恼，永无生死患累。道谛，道谓修戒定慧通向涅槃之道，总有七科：（一）四念处，二四正断或四正勤，（三）四神足或四如意足，（四）五根，（五）五力，（六）七觉支或七菩提分，（七）八圣道或八正道。此为三十七菩提助道品法。转正法轮：此轮是法所成以法为自性，因此称为法轮。此法为能令他身中生起圣道，称为"转"。经部的诸教诸道，都名"法轮"。此处指初转法轮。

⑤有上有容：指此法轮，隐空说有，是不了义。虽然具显生死涅槃因果，和说人空。但未能显法空的道理。所以此教还有超出其的胜教，还有容胜教，还有容他破。

⑥大乘：音译"摩诃衍那"、"摩诃衍"。为小乘之相反词。乘，即交通工具之意，系指能将众生从烦恼之此岸载至觉悟之彼岸之教法而言。大乘义为不以个人之觉悟（如小乘行者）为满足，而以救度众生为目的，一如巨大之交通工具可载乘众人，故称为"大乘"。据菩萨善戒经所说之"大乘"，要义如下：根据"十二部经"中之最上者毗佛略（方等）之教法（法大），发菩提心（心大），领解其教法（解大），以清净心（净大），具足菩萨之福德与慧德（庄严大），经过三大阿僧祇劫之修行（时大），

具足相好而得无上菩提（具足大），此即大乘法门之核心要义。

⑦隐密相转正法轮：如《金刚般若经》中说："此经为发大乘者说，为发最上乘者说，依一切法皆无自性"等，本经认为显示的是第二无相法轮。诸部般若宗明无相，说一切法皆无自性乃至自性涅槃。初法轮时隐空说有，这里第二隐有说空，因此说以隐密相转正法轮，亦名秘密。在《大般若经》中也说："无生无灭等，即是诸佛秘密之教。"

⑧未了义：本经认为诸般若说无相等，而不分别三无自性及三自性有无之义，因此说为不了义。真谛法师认为：大乘异于小乘故不了，犹有统为一乘因此有上。因与小乘不同的缘故，而与小乘斗净，可为一乘所破，因此有难。

⑨显了相转正法轮：本经以三种无自性性宣说菩提法要，具足显示有性无性。因此说以显了相转正法轮。

⑩世尊所转法轮：即"三转法轮"，玄奘法师认为：第一时初转法轮，在波罗奈鹿园仙人集处，转四谛法轮，是法轮希有，不可思议；第二时转法轮，如《大般若经》，有四处十八会，初之六会和第十五会在王舍城鹫峰山说；第七、八、九、十一、十二、十三、十四这七会在室罗筏誓多林给孤独园说；第十会，在他化自在天王宫说；第十六会，在王舍城竹林园白鹭池说。第三时转法轮，在两处说，一者净土，二者秽土，通说本经、法华及华严等为第三者，即鹫峰山和七处八会。

⑪邬波尼杀昙分：指数极，是古印度最大数的末数名。

⑫阿耨多罗三藐三菩提：意译为"无上正等正觉"，"阿耨多罗"意译为"无上"，"三藐三菩提"意译为"正遍知"。乃佛陀

所觉悟之智慧；含有平等、圆满之意。以其所悟之道为至高，故称"无上"；以其道周遍而无所不包，故称"正遍知"。大乘菩萨行之全部内容，即在成就此种觉悟。

⑬远尘离垢：尘指已经生起的未究竟智，其能障碍现观，指我慢及见所断一切烦恼；垢指我慢和见所断一切烦恼二品的粗重。见所断诸烦恼缠得离系称为"远尘"，由彼随眠得离系故，说名"离垢"。

⑭法眼净：如实现证诸佛法道理。小乘于初果见四圣谛之理，大乘于初地得"真无生法"，均称为"法眼净"。

⑮永尽诸漏心得解脱：永尽诸漏，得慧解脱；永离定障，得心解脱。佛陀讲授此甚深大乘，能证得二乘利益。这是因为如来说教有其两种，一种是显了；一种是秘密。如果是依显了则只证大果，而有秘密则故通大小二种胜利。

⑯无生法忍：《大智度论》讲："于无生灭诸法实相中，信受通达，无碍不退，是名无生忍。"无生忍有两种。一者初地菩萨，名得无生忍。如《大智度论》中说："有二种忍，一者柔顺忍；二者无生忍。"柔顺忍在十回向，无生忍即初地已上。第二种是八地已上得诸法无生忍。

译文：

"世尊！这就像具有神验的毗湿缚药，于一切的散药、仙药方中应都能安处。同样，世尊依于诸法无自性、无生无灭、本来寂静、自性涅槃、无自性性而说的了义言教，遍于一切不了义经中应都能安处。

"世尊！如作为彩画的地，遍于一切以此作彩画的作品中都是同一味的，或是青色、或是黄色、或是赤色、或是白色，而且此彩画地能把彩画作品显发出来。同样，世尊依此诸法皆无自性而广说的了义言教，乃至依自性涅槃、无自性性而说的了义言教，遍于一切不了义经中，皆是同一味的，而且其还能显发出诸经中的所不了义。

"世尊！譬如在一切做熟的珍馐，诸饼果内投入熟酥，会使其味道增胜。同样，世尊依此诸法皆无自性而广说的了义言教，乃至依自性涅槃、无自性性而说的了义言教，置于一切不了义经中，能够产生胜欢喜。

"世尊！譬如虚空，遍一切处都是同一味的，不障碍一切所作的事业。同样，世尊依此诸法皆无自性而广说的了义言教，乃至依自性涅槃、无自性性而说的了义言教，遍于一切不了义经皆同一味，同时不障碍一切声闻、独觉、和诸大乘所修的事业。"

在胜义生菩萨说这话后，这时世尊赞叹胜义生菩萨说："很好啊！很好啊！善男子！你今天能够善解如来所说的甚深密意言义，并能够对此义以世间的毗湿缚药、杂彩画地、熟酥和虚空来善作譬喻。胜义生！是这样的，是这样的，更没有不同的，是这样的，是这样的，你应该受持！"

这时，胜义生菩萨再对佛陀说："世尊初于某个适当的时候，在婆罗疤斯仙人堕处的施鹿林中，专为发趣声闻乘的行者，以四谛相而转正法轮，虽然此甚为奇特、甚为稀有，先前一切世间诸天人等都没有能够以此法而转的，但是那时所转法轮，还有比其更上的，还有更容胜教，有容他破，是不了义的，是诸诤论的安足处所。

　　"世尊在往昔第二时中，专为发趣修大乘的行者，依一切法皆无自性、无生无灭、本来寂静、自性涅槃，以隐密相而转正法轮，虽然更为奇特，甚为稀有，但那时所转法轮，还有比其更上的，还可以有所容受，还不是了义的，是诸诤论的安足处所。

　　"世尊在现在第三时中，普为发趣一切乘的行者，依一切法皆无自性、无生无灭、本来寂静、自性涅槃无自性性，以显了相转正法轮，这是第一甚奇的、最为稀有的、现在世尊所转的法轮，是无上无容的，是真了义的，不是诸诤论的安足处所。

　　"世尊！如果有善男子或善女人，对于如来依'一切法皆无自性、无生无灭、本来寂静、自性涅槃'所说的甚深了义言教，听闻后产生信解、书写、护持、供养、流布、受诵、温习、如理思惟这些甚深了义言教，并以其修相而发起加行，这样其能生多少福？"

　　胜义生菩萨说完这话后，这时佛陀告诉胜义生菩萨说："胜义生！这善男子或善女人，其所生的福无量无数，难可喻知。我今为你略说少分：这就像手上的土与大地土相比，百分不及其一，千分不及其一，百千分不及其一，数、算、计、喻、邬波尼杀昙分也不及其一；或者就像牛走过留下的足迹水与四大海水相比，百分不及其一，广说乃至邬波尼杀昙分也不及其一。同样，对于诸不了义经听闻后产生信解，广说书写、护持乃至以其修相发起加行所获的功德，比对这里所说的了义经教听闻后产生信解所集的功德，广说书写、护持乃至以其修相发起加行所集的功德，百分不及一，广说乃至邬波尼杀昙分也不及其一。"

当佛陀说完这话后，这时胜义生菩萨再对佛陀说："世尊！在这解深密法门中，此称为什么教授？我应当奉持什么？

佛陀告诉胜义生菩萨说："善男子！此称为胜义了义之教，对于此胜义了义之教你应当奉持！"

在佛陀说这胜义了义教时，于大会中，有六百千众生发阿耨多罗三藐三菩提心，三百千声闻远尘离垢，于诸法中得法眼净，一百五十千声闻永尽诸漏心而得解脱，七十五千菩萨得无生法忍。

卷　三

分别瑜伽品第六

　　本品属于"境、行、果"中的"行"。本品完整而细致地讲解了大乘禅修的密意,在诸经中有关大乘止观禅修的讨论,本经的此品可谓最为详尽,最为系统。瑜伽:意译作"相应",据《成唯识论述记》卷二本说,"相应"五义:(一)与境相应,谓不违一切法之自性。(二)与行相应,谓与定慧等行相应。(三)与理相应,谓安立非安立等二谛之理。(四)与果相应,谓能得无上之菩提果。(五)与机相应,谓既得圆果,利生救物,赴机应感,药病相应。然而本品以观行说为瑜伽。本品即讲顺法而行得胜果的过程,也是诠释瑜伽。因广明正观瑜伽之义,因此称为"分别瑜伽"。

　　本品讲大乘禅观是以法假安立和菩提心愿为依为住的。与大乘禅观有关的有四种所缘境事,所听闻、所了知的所知事在心境中形成同分影像,对此同分影像只是行寂静心,令心安住,如此称为无分别所缘境事,这为奢摩他所缘(此体现了奢摩他含义);而对此同分影像进行观察审定功德过失,则称为有分别影像,此为毗钵舍那所缘(此体现了毗钵舍那的含义)。另事边际所缘境事、所作成办所缘境事是奢摩他毗钵舍那俱缘的。本品具体解释了奢摩他(止)、毗钵舍那(观)的含义,认为达到大乘奢摩他时需要具备有所闻思,身心达到轻安为前提,而毗钵舍那是在奢摩他基础上再对心境中三摩地影像进行思择,寻思伺察。未获得"身心轻安"前提下,则称为随顺奢摩他和随顺毗钵舍那。本品在讲解奢摩他、毗钵舍那、心、识的关系中提出了诸毗钵舍那三摩地所行的影像与心无异,之所以有此心见到影像,实质是心生时相似有影像显现,并非离心外有影像。本品推而广之,在日常中,非定中,心所行影像也与心无异,唯是识,这也是成立一切唯识的依据。

本品广泛而详细地分析了奢摩他、毗钵舍那的种类:有一向修奢摩他,一向修毗钵舍那和两者俱转;有依法和不依法两种,相应为利根与钝根;因闻思程度和广度的不同分为缘别法和缘总法奢摩他毗钵舍那,及缘小总法、缘大总法、缘无量总法奢摩他毗钵舍那,其中"若缘总法修奢摩他、毗钵舍那所有妙慧,是名为智","若缘别法修奢摩他、毗钵舍那所有妙慧,是名为见";有以有寻有伺、无寻惟伺、无寻无伺三种三摩地分类的奢摩他和毗钵舍那。本品解释了在修奢摩他、毗钵舍那时掉举、沉没等障碍时所对治而修的止相、举相、舍相。对于修奢摩他、毗钵舍那所缘的内容,本品提到应该知法知义,其中应有五相知于法,有十义、五义、四义、三义知于义,并揭示了大乘禅观所作的工作是真如作意除遣诸法相、义相,空除遣三摩地所行影像相的密义,还宣说了大乘的总空性相的甚深义。对于奢摩他、毗钵舍那所摄范围,本品介绍说无量声闻、菩萨、如来无量种胜三摩地都是此奢摩他、毗钵舍那所摄。修奢摩他、毗钵奢那以清净的戒,清净的闻思所得的正见为因,以善清净心、善清净慧和世出世间所有的善法是其果,而能解脱相缚和粗重缚是其做作的业。分析了修奢摩他、毗钵奢那时所遇的"五系"和"五盖"的障碍和除遣这些障碍后奢摩他、毗钵奢那才可以称为"圆满清净"。还分析了奢摩他、毗钵奢那现在前时的五种心散动和诸地对治障。品末总结了菩萨依奢摩他、毗钵舍那勤修行证得阿耨多罗三藐三菩提的全过程:于见道前修真如观舍离一切粗相、细相,见道登地后,以三种所缘境事作意,以楔出楔的方便除遣内相,这样一切随顺杂染分相都除遣后,粗重相也得到除遣,像炼金法一样陶练其心,直至证得阿耨多罗三藐三菩提。品最后介绍了菩萨善知心生、心住、心出、心增、心灭、方便等六处就能引发菩萨所有广大威德,以及在无余依涅槃界中无余永灭的二种受:所依粗重受和彼果境界受。

　　尔时,慈氏菩萨摩诃萨白佛言[①]:"世尊!菩萨何依、何住于大乘中修奢摩他、毗钵舍那?"

　　佛告慈氏菩萨曰:"善男子!当知菩萨法假安立及不舍阿耨多罗三藐三菩提愿为依、为住,于大乘中修奢摩他、毗钵舍那。"

　　慈氏菩萨复白佛言:"如世尊说四种所缘境事:一者有分别影像所缘境事[②],二者无分别影像所缘境事[③],三者事边际所缘境事[④],四者所作成办所缘境事[⑤]。于此四中,几是奢摩他所缘境事?几是毗钵舍那所缘境事?几是俱所缘境事?"

　　佛告慈氏菩萨曰:"善男子!一是奢摩他所缘境事,谓无分别影像,一是毗钵舍那所缘境事,谓有分别影像，二是俱所缘境事，谓事边际、所作成办。”

慈氏菩萨复白佛言：“世尊！云何菩萨依是四种奢摩他毗钵舍那所缘境事，能求奢摩他、能善毗钵舍那？”

佛告慈氏菩萨曰：“善男子！如我为诸菩萨所说法假安立，所谓契经、应诵、记别、讽诵、自说、因缘、譬喻、本事、本生、方广、希法、论议⑥，菩萨于此善听善受、言善通利、意善寻思、见善通达，即于如是善思惟法独处空闲作意思惟，复即于此能思惟心⑦，内心相续作意思惟⑧，如是正行多安住故，起身轻安及心轻安⑨，是名奢摩他，如是菩萨能求奢摩他。

“彼由获得身心轻安为所依故，即于如所善思惟法内三摩地所行影像观察胜解，舍离心相⑩，即于如是三摩地影像所知义中⑪，能正思择、最极思择、周遍寻思、周遍伺察⑫，若忍、若乐、若慧、若见、若观⑬，是名毗钵舍那，如是菩萨能善毗钵舍那。”

慈氏菩萨复白佛言：“世尊！若诸菩萨缘心为境，内思惟心乃至未得身心轻安所有作意，当名何等？”

佛告慈氏菩萨曰：“善男子！非奢摩他作意，是随顺奢摩他胜解相应作意⑭。”

“世尊！若诸菩萨乃至未得身心轻安，于如所思所有诸法内三摩地所缘影像作意思惟，如是作意，当名何等？”

"善男子！非毗钵舍那作意，是随顺毗钵舍那胜解相应作意。"

注释：

①慈氏菩萨：即弥勒菩萨，依《弥勒上生经》、《弥勒下生经》所载，弥勒出生于婆罗门家庭，后为佛弟子，先佛入灭，以菩萨身为天人说法，住于兜率天。据传此菩萨欲成熟诸众生，由初发心即不食肉，以此因缘而名为"慈氏"。《大日经疏》卷一谓慈氏菩萨系以佛四无量中之慈为首，此慈从如来种姓中生，能令一切世间不断佛种，故称为"慈氏"。

②有分别影像所缘境事：意为对于听闻或所受的教授的所知事作意思维，使此所知事起胜解，使所知事相似现前，此为所知事的同分影像，修观行者于此同分影像中，观察审定功德过失，这样称为"有分别影像"。《瑜伽师地论》中详细解释为："云何有分别影像，谓如有一或听闻正法，或教授教诫为所依止，或见或闻或分别故，于所知事同分影像，由三摩呬多地毗钵舍那行，观察简择极简择遍寻思遍伺察。所知事者，谓或不净，或慈愍，或缘性缘起，或界差别，或阿那波那念，或蕴善巧，或界善巧，或处善巧，或缘起善巧，或处非处善巧，或下地粗性上地静性，或苦谛集谛，灭谛道谛。是名所知事。此所知事或依教授教诫，或听闻正法为所依止，令三摩呬多地作意现前。即于彼法而起胜解，即于彼所知事而起胜解。彼于尔时，于所知事，如现领受胜解而转，虽彼所知事非现领受和合现前，亦非所余彼种类物，然由三摩呬多地胜解领受相似作意领受，彼所知

事相似显现,由此道理名所知事同分影像。修观行者,推求此故,于彼本性所知事中,观察审定功德过失,是名有分别影像。《显扬圣教论》中说:"有分别影像者,谓所知事同分三摩地所行观境。"

③无分别影像所缘境事:是指对于以上所说的所知事的同分影像,修观者受取后不再观察简择遍寻思遍伺察,而只是对此所缘影像,以奢摩他行寂静其心,令心安住,《瑜伽师地论》中说:"云何无分别影像,谓修观行者,受取如是影像相已。不复观察简择极简择遍寻思遍伺察。然即于此所缘影像,以奢摩他行寂静其心,即是九种行相令心安住,谓令心内住等住,安住近住,调伏寂静,最极寂静,一趣等持,彼于尔时成无分别影像所缘。即于如是所缘影像,一向一趣安住其念,不复观察简择极简择遍寻思遍伺察,是名无分别影像。即此影像亦名影像,亦名三摩地相,亦名三摩地所行境界,亦名三摩地口,亦名三摩地门,亦名作意处,亦名内分别体,亦名光影,如是等类当知名为所知事同分影像诸名差别。"《显扬圣教论》中说:"无分别影像者,谓所知事同分三摩地所行心境。"

④事边际所缘境事:指尽所有性,如所有性。此事边际所缘境在大乘禅观中,见道登初地时证得。《瑜伽师地论》中详说为:"云何事边际性,谓若所缘尽所有性如所有性。云何名为尽所有性,谓色蕴外更无余色,受想行识蕴外更无有余受想行识,一切有为事皆五法所摄,一切诸法界处所摄,一切所知事四圣谛摄,如是名为尽所有性。云何名为如所有性,谓若所缘是真实性是真如性,由四道理具道理性,谓观待道理、作用道理、证成道

理、法尔道理。如是若所缘境尽所有性如所有性，总说为一事边际性。"

⑤所作成办所缘境事：指修观者对诸缘影像所有作意都得圆满，以此便得转依，一切粗重皆息灭，超过了对所知事的影像境界，而对所知事生起了无分别现量智。在《瑜伽师地论》声闻地中是这样详说的："云何所作成办，谓修观行者，于奢摩他毗钵舍那，若修若习若多修习为因缘故，诸缘影像所有作意皆得圆满。此圆满故便得转依，一切粗重悉皆息灭，得转依故超过影像，即于所知事有无分别现量智见生。入初静虑者得初静虑时，于初静虑所行境界，入第二第三第四静虑者，得第二第三第四静虑时，于第二第三第四静虑所行境界，入空无边处，识无边处，无所有处，非想非非想处者，得彼定时，即于彼定所行境界。如是名为所作成办。"此处为大乘禅观，证得阿耨多罗三藐三菩提，得所作成满所缘。另《显扬圣教论》中解释为："所作成办者，谓转依及依此无分别知。"

⑥契经：广义来说，契经是指十二分教全体的十二部经而言。所谓"经"的文学形式，就是简洁地将要点叙述下来的散文集。十二分教中是指以长行缀缉略说所应说义。应诵：也作"应颂"，其本意是"可以唱出来的"，但在文学形式里是指用韵文来重复散文所叙述的作品。也就是说散文与韵文（偈）兼而有之的佛的说法形式。所谓应颂是"对应着散文的颂（韵文）"，所谓重颂则是"重复散文内容所说的颂"。记别：本意是"问答体的解说文章"，后来又进一步解为"对简单的作详细解说"的意思。这个意思用记说或记别来代表比较妥当。在大乘

佛教，则不只是前述这样的文章形式，而且还指佛对弟子们未来命运的一种预言。也就是"成佛的预言"才称为"受记"或"授记"。也有了义经称为记别的，记别开示深密意的缘故。讽诵：这是一种只有韵文的文学形式，如法句经、长老偈、长老尼偈等都是其中一例。自说：主要是指佛的自说。佛陀通常都是应别人的请求而说法，自说是未经他人请求而自己说出来的。自说原本就不是文章形式，本是指"自说教法"的意思，在形式上散文韵文都有。因缘：这是指说法时，在某种因缘条件下，说出一种序文式的故事。这就是（1）经典一般所说的因缘；（2）有一些偈所说的因缘故事；（3）制定戒律戒条的因缘。譬喻：其本意是"英雄行为的故事"，与因果业报说有关。可是佛陀的"英雄式行为的故事"叫做"本生"。而本生实际上也是譬喻的一种，本生也可以称为"菩萨譬喻"。一般是把佛弟子前生的故事叫做"譬喻"。本事：宣说佛弟子等过去世的故事，就是本事。本生：这是佛陀前生的故事。方广：大乘佛教出现后，用这个名称来称呼大乘经。因能利益安乐一切有情，宣说广大甚深法缘故称为"方广"。希法：这是指佛所宣说的声闻、诸大菩萨及如来等最极稀有甚奇特法。论议：这是指与略说不同的广说，是一种详细注释的说法，并不一定是佛所说的，无有颠倒地解释一切深隐诸相。

⑦复即于此能思惟心：此明所缘境，闻思二慧相应之心，为所缘境。奢摩他中摄心令住一境，是故缘心为境。

⑧内心相续作意思惟：指系心于内所缘境界，于外所缘不流散。

⑨轻安：据说一切有部之说，轻安有"身轻安"、"心轻安"二种，心堪忍之性与五识相应者，称为"身轻安"；与意识相应者，称为"心轻安"。据《成唯识论述记》卷六卷末所载，轻安分为"有漏轻安"、"无漏轻安"二种，有漏轻安远离烦恼之粗重，无漏轻安远离有漏之粗重，共使身心通畅温和，随所缘之境安适以转，共在定位。《瑜伽师地论》说："若能于内九种住心，如是名为内心安住正奢摩他。"这九种住心是："于内摄心令住、等住、安住、近住、调顺、寂静、最极寂静、专注一趣、平等摄持。"

⑩舍离心相：圆测法师认为是舍离奢摩他所缘心相，说心相是指即心是相，因此称为"心相"。此处舍离的心相与下文中的毗钵舍那所缘心相应是不同的。

⑪三摩地影像所知义：此为所观境。

⑫能正思择：指对于净行所缘境界，或于善巧所缘境界，或于净惑所缘境界，能正思择，尽所有性。最极思择：对于彼所缘境界，最极思择如所有性。周遍寻思：对于彼所缘境界，由慧俱行有分别作意，取彼相状，周遍寻思。周遍伺察：对于彼所缘境界，审谛推求，周遍伺察。以上见之于《瑜伽师地论》。

⑬忍：忍解。乐：受乐。慧：分别。见：推求。观：观察。

⑭随顺：这里指顺从佛理，顺从教授，不违逆。胜解：指信解。心所之名。为"俱舍七十五法"中"十大地法"之一，"唯识百法"中"五别境"之一。殊胜之了解义。即于所缘之境起印可之精神作用（即作出确定之判断）。《俱舍论》卷四中说："胜解，谓能于境印可。"《成唯识论》卷五讲："云何胜解？于决定境印持为性，不可引转为业，谓邪正等教理证力于所取境审决印

持,由此异缘,不能引转,故犹豫境胜解全无,非审决心亦无胜解,由斯胜解非遍行摄。有说心等取自境时无拘碍,故皆有胜解,彼说非理。此谓胜解于决定之境审决时,始能称其为胜解。若于犹豫之境,心存疑问,无法审决,则无胜解,故非遍行。"

译文:

这时,弥勒菩萨问佛陀说:"世尊! 菩萨以什么为依,以什么为住于大乘中修奢摩他、毗钵舍那?"

佛陀告诉弥勒菩萨说:"善男子! 应该知道菩萨以法假安立和不舍阿耨多罗三藐三菩提的菩提心愿为依、为住,于大乘中修奢摩他、毗钵舍那。"

弥勒菩萨又问佛陀说:"像世尊所说的四种所缘境事:一是有分别影像所缘境事,二是无分别影像所缘境事,三是事边际所缘境事,四是所作成办所缘境事。在这四种境事中,哪几种是奢摩他所缘境事? 哪几种是毗钵舍那所缘境事? 哪几种是俱所缘境事?"

佛陀告诉弥勒菩萨说:"善男子! 无分别影像是奢摩他所缘境事,有分别影像是毗钵舍那所缘境事,事边际所缘境事和所作成办所缘境事是奢摩他和毗钵舍那俱所缘境事。"

弥勒菩萨再问佛陀说:"世尊! 为什么说菩萨依这四种奢摩他、毗钵舍那所缘境事能够求得奢摩他和善能进入毗钵舍那?"

佛陀对弥勒菩萨说:"善男子! 像我为诸菩萨所说法假安立十二分教,如契经、应诵、记别、讽诵、自说、因缘、譬喻、本事、本生、方广、希法、论议等,菩萨对此善听、善受、言善通利、意善寻思、见善通达，对于这些善思维法，独处于空闲的地方，作意思维，还能对此闻思二慧所现的能思维心（所缘），内心（能缘）相续作意思维，因这样正行能多安住的原因，身体获得轻安和心获得轻安，这称为奢摩他，菩萨依这样做称为能求奢摩他。

"彼菩萨因为获得了身心轻安为依止，就对善思惟法所形成的内三摩地所行影像（所缘），观察胜解，舍离奢摩他的心相，即在这样的三摩地影像所知义中，能正思择、最极思择、周遍寻思、周遍伺察，像忍解、像乐受、像慧分别、像见推求、像观察，称为毗钵舍那，菩萨依这样做称为能善毗钵舍那。"

弥勒菩萨再问佛陀说；"世尊！如果诸菩萨缘心为境，内心相续作意思惟，但没有达到身心轻安之前，这种作意，应该称为什么呢？"

佛陀告诉弥勒菩萨说："善男子！这不是奢摩他作意，是随顺奢摩他胜解相应作意。"

"世尊！如果诸菩萨未达到身心轻安之前，对所思所有诸法内三摩地所缘影像作意思惟，这种作意，应该称为什么呢？"

"善男子！这不是毗钵舍那作意，是随顺毗钵舍那胜解相应作意。"

慈氏菩萨复白佛言："世尊！奢摩他道与毗钵舍那道，当言有异？当言无异？"

佛告慈氏菩萨曰："善男子！当言非有异、非无异。何故非有异？以毗钵舍那所缘境，心为所缘故。何故非无异？有分别影像非所缘故。"

慈氏菩萨复白佛言："世尊！诸毗钵舍那三摩地所行影像，彼与此心当言有异？当言无异？"

佛告慈氏菩萨曰："善男子！当言无异。何以故？由彼影像唯是识故。善男子！我说识所缘，唯识所现故①。"

"世尊！若彼所行影像，即与此心无有异者，云何此心还见此心？"

"善男子！此中无有少法能见少法②，然即此心如是生时，即有如是影像显现。善男子！如依善莹清净镜面，以质为缘还见本质，而谓我今见于影像，及谓离质别有所行影像显现，如是此心生时，相似有异三摩地所行影像显现。"

"世尊！若诸有情自性而住、缘色等心所行影像③，彼与此心亦无异耶？"

"善男子！亦无有异，而诸愚夫由颠倒觉，于诸影像不能如实知唯是识，作颠倒解。"

慈氏菩萨复白佛言："世尊！齐何当言菩萨一向修毗钵舍那？"

佛告慈氏菩萨曰："善男子！若相续作意唯思惟心相。"

"世尊！齐何当言菩萨一向修奢摩他？"

"善男子！若相续作意唯思惟无间心。"

"世尊！齐何当言菩萨奢摩他毗钵舍那和合俱转？"

"善男子！若正思惟心一境性。"

"世尊！云何心相？"

"善男子！谓三摩地所行有分别影像，毗钵舍那所缘。"

"世尊！云何无间心？"

"善男子！谓缘彼影像心，奢摩他所缘。"

"世尊！云何心一境性？"

"善男子！谓通达三摩地所行影像唯是其识，或通达此已，复思惟如性。"

注释：

①唯识所现：此指识所缘境，只是识上所现影像，而没有别体。

②无有少法能见少法：指无作用，一切法作用作者皆不成。指依他起，似心生时，就有如是影像显现。

③"若诸有情"句：是说有情众生，不是因闻思而修入定，而是自性住中，日常如眼缘色所生的心影像。

译文：

弥勒菩萨再问佛陀说："世尊！奢摩他道和毗钵舍那道应该说有不同？还是应该说没有不同？"

佛陀对弥勒菩萨说:"善男子! 应该说不是不同、也不是相同。为什么说不是不相同呢? 这是因为毗钵舍那所缘境是心所缘,而奢摩他也是心所缘。为什么说不是没有不同呢? 这是因为奢摩他没有所缘毗钵舍那所缘的分别影像。"

弥勒菩萨再问佛陀说:"世尊! 诸毗钵舍那三摩地所行影像,其与此心应该说有不同? 还是说没有不同?"

佛陀对弥勒菩萨说:"善男子! 应该说没有不同。为什么这么说呢? 这是因为诸毗钵舍那三摩地所行影像唯是识。善男子! 我说识所缘境,唯是识所显现的。"

"世尊! 如果毗钵舍那所行影像,即和此心没有不同,那为何说此心还见此心?"

"善男子! 这里没有少法(此心)见到少法(此心)这种关系的存在,但是此心这样生的时候,就有如是的影像显现。善男子! 这就像依平滑、光亮、洁净的善莹清净镜面,以自己的本质为缘还在镜中见到本质一样,从而称说我今见到影像,并认为离开我本质还有所行影像的显现,像这清净镜面成像的道理一样,此心生时,相似有不同于心的三摩地所行影像显现(事实上还是不离开心的)。

"世尊! 如果诸有情自性而住、缘色等产生的心所行影像,其和此心也没有不同吗?"

"善男子! 也是没什么不同的,但是诸愚昧的凡夫由于颠倒觉,对诸影像不能如实知道唯是识的道理,而作颠倒解。"

弥勒菩萨问对佛陀说:"世尊! 怎样说菩萨是一向修毗钵舍那?"

佛陀对弥勒菩萨说:"善男子! 如果相续作意只是思维心相,这是一向修毗钵舍那。"

"世尊! 怎样说菩萨是一向修奢摩他?"

"善男子! 如果相续作意只是思维无间心,这是一向修奢摩他。"

"世尊! 怎样说菩萨是奢摩他毗钵舍那和合俱转?"

"善男子! 如果正思惟心一境性,这时说奢摩他毗钵舍那和合俱转。"

"世尊! 怎样是心相呢?"

"善男子! 心相是指三摩地所行有分别影像,这是毗钵舍那所缘。"

"世尊! 怎样是无间心呢?"

"善男子! 无间心就是缘彼影像心,这是奢摩他所缘。"

"世尊! 怎样是心一境性呢?"

"善男子! 心一境性是指通达三摩地所行影像唯是其识的道理,或者通达这道理后,再思维如性。"

慈氏菩萨复白佛言:"世尊! 毗钵舍那凡有几种?"

佛告慈氏菩萨曰:"善男子! 略有三种:一者有相毗钵舍那,二者寻求毗钵舍那,三者伺察毗钵舍那。云何有相毗钵舍那? 谓纯思惟三摩地所行有分别影像毗钵舍那。云何寻求毗钵舍那? 谓由慧故[①],遍于彼彼未善解了一切法中为善了故,作意思惟毗钵舍那。云何伺察毗钵舍那? 谓由慧故,遍于彼彼已善解了一切法中为善证得极解脱故,作意思惟毗钵舍那。"

慈氏菩萨复白佛言:"世尊!是奢摩他凡有几种?"

佛告慈氏菩萨曰:"善男子!即由随彼无间心故,当知此中亦有三种。复有八种:谓初静虑乃至非想非非想处各有一种奢摩他故[2]。复有四种,谓慈、悲、喜、舍四无量中各有一种奢摩他故[3]。"

慈氏菩萨复白佛言:"世尊!如说依法奢摩他毗钵舍那,复说不依法奢摩他毗钵舍那。云何名依法奢摩他毗钵舍那?云何复名不依法奢摩他毗钵舍那?"

佛告慈氏菩萨曰:"善男子!若诸菩萨随先所受所思法相,而于其义得奢摩他毗钵舍那,名依法奢摩他毗钵舍那,若诸菩萨不待所受所思法相,但依于他教诫教授,而于其义得奢摩他毗钵舍那,谓观青瘀及脓烂等、或一切行皆是无常、或诸行苦、或一切法皆无有我、或复涅槃毕竟寂静如是等类奢摩他毗钵舍那,名不依法奢摩他毗钵舍那。由依止法得奢摩他毗钵舍那故,我施设随法行菩萨是利根性,由不依法得奢摩他毗钵舍那故,我施设随信行菩萨是钝根性。"

注释:

①慧:心所名。指简择事理之精神作用。为"七十五法"之一,"百法"之一。智与慧虽为通名,然二者实相对。达于有为之事相为"智",达于无为之空理为"慧"。《唯识论》卷九曰:"云

何为慧？于所观境简择为性，断疑为业。谓观得失俱非境中，由慧推求，得决定故。"《俱舍论》卷四曰："慧谓于法有简择。"由闻法而来之慧，称作"闻慧"；由思考而来之慧，称作"思慧"；由修行而来之慧，称作"修慧"；以上三者合称"闻思修三慧"。三慧加上与生俱来之"生得慧"，合称"四慧"。此三毗钵舍那中的慧，智藏论师解为：有相者，谓闻所生。寻求者，谓思所生。伺察者，谓修所生。

②复有八种：指四静虑和四无色定。四静虑，又作"四禅定"、"四禅"。指用以治惑、生诸功德之四种根本禅定。亦即指色界中之初禅、第二禅、第三禅、第四禅，故又称"色界定"。谓能断结，及能正观方名静虑。禅，"禅那"的略称，意译为"静虑"，即由寂静，善能审虑，而如实了知之意，故四禅又称"四静虑"、"四定静虑"。此四禅之体为"心一境性"，其用为"能审虑"，特点为已离欲界之感受，而与色界之观想、感受相应。四无色定，指四种无色界之定。即空无边处定、识无边处定、无所有处定、非想非非想处定。乃思惟空无边处等四无色界所得之定。故又称"四空处定"、"四空定"。（1）空无边处定：又名"空处定"。谓超越第四静虑，灭眼识相应之色想，耳等四识相应之有对想，及所有不善想，乃至障定的一切想，唯思惟"空无边之相"而安住之。（2）识无边处定：又名"识处定"。谓超越空无边处，更思惟"识无边之相"而安住之。（3）无所有处定：又名"少处定"。谓超识无边处，破其识相，更思惟"无所有之相"而安住之。（4）非想非非想处定：又名"非有想非无想定"。谓超无所有处，更思惟"非想非非想之相"而安住之。此"非想非非

想定"无明胜之想,故异于灭尽定,又非无想,故不同于无想定。

③四无量:佛陀,菩萨为普度无量众生,令离苦得乐,所应具有之四种精神。其中缘无量众生,思惟令彼等得乐之法,而入"慈等至",称为"慈无量";缘无量众生,思惟令离苦之法,而入"悲等至",称为"悲无量";思惟无量众生能离苦得乐,于内心深感喜悦,而入"喜等至",称为"喜无量";思惟无量众生一切平等,无有怨亲之别,而入"舍等至",称为"舍无量"。《显扬圣教论》中认为,慈以无嗔善根为体,悲以不害善根为体,喜以不嫉善根为体,舍以无贪无嗔善根为体,都是怜愍众生之法。

译文:

弥勒菩萨再问佛陀说:"世尊!毗钵舍那有几种呢?"

佛陀对弥勒菩萨说:"善男子!略有三种:第一种是有相毗钵舍那,第二种是寻求毗钵舍那,第三种是伺察毗钵舍那。什么是有相毗钵舍那?是有情纯思维三摩地所行的有分别影像的毗钵舍那称为有相毗钵舍那。什么是寻求毗钵舍那?这是指由于慧的原因,遍于那些有情尚未解了的一切法中,为了能够解了这些尚未解了的法,而作意思惟的毗钵舍那,称为寻求毗钵舍那。什么是伺察毗钵舍那呢?这是指由于慧的原因,遍于那些有情已经解了的一切法中,为了能够证得极解脱的原因,作意思惟的毗钵舍那称为伺察毗钵舍那。"

弥勒菩萨问佛陀说:"世尊!这奢摩他有几种?"

佛陀对弥勒菩萨说:"善男子!随以上所说的三种毗钵舍那心相的无间心缘故,应该知道也有相应的三种奢摩他。另外，还有八种，所谓初禅、二禅、三禅、四禅、空无边处定、识无边处定、无所有处定、非想非非想处定各有一种奢摩他。还有四种，所谓慈无量心、悲无量心、喜无量心、舍无量心四种无量心中各有一种奢摩他。"

弥勒菩萨再问佛陀说："世尊！有说依法奢摩他毗钵舍那，还有说不依法奢摩他毗钵舍那。那么什么是依法奢摩他毗钵舍那呢？什么是不依法奢摩他毗钵舍那呢？"

佛陀对弥勒菩萨说："善男子！如果菩萨由先闻慧所受所思十二教法相，而于其义中得奢摩他毗钵舍那，说为依法奢摩他毗钵舍那，如果菩萨不待所受所思的法相，只是依于他人的教诫和教授，从其义中得到奢摩他毗钵舍那，如观察尸体的青瘀及脓烂等不净相，或者观察一切行都是无常、或诸行皆苦、或一切法皆无有我、或涅槃毕竟寂静等等奢摩他毗钵舍那，这样称为不依法奢摩他毗钵舍那。由于依止法得奢摩他毗钵舍那的缘故，我施设随法行菩萨是利根性，由于不依止法得奢摩他毗钵舍那的缘故，我施设随信行菩萨是顿根性。"

慈氏菩萨复白佛言："世尊！如说缘别法奢摩他毗钵舍那，复说缘总法奢摩他毗钵舍那，云何名为缘别法奢摩他毗钵舍那？云何复名缘总法奢摩他毗钵舍那？"

佛告慈氏菩萨曰："善男子！若诸菩萨缘于各别契经等法①，于如所受所思惟法修奢摩他毗钵舍那，是名缘别法奢摩他毗钵舍那，若诸菩萨即缘一切契经等法，集为一团、一积、一分、一聚作意思惟②，此一切法随顺真如、趣向真如、临入真如，随顺菩提、随顺涅槃、随顺转依及趣向彼、若临入彼^③，此一切法宣说无量无数善法，如是思惟修奢摩他毗钵舍那，是名缘总法奢摩他毗钵舍那。"

慈氏菩萨复白佛言："世尊！如说缘小总法奢摩他毗钵舍那，复说缘大总法奢摩他毗钵舍那，又说缘无量总法奢摩他毗钵舍那。云何名缘小总法奢摩他毗钵舍那？云何名缘大总法奢摩他毗钵舍那？云何复名缘无量总法奢摩他毗钵舍那？"

佛告慈氏菩萨曰："善男子！若缘各别契经乃至各别论义为一团等作意思惟，当知是名缘小总法奢摩他毗钵舍那，若缘乃至所受所思契经等法为一团等作意思惟，非缘各别，当知是名缘大总法奢摩他毗钵舍那，若缘无量如来法教、无量法句文字、无量后后慧所照了为一团等作意思惟^④，非缘乃至所受所思，当知是名缘无量总法奢摩他毗钵舍那。"

慈氏菩萨复白佛言："世尊！菩萨齐何名得缘总法奢摩他毗钵舍那？"

佛告慈氏菩萨曰："善男子！由五缘故当知名得：一者于思惟时刹那刹那融销一切粗重所依^⑤，二者离种种想，得乐法乐^⑥，三者解了十方无差别相、无量法光^⑦，四者所作成满相应净分无分别相恒现在前，五者为令法身得成满故，摄受后后转胜妙因^⑧。"

慈氏菩萨复白佛言:"世尊!此缘总法奢摩他毗钵舍那,当知从何名为通达?从何名得?"

佛告慈氏菩萨曰:"善男子!从初极喜地名为通达,从第三发光地乃名为得。善男子!初业菩萨亦于是中随学作意,虽未可叹不应懈废。"

注释:

①缘于各别:有两解释:缘十二部类的一一部,名为"缘别"。另一种解释是于一一部,各有多种,谓有十二各别义故,故言各别,非十二部别名为各别。

②秶(zì):(一)堆。

③转依:转所依之意。又作"所依已转"、"变住"。转,转舍、转得之义;依,指使染净迷悟等诸法得以成立之所依。转依,即转舍劣法之所依,而证得胜净法之所依。

④无量如来法教、无量法句文字、无量后后慧:此三无量是从能说人,显所说教;说名句文,指教体;约能缘智,显所缘教这三方面来说。

⑤一切粗重所依:世亲解释为烦恼障及所知障,无始时来熏习种子,说为粗重。这二障聚因由缘总法修止观智力,念念销融。

⑥法乐:离教证真一味,名为法乐。

⑦法光:指法光明,一种说法是:能诵经者闻此法光于心中现。一种说是能记名句文身,能缘之心分明。

⑧"由五缘故"至"摄受后后转胜妙因"数句:这五缘就是

《摄大乘论》中所说的五修所得五种果。彼对应修说，因此称为
"果"，这里说止观，称为"缘"。《摄大乘论》讲："谓诸菩萨于
地地中，修奢摩他、毗钵舍那，由五相修。何等为五？谓集总修，
无相修，无功用修，炽盛修，无喜足修。"

译文：

弥勒菩萨对佛说："世尊！有说缘别法奢摩他、毗钵舍那，
还有说缘总法奢摩他、毗钵舍那，那么什么是缘别法奢摩他、
毗钵舍那？什么是缘总法奢摩他、毗钵舍那？"

佛陀对弥勒菩萨说："善男子！如果诸菩萨缘于各别契经等
法，如所受所思惟法修奢摩他、毗钵舍那，称为缘别法奢摩他、
毗钵舍那，如果诸菩萨即缘一切契经等法，集为一团、一堆、一
分、一聚作意思维，此一切法随顺真如、趣向真如、临入真如，
随顺菩提、随顺涅槃、随顺转依及趣向彼、若临入彼，此一切
法宣说无量无数善法，这样思惟修奢摩他、毗钵舍那，称为缘
总法奢摩他、毗钵舍那。"

弥勒菩萨又问佛陀说："世尊！有说缘小总法奢摩他、毗钵
舍那，还有说缘大总法奢摩他、毗钵舍那，又有说缘无量总法
奢摩他、毗钵舍那。那么什么是缘小总法奢摩他、毗钵奢那？
什么是缘大总法奢摩他、毗钵奢那？什么又是缘无量总法奢摩
他、毗钵舍那？"

佛陀对弥勒菩萨说："善男子！如果缘各别契经乃至各别
论义为一团等作意思惟，应该知道这称做缘小总法奢摩他、毗
钵舍那，如果俱缘十二分教乃至所受所思契经等法为一团等作

意思维,不是缘各别,应该知道这被称做缘大总法奢摩他、毗钵舍那,如果缘无量如来法教、无量法句文字、无量后后慧所照了为一团等作意思维,非仅缘一类十二分教乃至所受所思契经等法,应该知道这被称做缘无量总法奢摩他、毗钵舍那。"

弥勒菩萨再问佛陀说:"世尊! 菩萨怎样才能说得缘总法奢摩他、毗钵舍那呢?"

佛陀告诉弥勒说:"善男子! 由具五种缘可以称名为得:一是在思惟时,刹那刹那融销一切粗重所依;二是离种种想,得乐法乐;三是解了十方无差别相无量法光;四是所作成满相应净分的无分别相恒现在前;五是为了使法身获得成满,而摄受能够后后转为圆满殊胜的妙因。"

弥勒菩萨再问佛陀说:"世尊! 这缘总法奢摩他、毗钵舍那,应该知道从什么时候开始称为通达?从时候开始称为得?"

佛陀对弥勒菩萨说:"善男子! 从初极喜地开始称为通达,从第三发光地开始称为得。善男子! 初发心菩萨也应该从中随学作意,虽然未能通达和得,但是不应懈怠和废弃。"

慈氏菩萨复白佛言:"世尊! 是奢摩他毗钵舍那,云何名有寻有伺三摩地? 云何名无寻惟伺三摩地? 云何名无寻无伺三摩地?"①

佛告慈氏菩萨曰:"善男子! 于如所取寻伺法相,若有粗显领受观察诸奢摩他毗钵舍那,是名有寻有伺三摩地,若于彼相,虽无粗显领受观察,而有微细彼光明念领受观察诸奢摩他毗钵舍那②,是名无寻惟伺三摩地，若即于彼一切法相，都无作意领受观察诸奢摩他毗钵舍那，是名无寻无伺三摩地。

"复次善男子！若有寻求奢摩他毗钵舍那，是名有寻有伺三摩地③，若有伺察奢摩他毗钵舍那，是名无寻惟伺三摩地④，若缘总法奢摩他毗钵舍那，是名无寻无伺三摩地⑤。"

慈氏菩萨复白佛言："世尊！云何止相？云何举相？云何舍相？"

佛告慈氏菩萨曰："善男子！若心掉举或恐掉举时⑥，诸可厌法作意及彼无间心作意，是名止相，若心沉没或恐沉没时，诸可欣法作意及彼心相作意，是名举相，若于一向止道、或于一向观道、或于双运转道二随烦恼所染污时，诸无功用作意及心任运转中所有作意，是名舍相。"

注释：

①寻：为粗略推求诸法名义的思惟作用，通于定、散及无漏。伺：细心伺察诸法名义的思惟作用，不遍于一切心，不起于一切时，其性虽迟钝，但深入推度名身等，与"寻"同有等起语言之作用。《成唯识论》卷七说："寻谓寻求，令心忽遽于意言境粗转为性；伺谓伺察，令心忽遽于意言境细转为性。此二俱以安不安住身心分位所依为业，并用思慧一分为体，于意言境不深推度及深度义类别故。"

②光明念：有依闻慧来解释光明的。《瑜伽师地论》说："谓如所闻已得究竟不忘念法，名法光明。"其还有依三慧来解释光明的："法光明者，谓如有一随其所受所思所触，观察诸法，或复修习随念佛等。"

③有寻有伺三摩地：这是约地前四寻思来说，指加行位中，暖顶善根。寻求自义自性差别，名为寻求。因此称为"有寻有伺三摩地"。

④无寻惟伺三摩地：指忍，世间第一法二种善根。如实了知名等四境，称为"伺察"。因此称为"无寻惟伺三摩地"。

⑤无寻无伺：此指在地上，总缘诸法，作真如观，离诸寻伺，称为"无寻无伺"。

⑥掉举：指浮动不安之心理状态。如《俱舍论》卷四说："令心不静。"

译文：

弥勒菩萨再问佛陀说："世尊！在这奢摩他毗钵舍那中，怎样称为有寻有伺三摩地？怎样称为无寻惟伺三摩地？怎样称为无寻无伺三摩地？"

佛陀告诉弥勒菩萨说："善男子！对于所取的寻伺法相，如果有粗显领受观察诸奢摩他毗钵舍那，称为有寻有伺三摩地，若对于所取的寻伺法相，虽然没有了粗显领受观察，但是还有微细彼光明念领受观察诸奢摩他毗钵舍那，称为无寻惟伺三摩地，如果对于彼止观所缘的一切法相，都无作意领受观察诸奢摩他毗钵舍那，称为无寻无伺三摩地。

"还有善男子！如果是有寻求奢摩他毗钵舍那，则称为有寻有伺三摩地，如果是有伺察奢摩他毗钵舍那，则称为无寻惟伺三摩地，如果是缘总法奢摩他毗钵舍那，则称为无寻无伺三摩地。"

弥勒菩萨再问佛陀说："世尊！哪什么是止相？什么是举相？什么是舍相呢？"

佛对弥勒菩萨说："善男子！如果菩萨修观行时心掉举或恐掉举时，诸可厌法作意及彼无间心作意，称名止相，如果心沉没或恐沉没时，诸可欣法作意和其心相作意，称为举相，如果一向修止道或者一向修观道，或于止观双运道时昏沉、掉举二随烦恼所染污时，诸无功用作意及心任运转中的所有作意，称为舍相。"

慈氏菩萨复白佛言："世尊！修奢摩他毗钵舍那诸菩萨众知法知义。云何知法？云何知义？"

佛告慈氏菩萨曰："善男子！彼诸菩萨由五种相了知于法：一者知名，二者知句，三者知文，四者知别，五者知总。云何为名？谓于一切染净法中，所立自性想假施设。云何为句？谓即于彼名聚集中，能随宣说诸染净义依持建立。云何为文？谓即彼二所依止字。云何于彼各别了知？谓由各别所缘作意。云何于彼总合了知？谓由总合所缘作意。如是一切总略为一名为知法，如是名为菩萨知法。

"善男子！彼诸菩萨由十种相了知于义：一者知尽

所有性，二者知如所有性，三者知能取义，四者知所取义，五者知建立义，六者知受用义，七者知颠倒义，八者知无倒义，九者知杂染义，十者知清净义。

"善男子！尽所有性者，谓诸杂染清净法中，所有一切品别边际，是名此中尽所有性。如五数蕴、六数内处、六数外处，如是一切。

"如所有性者，谓即一切染净法中所有真如①，是名此中如所有性。此复七种：一者流转真如，谓一切行无先后性，二者相真如，谓一切法补特伽罗无我性及法无我性，三者了别真如，谓一切行惟是识性，四者安立真如，谓我所说诸苦圣谛，五者邪行真如，谓我所说诸集圣谛，六者清净真如，谓我所说诸灭圣谛，七者正行真如，谓我所说诸道圣谛。当知此中，由流转真如、安立真如、邪行真如故一切有情平等平等，由相真如、了别真如故一切诸法平等平等，由清净真如故一切声闻菩提、独觉菩提、阿耨多罗三藐三菩提平等平等，由正行真如故，听闻正法、缘总境界、胜奢摩他毗钵舍那所摄受慧平等平等。

"能取义者，谓内五色处，若心、意、识及诸心法，所取义者，诸外六处。又能取义，亦所取义。

"建立义者，谓器世界，于中可得建立一切诸有情界。谓一村田、若百村田、若千村田、若百千村田，或一大地至海边际，此百、此千、若此百千，或一赡部洲，

131

此百、此千、若此百千，或一四大洲，此百、此千、若此
百千，或一小千世界，此百、此千、若此百千，或一中千
世界，此百、此千、若此百千，或一三千大千世界②，此
百、此千、若此百千，或此拘胝、此百拘胝、此千拘胝、
此百千拘胝③，或此无数、此百无数、此千无数、此百千
无数④，或三千大千世界无数百千微尘量等，于十方面
无量、无数诸器世界⑤。

　　"受用义者，谓我所说诸有情类，为受用故摄受
资具⑥。

　　"颠倒义者，谓即于彼能取等义，无常计常，想倒、
心倒、见倒⑦，苦计为乐、不净计净、无我计我，想倒、
心倒、见倒。无倒义者，与上相违、能对治彼，应知
其相。

　　"杂染义者，谓三界中三种杂染：一者烦恼杂染，二
者业杂染，三者生杂染。清净义者，谓即如是三种杂染
所有离系菩提分法。

　　"善男子！如是十种当知普摄一切诸义。

注释：

①真如：指宇宙万有的真实性，或本来的状态。见前释。

②三千大千世界：古代印度人之宇宙观。又作"一大三千
大千世界"、"一大三千世界"、"三千世界"。谓以须弥山为中
心，周围环绕四大洲及九山八海，称为"一小世界"，乃自色界之
初禅天至大地底下之风轮，其间包括日、月、须弥山、四天王、三

十三天、夜摩天、兜率天、乐变化天、他化自在天、梵世天等。此一小世界以一千为集，而形成一个小千世界，一千个小千世界集成中千世界，一千个中千世界集成大千世界，此大千世界因由小、中、大三种千世界所集成，故称"三千大千世界"。

③拘胝：又作"俱胝"、"俱致"、"拘梨"。意译为"亿"。《俱舍论》中说：十一为十，十十为百，十百为千，十千为万，十万为洛叉，十洛叉为度洛叉，十度洛叉为俱胝，十俱胝为末陀，十末陀为阿庾多。圆测疏中也谈到："拘胝传释有三：一者十万，二者百万，三者千万。"也有以百亿来解的。

④无数：是指阿僧祇数，《大智度论》中说，天人中能知算数极数不复能知，称为"一阿僧祇"。

⑤"或三千大千世界"两句：此明十方界量，一三千世界，二无数百千三千世界，三微尘量等十方无量三千世界。以上总为十段：一村田量，二大地量，三瞻部洲量，四四洲量，五小千界量，六中千界量，七大千界量，八拘胝界量，九无数界量，十微尘界量。

⑥摄受资具：《瑜伽师地论》第二卷说："云何十种身资具。一食，二饮，三乘，四衣，五庄严具，六歌笑舞乐，七香鬘涂末，八什物之具，九照明，十男女受行。"还有七种摄受事："云何七种摄受事。一自父母事，二妻子事，三奴婢仆使事，四朋友官僚兄弟眷属事，五田宅邸肆事，六福业事及方便作业事，七库藏事。"

⑦想倒、心倒、见倒：想倒者，谓于无常苦不净无我中。起常乐净我妄想分别。心倒者，谓即于彼所执着中贪等烦恼。见倒者，谓即于彼妄想所分别中。忍可欲乐建立执着。

译文：

弥勒菩萨再问佛陀："世尊！修奢摩他毗钵舍那诸菩萨众应该知法知义。那么什么是知法？什么是知义呢？"

佛陀对弥勒菩萨说："善男子！诸菩萨通过五种相了知于法，一是知名，二是知句，三是知文，四是知别，五是知总。什么是名呢？是指一切染净诸法中，所假安立的自性想称为名。什么是句呢？是指在以上诸名的聚集中，能够随宣说诸染净的差别义，并依于此义，摄持所诠，使不失落而建立的称为句。什么是文呢？就是名和句所依止的字称为文。为什么要对于名、句、文各别了知？这是因为名句文有各别所缘作意的缘故。为什么要对名、句、文总合了知？这是要总合所缘作意的缘故。这样一切总的简略的称为一个名字为知法，这样称为菩萨知法。

"善男子！诸菩萨通过十种相了知于义：一是知尽所有性，二是知如所有性，三是知能取义，四是知所取义，五是知建立义，六是知受用义，七是知颠倒义，八是知无倒义，九是知杂染义，十是知清静义。

"善男子！尽所有性是指诸杂染清净法中，所有一切品类差别摄法周尽，这样称为尽所有性，如五蕴、六内处、六外处等等一切像这样类别的。

"如所有性是指一切染净法中所有一味真如平等法性，这真如也就被称为一切染净法中的如所有性。这里有七种真如：第一种是流转真如，一切行无先后性称无为流转真如；第二种是相真如，一切法补特伽罗无我性和法无我性称为相真如；第三种是了别真如，一切行惟是识性称为了别真如；第四种是安立真如，我所说的诸苦圣谛是安立真如；第五种是邪行真如，我所说的诸集圣谛是邪行真如；第六种是清净真如，我所说的诸灭圣谛是清净真如；第七种是正行真如，我所说的诸道圣谛是正行真如。应该知道在这其中，由于流转真如、安立真如、邪行真如的原因，因此一切有情平等平等；由于相真如、了别真如的原因，因此一切诸法平等平等，由于清净真如的原因，一切声闻所证悟的菩提，缘觉所证悟的菩提，佛陀所证悟的阿耨多罗三藐三菩提平等平等，由正行真如的原因，听闻正法缘总境界胜奢摩他毗钵舍那所摄受慧平等平等。

"眼、耳、鼻、舌、身内五根、还有心、意、识和诸心法相应的心所是能取义，所取义是指色处、声处、香处、味处、法处等外六处。另外前面说的能取义也可以被心与心所所缘，因此也是所取义。

"建立义是指器世界，一切诸有情界可以依止器世界而建立。这具体指一个村庄城镇及其田地，一百个村庄城镇及其田地、一千个村庄城镇及其田地、百千个村庄城镇及其田地，或者一个到海边际的大地，类似的一百个大地、类似的一千个大地、类似的百千个大地，或者一个南赡部洲，一百个类似的南赡部洲、一千个类似的南赡部洲、百千类似的南赡部洲，或者一个由东胜神洲、南赡部洲、西牛货洲、北俱卢洲组成的四大部洲，一百个类似的四大部洲、一千个类似的四大部洲、百千个类似的四大部洲，或者一小千世界，类似的一百个小千世界、类似的一千个小千世界、类似的百千个小千世界，或者一个中千世界，类似的一百个中千世界、类似的百千个中千世界，或者一个三千大千世界，类似的一百个三千大千世界、类似的一千个三千大千世界、类似的百千个三千大千世界，或类似的一亿个三千大千世界、类似的百亿个、千亿个、百千亿个，或者类似的无数个、类似的百无数个、千无数个、百千无数个，或者三千大千世界无数百千世界极微尘量等的十方无量无数诸器世界。

"受用义是指我所说的诸有情类，为受用的缘故摄受资具。

"颠倒义是指在以上能取等义中，无常的计常，想倒、心倒、见倒，把苦计为乐、不净计为净、无我计为我，想倒、心倒、见倒。而无倒义是指与颠倒义相违，并能够对治颠倒义，应该知道其相。

"杂染义是指三界中的三种杂染：第一种是烦恼杂染，第二种是业杂染，第三种是生杂染。清净义就是指离系三种杂染的菩提分法。

"善男子！应该知道，这样的十种义普摄一切诸义。

"复次善男子！彼诸菩萨由能了知五种义故名为知义。何等五义？一者遍知事，二者遍知义，三者遍知因，四者得遍知果，五者于此觉了。

"善男子！此中遍知事者，当知即是一切所知，谓或诸蕴、或诸内处、或诸外处，如是一切。

"遍知义者，乃至所有品类差别所应知境，谓世俗故、或胜义故，或功德故、或过失故，缘故，世故，或生、或住、或坏相故，或如病等故，或苦、集等故，或真如、实际、法界等故，或广、略故，或一向记故、或分别记故、或反问记故、或置记故，或隐密故、或显了故，如是等类，当知一切名遍知义。

"遍知因者，当知即是能取前二菩提分法，所谓念住或正断等。

"得遍知果者，谓贪恚痴永断毗奈耶及贪恚痴一切永断诸沙门果[①]，及我所说声闻、如来若共不共、世出世间所有功德，于彼作证。

"于此觉了者，谓即于此作证法中诸解脱智广为他说、宣扬开示。善男子！如是五义当知普摄一切诸义。

"复次善男子！彼诸菩萨由能了知四种义故名为知义。何等四义？一者心执受义，二者领纳义，三者了别义，四者杂染清净义。善男子！如是四义当知普摄一切诸义。

"复次善男子！彼诸菩萨由能了知三种义故名为知义。何等三义？一者文义，二者义义，三者界义。

"善男子！言文义者，谓名身等。义义当知复有十种：一者真实相，二者遍知相，三者永断相，四者作证相，五者修习相，六者即彼真实相等品类差别相，七者所依、能依相属相，八者即遍知等障碍法相，九者即彼随顺法相，十者不遍知等及遍知等过患、功德相。言界义者，谓五种界：一者器世界，二者有情界，三者法界[②]，四者所调伏界[③]，五者调伏方便界[④]。善男子！如是五义当知普摄一切义。"

慈氏菩萨复白佛言："世尊！若闻所成慧了知其义，若思所成慧了知其义，若奢摩他毗钵舍那修所成慧了知其义，此何差别？"

佛告慈氏菩萨曰："善男子！闻所成慧，依止于文，但如其说，未善意趣，未现在前，随顺解脱，未能领受成解脱义，思所成慧，亦依于文，不惟如说，能善意趣，未现在前，转顺解脱，未能领受成解脱义，若诸菩萨修所成慧，亦依于文、亦不依文，亦如其说、亦不如说，能善意趣，所知事同分三摩地所行影像现前，极顺解脱，已能领受成解脱义。善男子！是名三种知义差别。"

慈氏菩萨复白佛言："世尊！修奢摩他毗钵舍那诸菩萨众知法、知义，云何为智？云何为见？"

佛告慈氏菩萨曰："善男子！我无量门宣说智、见二种差别，今当为汝略说其相：若缘总法修奢摩他毗钵舍那所有妙慧，是名为智，若缘别法修奢摩他毗钵舍那所有妙慧，是名为见。"

注释：

①毗奈耶：梵文音译，调伏，灭的意思。此处指伏断烦恼。沙门果：即指"预流果、一来果、不还果、阿罗汉果"四沙门果。此正断烦恼。

②法界：指意识所缘对象之所有事物。为"十八界"之一。

据《俱舍论》卷一载，受、想、行三蕴与无表色、无为法，称为法界；于"十二处"之中，则称为"法处"。然十八界中其他之十七界亦称为"法"，故广义泛指有为、无为之一切诸法，亦称为"法界"。就字义而言，界有"种族生本"之义。

③所调伏界：指菩萨思惟十方无量世界有情种种行种种性。

④调伏方便界：指菩萨思惟十方无量世界所化有情调伏方便。如说秘密之法，说显了之法，摄受方便，折伏方便等等。

译文：

"还有善男子！那菩萨由于能够了知五种义而称为义。哪五种义呢？第一种是遍知事，第二种是遍知义，第三种是遍知因，第四种是遍知果，第五种是于此觉了。

"善男子！这里遍知事应该知道就是指一切所知，如诸蕴、诸内处，诸外处等等这样的一切。

"遍知义还知道所有品类差别所应知境，如世俗的、或胜义的，或功德的、或过失的，缘的，世的，或生的、或住的、或坏相的，或如病等，或苦、集等，或真如、实际、法界等，或广、略，或一向记、或分别记故、或反问记、或搁置的，或隐密的、或显了的如是等等，应当知道这一切，如此称为遍知义。

"遍知因，应该知道就是能取前面二者（遍知事，遍知义）的菩提分法，如四念住或四正勤等菩提分法。

"遍知果是对于贪、恚、痴永调伏及贪、恚、痴一切烦恼永断的诸沙门果，和我所说的声闻、如来共与不共、世出世间所有功德,去证得这些果位和功德,称为遍知果。

"于此觉了是指将上面所说的作证法中诸解脱智,广向其他有情宣说、宣扬开示。善男子! 应当知道,这样五义普摄一切诸义。

"还有善男子! 诸菩萨因能够了知四种义的原因而称为知义。哪四种义呢? 第一种是心执受义;第二种是领纳义;第三种是了别义;第四种是杂染清净义。善男子! 应该知道,这样的四义普摄一切诸义。

"还有善男子! 诸菩萨因能够了知三种义的原因而称为知义。哪三种义呢? 第一种是文义;第二种是义义;第三种是界义。

"善男子! 说文义是指名、身等。而义义应该知道其中还有十种:第一种是真实相;第二种是遍知相;第三种是永断相;第四种是作证相;第五种是修习相;第六种是指真实相等的品类差别相;第七种是所依、能依相的属相;第八种就是遍知等的障碍法相;第九种就是遍知等的随顺法相;第十种是不遍知等及遍知等过患功德相。说界义有五种界:第一种是器世界;第二种是有情界;第三种是法界;第四种是所调伏界;第五种是调伏方便界。善男子! 应该知道这样五义普摄一切义。"

弥勒菩萨再问佛陀说:"世尊! 对于闻所成慧了知其义,思所成慧了知其义,奢摩他毗钵舍那修所成慧了知其义,这其中有什么差别?"

佛陀对弥勒菩萨说:"善男子! 闻所成慧是指依止于文,只是就其文而取义,而不能通达圣教意趣,缘境时不能使所闻义的同分影像显现在前,只是随顺解脱,没能领受成解脱义;思所成慧也是依于文,但不只是就其文而取义,而是能通达圣教意趣,但缘境时不能使所闻义的同分影像显现在前,能转顺解脱,但不能领受成解脱义;如果菩萨修所成慧,依于文也可不依于文,可以就其文取义,也可不只是就其文而取义,能通达圣教意趣,所知事的同分三摩地所行影像现前,极顺解脱,已能领受成解脱义。善男子!这就是三种知义的差别。"

弥勒菩萨再问佛陀:"世尊!修奢摩他毗钵舍那的诸菩萨众应该知法、知义,那么什么是智?什么是见呢?"

佛陀告诉弥勒菩萨说:"善男子!我通过无量门来宣说智与见的差别,现应当给你略说其相:如果缘总法修奢摩他毗钵舍那所有的妙慧称为智,如果缘别法修奢摩他毗钵舍那的所有妙慧称为见。"

慈氏菩萨复白佛言:"世尊!修奢摩他毗钵舍那诸菩萨众,由何作意?何等、云何除遣诸相?"

佛告慈氏菩萨曰:"善男子!由真如作意,除遣法相及与义相。若于其名及名自性无所得时,亦不观彼所依之相,如是除遣。如于其名,于句、于文、于一切义当知亦尔,乃至于界及界自性无所得时,亦不观彼所依之相,如是除遣。"

"世尊!诸所了知真如义相,此真如相亦可遣不?"

"善男子!于所了知真如义中都无有相,亦无所得,当何所遣?善男子!我说了知真如义时,能伏一切法义之相，非此了达，余所能伏。"

"世尊！如世尊说浊水器喻、不净镜喻、挠泉池喻①，不任观察自面影相，若堪任者与上相违。如是若有不善修心，则不堪任如实观察所有真如，若善修心，堪任观察。此说何等能观察心？依何真如而作是说？"

"善男子！此说三种能观察心，谓闻所成能观察心、若思所成能观察心、若修所成能观察心，依了别真如作如是说②。"

"世尊！如是了知法义菩萨为遣诸相勤修加行，有几种相难可除遣？谁能除遣？"

"善男子！有十种相，空能除遣。何等为十？一者了知法义故，有种种文字相，此由一切法空能正除遣③，二者了知安立真如义故④，有生灭住异性⑤、相续随转相，此由相空及无先后空能正除遣，三者了知能取义故，有顾恋身相及我慢相，此由内空及无所得空能正除遣，四者了知所取义故，有顾恋财相，此由外空能正除遣，五者了知受用义，男女承事、资具相应故，有内安乐相、外净妙相，此由内外空及本性空能正除遣，六者了知建立义故，有无量相，此由大空能正除遣，七者了知无色故，有内寂静解脱相，此由有为空能正除遣，八者了知相真如义故，有补特伽罗无我相、法无我相、若惟识相及胜义相，此由毕竟空、无性空、无性自性空及胜义空能正除遣，九者由了知清净真如义故，有无为相、无变异相，此由无为空、无变异空能正除遣，十者即于彼相对治空性作意思惟故，有空性相，此由空空能正除遣⑥。"

"世尊！除遣如是十种相时，除遣何等？从何等相而得解脱？"

"善男子！除遣三摩地所行影像相，从杂染缚相而得解脱，彼亦除遣⑦。

"善男子！当知就胜说如是空，治如是相，非不一一治一切相。譬如无明，非不能生乃至老死诸杂染法，就胜但说能生于行，由是诸行亲近缘故，此中道理当知亦尔。"

尔时，慈氏菩萨复白佛言："世尊！此中何等空是总空性相？若诸菩萨了知是已无有失坏，于空性相离增上慢。"

尔时，世尊叹慈氏菩萨曰："善哉！善哉！善男子！汝今乃能请问如来如是深义，令诸菩萨于空性相无有失坏。何以故？善男子！若诸菩萨于空性相有失坏者，便为失坏一切大乘。是故汝应谛听！谛听！当为汝说总空性相。善男子！若于依他起相及圆成实相中，一切品类杂染、清净遍计所执相毕竟远离性，及于此中都无所得⑧，如是名为于大乘中总空性相⑨。"

注释：

①浊水器喻、不净镜喻、挠泉池喻：这三个比喻，圆测法师认为可以按三慧次第来解："净水之器照象虽得，犹不及镜，故喻闻慧。净镜虽明，无澄静性，故喻思慧。水性调柔，有澄静性，故喻修慧。或可一一通喻三慧。"

②了别真如：即七真如中的了别真如，圆测疏中解释此真如有两种，一种是一切行唯是识性称为真如，这就是世俗的唯识观。第二种是唯识之性称为唯识性，这就是胜义唯识观。菩萨在地前是观唯识相，初地已上菩萨则观唯识性。这里通说两种观。

③一切法空：在《大般若经》中，一切法空指如"五蕴"、"十二处"、"十八界"，有色无色，有见无见，有对无对，有漏无漏，有为无为等这一切法，由一切法空。圆测法师认为在本经中，摄一切能诠的教法，以依文字而显一切法空。

④安立真如：即"七真如"中的安立真如，"四谛"中的苦圣谛。

⑤生灭住异性：指显示诸法生灭变迁之生、住、异、灭等四相。法相宗认主张"四相假立，过未无体"。就刹那而言，有为法依因缘之力，由本无而今有，乃属暂有还无者，为表示异于无为而假立四相。以本无今有，故称有位为"生"，暂停于生位即称"住"，住位前后之变异即称"异"，以暂有还无，故称灭时为"灭"。

⑥"有十种相"至"此由空空能正除遣"数句：《大般若经》中讲二十空："菩萨摩诃萨大乘相者。谓内空、外空、内外空、空

空、大空、胜义空、有为空、无为空、毕竟空、无际空、散空、无变异空、本性空、自相空、共相空、一切法空、不可得空、无性空、自性空、无性自性空，是名菩萨摩诃萨大乘相。"另外《大般若经》中，《大智度论》也说十八空，与二十空比较，合二十空中的散空无变异空为散无散空，合自相空和共相空为自共相空。本经只有十七空。对比二十空，少散空、自性空，合二十空中的自相和共相为一相空。对比十八空，少自性空，在此经中归入一切法空。

⑦"除遣三摩地所行影像相"三句：对此圆测法师介绍了三种说法：一种是"观空除遣遍计所执十种相时，空观心中仍有依他似空影像。随空心现，从此空观入于证智。更除似空影像相分，相分既除，即从一切杂染相缚种子解脱。执解脱心亦皆远离。故言彼亦除遣"。第二种说法是"如上所说除十相时，唯能除遣三摩地所行依他影像相分，由能除遣定影像故，即解脱有漏相缚，由彼解脱相缚力故，能缘见分亦能除遣。或可现行相缚解脱力故，彼相缚种亦得解脱"。第三种是"如上所说除遣十相，即是依定所现影像所起遍计所执相也。谓由三摩地有影像现，后散心中，依彼影像，即随妄情，有所执相。故观空时，能除如是所执之相。除执相故，从杂染相而得解脱。由解脱故，彼能执心亦名除遣"。

⑧此中都无所得：这里"此中"的所指，多有不同的解释，总有三种：第一种是清辩法师认为此中都无所得是显依他起及圆成实二性的空义，这样三性都无所得而称为总空性相；第二种是护法法师等认为三性中只是遣除遍计所执性，而不是其他二性，

这里所说的在依他起相及圆成实相中,一切品类染净所执毕竟远离性,是说明依他起和圆成实二性中远离所执,只是遣所执以显空性,而说此中都无所得是为了止滥,是说这总空性一切十相都无所得而不是像前十六空各遣一相;第三种是智藏论师的观点,对于"一切品类杂染、清净遍计所执相毕竟远离性",其认为是在依他起能相中分别计执为杂染,而在圆成实能相中分别计执为清净,这样为遍计所执能相,由能相空性故空,"此中都无所得"则是指依他起自性中、遍计所执自性都不可得,同时认为空性圆满至极成就性即是圆成实自性,而对于总空性相其用世俗谛和胜义谛来摄三性。对于"此中都无所得"的不同理解,也是中观和唯识争论的焦点。就文义来说,"此中"一种是近指杂染清净遍计所执相的"远离性",这与唯识的见解近;一种是指前的"依他起相及圆成实相",这与中观的见解近。

⑨总空性相:此总空性与前十七空的差别,一种解释是"体无差别,总别有异"。一种解释是"总空性是遣所执性,而前十七空除遣影像",因此有差别。

译文:

弥勒菩萨再问佛陀说:"世尊! 修奢摩他毗钵舍那的菩萨众,怎么作意? 除遣什么相,怎样来除遣?"

佛陀告诉弥勒菩萨说:"善男子! 修奢摩他毗钵舍那应通过真如作意,来除遣法相和义相。如果对于其名和名的自性无所得时,也不观其所依之相,这样来除遣。像对于名一样,对于句子、对于文、对于一切义应当知道都是这样,界和界自性都无所得，也不观界所依之相，这样除遣。

"世尊！诸所了知的真如义相，即前面所说的真如作意所缘真如，这真如相可以除遣吗？"

"善男子！所了知真如义中没有相也无所得，这里能除遣什么呢？善男子！我说了知真如义能伏一切法相和义相，其他一切诸法皆不能伏此了达的真如。"

"世尊！您曾所说过浊水器的比喻、不净镜的比喻、扰泉池的比喻，在这些比喻中，通过器皿中浑浊的水、不洁净的镜面、扰动后的清泉池，我们都不能观察自己的本来影相，如果可以的话，就和以上所说的浑浊等就相违了。因此，如果不善于修心的话，则不堪任如实地来观察所有真如，如果善于修心的话，就堪任观察。那么，这里所的说能观察心是什么？是依什么样的真如而说的？"

"善男子！这里说的是三种能观察心，分别为闻所成能观察心、思所成能观察心、修所成能观察心，是依了别真如而作如此说的。"

"世尊！这样了知法义菩萨为遣除诸相勤修加行，有几种相可以除遣？什么能够来除遣？"

"善男子！有十种相可以被除遣，空能够除遣这十种相。十种相具体是哪几种呢？第一种，因了知法义的缘故而有种种文字相，这由一切法空能正除遣；第二种，因了知安立真如义的缘故，有生、灭、住、异四种性和相续的随转相，这由相空和无先后空能正除遣；第三种，因了知能取义的缘故，有顾恋身相和我慢相，这由内空和无所得空能正除遣；第四种，因了知所取义的缘故，有顾恋财物相，这由外空能正除遣；第五种，因了知受用义，男女承事，受用资具的缘故，而有内安乐相、外净妙相，这由内外空及本性空能正除遣；第六种，因了知建立义的缘故，有无量相，这由大空能正除遣，第七种，了知无色的缘故，有内寂静解脱相，这由有为空能正除遣；第八种，因了知相真如义的缘故，有补特伽罗无我相，法无我相，还有如唯识相和胜义相，这由毕竟空、无性空、无性自性空及胜义空能正除遣；第九种，因了知清净真如义的缘故，有无为相和无变异相，这由无为空、无变异空能正除遣；第十种，由于彼相对治，空性作意思惟的缘故而有空性相，这由空空能正除遣。"

"世尊！以上所说的除遣十种相时，是从除遣哪一种心相来说的呢？是从什么相中而得解脱的呢？"

"善男子！以上所说的除遣十种相时，是除遣三摩地所行的影像相（即是在禅定中影像相），是从杂染缚相中而得解脱，杂染缚相也随之除遣。"

"善男子！应该知道就胜来说以上十种相除遣中，是某种空治某种相，但不是说各个空不能治一切相，这就象十二缘起中的无明不是不能生识乃至老等诸杂染法，就胜来说是无明生行，这是由于诸行与无明亲近的缘故。此处十种相除遣的道理应该知道也是这样的。"

这时，弥勒菩萨再问佛陀："世尊！这里面什么样的空是总空性相呢？如果诸菩萨了知了这总空性相便无损减恶取空失，也在空性相上远离了未证谓证的增上慢过。"

这时，佛陀对弥勒菩萨赞叹道："很好啊！很好啊！善男子！你现在能够问如来这样的深义，使诸菩萨对于空性相没有增益、损减、恶取空的过失。为什么呢？善男子！因为如果菩萨对于空性相有增益、损减、恶取空的过失，便为失坏一切大乘。因此你应谛听！谛听！现在就为你说总空性相。善男子！如果在依他起相和圆成实相中，对一切品类杂染的遍计所执相和一切品类的清净遍计所执相的毕竟远离性能都了知，而且于其中都无所得，这称为大乘中的总空性相。

慈氏菩萨复白佛言："世尊！此奢摩他毗钵舍那能摄几种胜三摩地？"

佛告慈氏菩萨曰："善男子！如我所说无量声闻、菩萨、如来有无量种胜三摩地，当知一切皆此所摄。"

"世尊！此奢摩他毗钵舍那以何为因？"

"善男子！清净尸罗、清净闻思所成正见以为其因①。"

"世尊！此奢摩他毗钵舍那以何为果？"

"善男子！善清净心、善清净慧以为其果。复次善男子！一切声闻及如来等所有世间及出世间一切善法，当知皆是此奢摩他毗钵舍那所得之果。"

"世尊！此奢摩他毗钵舍那能作何业？"

"善男子！此能解脱二缚为业，所谓相缚及粗重缚②。"

"世尊！如佛所说五种系中，几是奢摩他障？几是毗钵舍那障？几是俱障？"

"善男子！顾恋身、财是奢摩他障，于诸圣教不得随欲是毗钵舍那障，乐相杂住、于少喜足当知俱障，由第一故不能造修，由第二故所修加行不到究竟。"

"世尊！于五盖中③，几是奢摩他障？几是毗钵舍那障？几是俱障？"

"善男子！掉举恶作是奢摩他障，惛沉睡眠、疑是毗钵舍那障，贪欲、嗔恚当知俱障。"

"世尊！齐何名得奢摩他道圆满清净？"

"善男子！乃至所有惛沉、睡眠正善除遣，齐是名得奢摩他道圆满清净。"

"世尊！齐何名得毗钵舍那道圆满清净？"

"善男子！乃至所有掉举、恶作正善除遣，齐是名得毗钵舍那道圆满清净。"

"世尊！若诸菩萨于奢摩他毗钵舍那现在前时，应知几种心散动法？"

"善男子！应知五种：一者作意散动，二者外心散动，三者内心散动，四者相散动，五者粗重散动。善男子！若诸菩萨舍于大乘相应作意，堕在声闻、独觉相应诸作意中，当知是名作意散动。若于其外五种妙欲诸杂乱相所有寻思随烦恼中④，及于其外所缘境中纵心流散，当知是名外心散动。若由惛沈及以睡眠、或由沉没、或由爱味三摩钵底、或由随一三摩钵底诸随烦

恼之所染污⑤，当知是名内心散动。若依外相，于内等持所行诸相作意思惟，名相散动。若内作意为缘生起所有诸受，由粗重身计我起慢，当知是名粗重散动。"

"世尊！此奢摩他毗钵舍那从初菩萨地乃至如来地，能对治何障？"

"善男子！此奢摩他毗钵舍那，于初地中对治恶趣烦恼业、生、杂染障，第二地中对治微细误犯现行障，第三地中对治欲贪障，第四地中对治定爱及法爱障，第五地中对治生死涅槃一向背趣障，第六地中对治相多现行障，第七地中对治细相现行障，第八地中对治于无相作功用及于有相不得自在障，第九地中对治于一切种善巧言辞不得自在障，第十地中对治不得圆满法身证得障。善男子！此奢摩他毗钵舍那于如来地对治极微细、最极微细烦恼障及所知障，由能永害如是障故，究竟证得无著无碍一切智见，依于所作成满所缘建立最极清净法身。"

注释：

①尸罗：有行为、习惯、性格、道德、虔敬等诸义。为六波罗蜜中之"戒行"，乃佛陀所制定，令佛弟子受持，以为防过止恶之用。《大智度论》卷十三中说"尸罗，好行善道，不自放逸，是名尸罗。或受戒行善，或不受戒行善，皆名尸罗"。

②相缚：有两种解释：一种是指相分由于是有漏相而使见

分不得自在，此说即相为缚称为"相缚"。另一种是指第七末那识为相缚体，由于第七识，使其他眼等识，对于所缘相不得自在。此说相之缚称为"相缚"。粗重缚：一种说法是有漏法上无堪任性称为"粗重缚"；一种说法是二障种子通名粗重。

③五盖：盖，覆盖之意。谓覆盖心性，令善法不生之五种烦恼。即：（一）贪欲盖执着贪爱五欲之境，无有厌足，而盖覆心性。（二）嗔恚盖于违情之境上怀忿怒，亦能盖覆心性。（三）昏眠盖又作"睡眠盖"。昏沉与睡眠，皆使心性无法积极活动。（四）掉举恶作盖，又作"掉戏盖"、"调戏盖"、"掉悔盖"。心之躁动（掉），或忧恼已作之事（悔），皆能盖覆心性。（五）疑盖，于法犹豫而无决断，因而盖覆心性。

④寻思随烦恼：随烦恼指随根本烦恼而起之烦恼，与"根本烦恼"相对称。又作"随惑"、"枝末惑"。据《俱舍论》卷二十一载，随烦恼有二义，一是指随心生起而恼乱有情之一切烦恼。二是指依根本烦恼而起之其他烦恼。

⑤三摩钵底：意译"等至"、"正受"、"正定现前"。指由远离昏沉、掉举等，而使身心达于平等安和之境。即身心安和之状态，为三摩地之进境。有关"三摩钵底"与"三摩地"（等持）之差别，《大毗婆沙论》卷一六二中列举数种说法，有说等持以一物为体，等至以五蕴为体。有说等持为一刹那，等至则相续。有说诸等持即等至，而等至非是等持，如无想等至、灭尽等至即属之。有说亦有等持非是等至，如不定心相应等持即属之。又依《俱舍论》光记卷六所载，三摩地通于定、散及善、恶、无记等三性，唯有心平等，持心趣向于境，故称"等持"。三摩钵底则

通于"有心定"与"无心定"二种，唯在定，不通于散。此外，亦有说三摩钵底即禅定之异名者。

译文：

弥勒菩萨再问佛陀说："世尊！这奢摩他和毗钵舍那能够摄几种胜三摩地？"

佛陀告诉弥勒菩萨说："善男子！像我所说的无量声闻、菩萨、如来有无量种胜三摩地，应该知道这一切都是属于此奢摩他和毗钵舍那所摄。"

"世尊！这奢摩他和毗钵舍那是以什么为因的呢？"

"善男子！奢摩他和毗钵舍那是以清净尸罗（戒）和清净闻思所成的正见为因的。"

"世尊！这奢摩他和毗钵舍那是以什么为果的呢？"

"善男子！奢摩他和毗钵舍那是以善清净心和善清净慧为其结果的。还有善男子！一切声闻和如来等的所有世间和出世间的一切善法，应当知道这都是奢摩他毗钵舍那所得的果。"

"世尊！这奢摩他毗钵舍那能作什么业呢？"

"善男子！奢摩他毗钵舍那以解脱二缚为业，二缚是指相缚和粗重缚。"

"世尊！像佛所说的五种系缚中，什么是奢摩他障，什么是毗钵舍那障？什么是俱障？"

"善男子！顾恋身体、财物是奢摩他障，对于诸圣教不得随欲是毗钵舍那障，乐于在热闹繁杂的地方与群众住在一起，得少而为乐、为知足应该知道是俱障，由于乐于相互杂居则不能修习，由于得少而乐足则所修的加行会不到究竟。"

"世尊！在五盖中，什么是奢摩他障？什么是毗钵舍那障？什么是俱障？"

"善男子！掉举、恶作是奢摩他障，昏沉、睡眠、犹疑是毗钵舍那障，贪欲、嗔恚应该知道是俱障。"

"世尊！怎么样才能称为奢摩他道圆满清净？"

"善男子！不仅掉举、恶作的障碍已除遣，而且所有昏沉、睡眠的障碍也善于除遣，这样称得上奢摩他道圆满清净。"

"世尊！怎么样才能称为毗钵舍那道圆满清净？"

"善男子！不仅昏沉、睡眠、犹疑的障碍已除遣，而且所有掉举、恶作的障碍也善于除遣，这样称得上毗钵舍那道圆满清净。"

"世尊！如果菩萨于修奢摩他毗钵舍那现在前时，应该知道有几种心散动法？"

"善男子！应该知道有五种：第一种是作意散动；第二种是外心散动；第三种是内心散动；第四种是相散动；第五种是粗重散动。善男子！如果菩萨舍于大乘的相应作意堕在声闻独觉的相应诸作意中，应该知道称为作意散动。如果对于外在的色、声、香、味、触五种妙欲和诸繁闹杂乱相中所有寻思随烦恼中，和在外所缘境中纵心流散，应当知道称为外心散动。如果内心昏沉、睡眠或者沉没、或者贪爱三摩钵底或者被一三摩钵底的诸随烦恼如放逸、懈怠等所污染，应当知道这些称为内心散动。如果依外相，对内等持的所行诸相作意思惟称为相散动，如果对内作意为缘生起所有诸觉受时，因我见我慢的粗重的种子,起我想起我慢想。应当知道这称为粗重散动。”

“世尊!这奢摩他毗钵舍那从菩萨初地乃至到如来地,能分别对治什么障?”

“善男子!这奢摩他毗钵舍那,在初地中对治恶趣烦恼业、生、杂染障,在第二地中对治微细误犯现行障,在第三地中对治欲贪障,在第四地中对治定爱及法爱障,在第五地中对治生死涅槃一向背趣障,在第六地中对治相多现行障,在第七地中对治细相现行障,在第八地中对治于无相作功用及于有相不得自在障,在第九地中对治于一切种善巧言辞不得自在障,在第十地中对治不得圆满法身证得障。善男子!这奢摩他毗钵舍那于在如来地对治的是极微细、最极微细烦恼障及所知障,因能永害这样障的原因,究竟证得了无着无碍的一切智见,依于所作成满所缘建立了最极清净的法身。”

慈氏菩萨复白佛言:“世尊!云何菩萨依奢摩他毗钵舍那勤修行故,证得阿耨多罗三藐三菩提?”

佛告慈氏菩萨曰:“善男子!若诸菩萨已得奢摩他毗钵舍那,依七真如,于如所闻、所思法中由胜定心①,于善审定、于善思量、于善安立真如性中内正思惟②,彼于真如正思惟故,心于一切细相现行尚能弃舍,何况粗相③。

“善男子!言细相者,谓心所执受相,或领纳相、或了别相、或杂染清净相、或内相、或外相、或内外相、或谓我当修行一切利有情相、或正智相、或真如相、或苦集灭道相、或有为相、或无为相、或有常相、或无常相、或苦有变异性相、或苦无变异性相、或有为异相相、或有为同相相、或知一切是一切已有一切相、或补特伽罗无我相、或法无我相，于彼现行，心能弃舍。彼既多住如是行故、于时时间从其一切系盖散动善修治心，从是已后，于七真如有七各别自内所证通达智生，名为见道。由得此故，名入菩萨正性离生，生如来家，证得初地，又能受用此地胜德。彼于先时由得奢摩他毗钵舍那故，已得二种所缘：谓有分别影像所缘及无分别影像所缘。彼于今时得见道故，更证得事边际所缘，复于后后一切地中进修修道，即于如是三种所缘作意思惟，譬如有人以其细楔出于粗楔，如是菩萨依此以楔出楔方便遣内相故④，一切随顺杂染分相皆悉除遣，相除遣故粗重亦遣⑤，永害一切相、粗重故，渐次于彼后后地中，如炼金法陶炼其心，乃至证得阿耨多罗三藐三菩提，又得所作成满所缘。善男子！如是菩萨于内止观正修行故，证得阿耨多罗三藐三菩提心。"

注释：

①如所闻：闻慧所依。闻指听闻，即是指耳根发生耳识闻言教。所思法中：是指思慧所依，思即思虑。意为数发生智慧思择法。由胜定心：是修慧所依。修指修习，胜定发生智慧修对治的意思。

②善审定：指闻所成慧。善思量：指思所成慧。善安立：指修所成慧。

③粗相：一切散位所现诸相，或可一切染污所现诸相，或可欲界下地诸相。

④以楔出楔：这里有几种不同解释，在《瑜伽师地论》中说，影像比喻细楔，本质比喻粗楔。身轻安比喻为细楔，身粗重比喻为粗楔，这样以细楔遣除粗楔。在《显扬圣教论》中也认为是通过一思惟三摩地所行影像相缘故，除遣诸法的根本性相，使其不复现。《摄大乘论》说圣道比喻细楔，杂染种子比喻粗楔。世亲菩萨认为一切总相缘智，用以楔出楔的道理，除遣阿赖耶识中一切障粗重。《梁论》中说，以粗楔遣细楔，比喻十地中以胜智遣劣智，像世间破木的时候，先用细楔，后用粗楔。修观的行人破烦恼也是这样。

⑤相：指相缚。指所缘之相分拘碍能缘见分之心，使不得自在，不了境相如幻。粗重：指粗重缚，其性无堪任，非调柔细轻，故谓粗重。即其性刚强深重，能缚有情身心于生死，或使之不了如幻者，皆称为"粗重缚"。

译文：

弥勒菩萨再问佛陀说："世尊！为什么说菩萨依奢摩他毗钵舍那勤修行缘故可以证得阿耨多罗三藐三菩提？"

佛陀告诉弥勒菩萨说："善男子！如果诸菩萨已得奢摩他毗钵舍那，依据七真如，在如所闻、所思法中，由胜定心，在善审定、善思量、善安立的真如性中内正思惟。诸菩萨对真如正思惟的缘故,心对于一切细相现行尚能弃舍,何况粗相。

"善男子! 说细相是指对于心所执受相、或者领纳相、或者了别相、或者杂染清净相、或者内相、或者外相、或者内外相、或者谓我当修行一切利有情相、或者正智相、或者真如相、或者苦集灭道相、或者有为相、或者无为相、或者有常相、或者无常相、或者苦有变异性相、或者苦无变异性相、或者有为异相相、或者有为同相相、或者知一切是一切已有一切相、或者补特伽罗无我相、或者法无我相这些现行心能弃舍。诸菩萨多作这样的行持后,时时对一切系缚、盖障、散动障善巧地修治心,从这以后,对于七真如有七种各别自内所证的通达智生起,这称为见道。因得见道的原因称为菩萨正性离生,生如来家中,证得初地,又能受用这地的胜德。诸菩萨因为先前修得奢摩他毗钵舍那的缘故,已经得到有分别影像所缘和无分别影像所缘二种所缘,诸菩萨因现得见道的缘故,更是证得事边际所缘,再在以后一切地中进修修道,即对于这样三种所缘作意思惟,这犹如有人利用细楔将粗楔取出一样,菩萨也是这样用以楔出楔的方便遣除内相后,一切随顺杂染分相也除遣,因相缚除遣的缘故,粗重缚也除遣了,这样永害一切相缚、粗重缚后,渐渐在菩萨的后后地中,像炼金法一样陶炼其心,一直到证得阿耨多罗三藐三菩提,获得所作成满所缘。善男子! 菩萨因这样于内观正修行的缘故而证得阿耨多罗三藐三菩提心。"

慈氏菩萨复白佛言:"世尊! 云何修行引发菩萨广大威德?"

"善男子！若诸菩萨善知六处，便能引发菩萨所有广大威德：一者善知心生，二者善知心住，三者善知心出，四者善知心增，五者善知心减，六者善知方便。

"云何善知心生？谓如实知十六行心生起差别，是名善知心生。十六行心生起差别者：一者不可觉知坚住器识生，谓阿陀那识[①]，二者种种行相所缘识生，谓顿取一切色等境界分别意识，及顿取内外境界觉受[②]，或顿于一念瞬息须臾现入多定见多佛土、见多如来分别意识[③]，三者小相所缘识生，谓欲界系识，四者大相所缘识生，谓色界系识，五者无量相所缘识生，谓空识无边处系识，六者微细相所缘识生，谓无所有处系识，七者边际相所缘识生，谓非想非非想处系识，八者无相识生，谓出世识及缘灭识，九者苦俱行识生，谓地狱识，十者杂受俱行识生，谓欲行识，十一喜俱行识生，谓初、二静虑识，十二乐俱行识生，谓第三静虑识，十三不苦不乐俱行识生，谓从第四静虑乃至非想非非想处识，十四染污俱行识生，谓诸烦恼及随烦恼相应识，十五善俱行识生，谓信等相应识，十六无记俱行识生，谓彼俱不相应识。

"云何善知心住？谓如实知了别真如。

"云何善知心出？谓如实知出二种缚，所谓相缚及粗重缚，此能善知，应令其心从如是出。

"云何善知心增？谓如实知能治相缚、粗重缚心，彼增长时、彼积集时亦得增长、亦得积集④,名善知增。

"云何善知心减?谓如实知彼所对治相及粗重所杂染心,彼衰退时、彼损减时此亦衰退、此亦损减,名善知减。

"云何善知方便?谓如实知解脱、胜处及遍处⑤,或修、或遣。

"善男子!如是菩萨于诸菩萨广大威德,或已引发、或当引发、或现引发。"

慈氏菩萨复白佛言:"世尊!如世尊说于无余依涅槃界中一切诸受无余永灭,何等诸受于此永灭?"

"善男子!以要言之,有二种受无余永灭。何等为二?一者所依粗重受、二者彼果境界受⑥。所依粗重受当知有四种:一者有色所依受、二者无色所依受、三者果已成满粗重受、四者果未成满粗重受⑦。果已成满受者,谓现在受,果未成满受者,谓未来因受。彼果境界受亦有四种:一者依持受,二者资具受,三者受用受,四者顾恋受。于有余依涅槃界中,果未成满受一切已灭,领彼对治明触生受,领受共有,或复彼果已成满受,又二种受一切已灭,惟现领受明触生受⑧。于无余依涅槃界中,般涅槃时此亦永灭,是故说言于无余依涅槃界中一切诸受无余永灭。"

尔时,世尊说是语已,复告慈氏菩萨曰:"善哉!善哉!善男子!汝今善能依止圆满最极清净妙瑜伽道请问如来,汝于瑜伽已得决定最极善巧,吾已为汝宣说圆满最极清净妙瑜伽道,所有一切过去、未来正等觉者已说、当说皆亦如是,诸善男子若善女人皆应依此勇猛精进,当正修学。"

尔时,世尊欲重宣此义而说颂曰:

> 于法假立瑜伽中,若行放逸失大义,
> 依止此法及瑜伽,若正修行得大觉。
> 见有所得求免难,若谓此见为得法,
> 慈氏彼去瑜伽远,譬如大地与虚空。
> 利生坚固而不作,悟已勤修利有情,
> 智者作此穷劫量,便得最上离染喜。
> 若人为欲而说法,彼名舍欲还取欲,
> 愚痴得法无价宝,反更游行而乞丐。
> 于净喧杂戏论着,应舍发起上精进,
> 为度诸天及世间,于此瑜伽汝当学。

尔时,慈氏菩萨复白佛言:"世尊!于是解深密法门中,当何名此教?我当云何奉持?"

佛告慈氏菩萨曰:"善男子!此名瑜伽了义之教,于此瑜伽了义之教汝当奉持。"

说此瑜伽了义教时,于大会中有六百千众生发阿耨多罗三藐三菩提心,三百千声闻远尘离垢,于诸法中得法眼净,一百五十千声闻诸漏永尽,心得解脱,七十五千菩萨获得广大瑜伽作意[9]。

注释：

①阿陀那识：梵语"阿陀那"，玄奘法师翻译为"执持"。有三义，第一是执持色根所依，第二是执持种子，第三是执持取生相续结。

②"二者种种行相"四句：这里说有漏意识。

③"或顿于一念瞬息须臾"句：这里说无漏意识。

④"彼增长时、彼积集时"句：现行转增名称增长，熏成种子称为积集。也有解释为初增长时称为增长，数数重起称为积集。

⑤解脱、胜处及遍处：此说八解脱、八胜处、十遍处，八解脱指八种由浅入深的禅观行法门。依此八种禅定力量可断三界烦恼，证得解脱，故名"八解脱"。又名"八背舍"。即依八种禅定力以背弃五欲境，且舍离其贪着之执心，故名。八胜处指即观欲界之色处（色与相），制伏之而去除贪心之八阶段。胜处，谓制胜烦恼以引起佛教认识之所依处。十遍处是禅定修持法之一，是一种可远离三界烦恼的禅观。即观六大及四显色各遍满一切处而无间隙。又作"十遍"、"十遍入"、"十遍处定"、"十一切入"、"十一切处"。

⑥所依粗重受：指依内六根缘内身中六根及境，诸有漏受。是指依六根或者是二种粗重障所随的原因。彼果境界受：指谓外六境，这能与六根为增上果。

⑦有色所依受：指五识身相应受，无色所依受：指意识相应受。有色所依受、无色所依受也就是身心二受。果已成满受：指过去无明行等所生的现在果受。果未成满受：指与业烦恼相

应，能够感生未来因受。

⑧有两种解释：一种是说有余依涅槃中只灭未来的因受，但还有其他的三受在。只是说无漏受为明触所生受，因此有三受。第二种是说无学人身中所有的受通漏无漏，总的称为明触所生受。因此是说在有余依中，前所依粗重受、彼果境界受此二受一切已灭，只有唯有无学人明触所生受存在。

⑨广大瑜伽作意：人法二空名为"广大"，止观二道，名为"瑜伽"。此说菩萨获得缘二空性止观作意。也有解释为菩萨得无生法忍。

译文：

弥勒菩萨再问佛陀说："世尊！怎样修行能够引发菩萨的广大威德？"

"善男子！如果诸菩萨善知六处便可以引发菩萨所有的广大威德，这六处是：第一善知心生；第二善知心住；第三善知心出；第四善知心增；第五善知心减；第六善知方便。

"怎样是善知心生呢？善知心生是指如实地知道十六种行心生起的差别。十六种行心生起的差别具体是：第一种是不可以被觉知的坚住执持器世间的识生，这是指阿陀那识；第二种是所缘为种种行相的识生，指顿取一切色等境界的分别意识和顿取内外境界的觉受，或者是顿于一念瞬息须臾间，现入多定见多佛土、见多如来的分别意识；第三种是指所缘为小相的识生，这是欲界的系识；第四种是所缘为大相的识生，这是色界的系识；第五种是所缘为无量相的识生，这是空识无边处的系识；第六种是所缘为微细相的识生，这是无所有处系识；第七种是所缘为边际相的识生，这是非想非非想处的系识；第八种是无相识生，这是出世识和缘灭识；第九种是与纯苦俱行的识生，这是地狱识；第十种与杂受俱行的识生，这是欲界的行识；第十一种是与喜俱行的识生，这是初禅、二禅识，第十二种是与乐俱行的识生，这是三禅识；第十三种是与不苦不乐的俱行识生，这是指从四禅乃至到非想非非想处识；第十四种是与染污俱行的识生，这是诸烦恼及随烦恼相应识；第十五种是与善俱行的识生，这是信等善法相应识；第十六种是与无记俱行的识生，这是与善染俱不相应识。

"怎样是善知心住？善知心住是指能够如实了别真如。

"怎样是善知心出？善知心出是指能够如实了知相缚和粗重缚二种缚，由能知心可以善知，这样可以使无分别智的相应心从二缚出。

"怎样是善知心增？善知心增是指如实地知道当相缚和粗重缚增长时、积集时，能治二缚的心相应慧也得增长，也得积集，这样称为善知增。

"怎样是善知心减？善知心减是指如实地知道所对治的相缚和粗重缚杂染心衰退、损减时，与此杂染心相应的对治见也衰退、损减。这样称为善知心减。

"怎样是善知方便？善知方便是指如实知道解脱、胜处及遍处，或者修习，或者除遣。

"善男子！通过如此，菩萨对诸菩萨的广大威德或者已经引发、或者将来应当引发、或者于现在引发。"

弥勒菩萨再对佛陀说:"世尊! 像您说过,无余依涅槃界中一切诸受无余永灭,那么,怎样的诸受在无余依涅槃中永灭呢?"

"善男子! 精要地说,有二种受无余永灭。是哪二种呢? 第一种是所依粗重受,第二种是彼果境界受。所依的粗重受应该知道有四种:第一种是有色所依受;第二种是无色所依受;第三种是果已成满粗重受;第四种是果未成满粗重受。果已成满受是指现在受,果未成满受是指未来因受。那果境界受也有四种:第一种是依持受;第二种是资具受;第三种是受用受;第四种是顾恋受。在有余依涅槃界中,果未成满受一切已灭,领受彼对治业烦恼尽后的明触生受,领受共有的境界受;或再有彼果成满受;或者又有所依粗重受和彼果境界受一切已灭,只现领受明触所生受。在无余依涅槃界中,在涅槃圆寂时明触所生受也随之永灭,因此说在无余依涅槃界中一切诸受无余永灭。"

这时,佛陀说完这些后,再对弥勒菩萨说:"很好啊! 很好啊! 善男子! 你今能善于依止圆满、最极清净的妙瑜伽道来请问如来,你已经对于瑜伽道得决定最极善巧,我已经为你宣说了圆满、最清净的妙瑜伽道,所有一切过去、未来的正等觉者已经说的、应当要说的与我现在所说的没有不同。诸善男子和善女人都应依此说而勇猛精进,都应当依此说来正修学。"

这时,佛陀想重新宣说此教义而说颂为:

于法假立瑜伽中,若行放逸失大义,
依止此法及瑜伽,若正修行得大觉。
见有所得求免难,若谓此见为得法,

慈氏彼去瑜伽远,譬如大地与虚空。

利生坚固而不作,悟已勤修利有情,

智者作此穷劫量,便得最上离染喜。

若人为欲而说法,彼名舍欲还取欲,

愚痴得法无价宝,反更游行而乞丐。

于诤喧杂戏论着,应舍发起上精进,

为度诸天及世间,于此瑜伽汝当学。

这时,弥勒菩萨再问对佛陀:"世尊!在这解深密法门中,这称为什么教授?我应该奉持什么呢?"

佛陀告诉弥勒菩萨说:"善男子!此教授称之为瑜伽了义之教,对此瑜伽了义之教你应当奉持。"

当佛陀讲说这瑜伽了义教时,在大会中,有六百千的众生发起了阿耨多罗三藐三菩提心,三百千的声闻远尘离垢,在诸法中获得了法眼净,一百五十千声闻诸漏永尽,心得解脱,七十五千菩萨获得广大瑜伽作意。

卷　四

地波罗蜜多品第七

地波罗蜜多：地原义为土地，以能生为义。还有所依的意思。《大乘义章》十二说："能生曰地。"《佛地论》中说，地是所依、所行、所摄。波罗蜜多，译为到彼岸。指由布施等力，能从生死此岸到达涅槃彼岸，故称为到彼岸。由于此品广说地及波罗蜜多义，故名地波罗蜜多品。本品仍是所观行。上品止观品中对菩萨道的过程是略说或总说，偏向于菩萨道的心识真如，空作意说；本品是广说或者是别说，偏向于菩萨道的具体事说。本品首先广明诸地，详说了菩萨十地和十一分圆满过程，菩萨十地得名、所对治、功德殊胜、菩萨生最为殊胜的因缘、行广大愿、妙愿、胜愿的四因缘。第二是广明波罗蜜多。菩萨有六种所应学事：布施、持戒、忍辱、精进、静虑、智慧到彼岸即六波罗蜜多，前三种是增上戒学所摄，精进遍于增上戒学、心学、慧学，静虑是增上心学所摄，智慧到彼岸是增上慧学所摄。本品介绍了五相修学波罗蜜多：先是猛利信解，后以十法行闻思修，勤护菩提心，亲近善知识，无间地勤修善品。六种波罗蜜多中，前三种能饶益有情，而后三种则能对治一切烦恼。六波罗蜜多还有四波罗蜜多作为助伴，方便波罗蜜多是前三者的助伴，愿波罗蜜多是精进波罗蜜多的助伴，力波罗蜜多是静虑波罗蜜多的助伴，智波罗蜜多是般若波罗蜜多的助伴。六种波罗蜜多的次第是由于

前前能引发后后。本品分析了六种波罗蜜多各自的品类差别,波
罗蜜多称为波罗蜜多的原因(因具有无染着、无顾恋、无罪过、
无分别、正回向等五相特征),诸相违事和能获得大财富等的多
果异熟。其中在行持波罗蜜多时,有四种间杂染法:无悲加行,
不如理加行,不常加行,不殷重加行。若菩萨只是以财物饶益众
生而未能将众生安置善处则称为"非方便行"。波罗蜜多具有于
此诸法不求他知等的总的清净相,六种波罗蜜多各自还有七种
清净相。波罗蜜多具有四种最胜威德。一切波罗蜜多以大悲为
因,可爱果异熟和饶益一切有情为果,圆满菩提为大义利。本品
中解释了无自性性离诸文字,自内所证,但又不可离开于文字来
说,以这样的密义来说般若波罗蜜多能取诸法无自性性。还就
如何称为波罗蜜多及波罗蜜多的深浅分别了波罗蜜多、近波罗蜜
多、大波罗蜜多。第三解释了依地起度所对治的害伴随眠、赢劣
随眠、微细随眠等的随眠障和地上对治随眠分为皮粗重断、肤
粗重断、骨粗重断三过程的情况。第四宣说了声闻乘、大乘惟是
一乘的密意。

　　尔时,观自在菩萨白佛言:"世尊!如佛所说菩萨十
地,所谓极喜地、离垢地、发光地、焰慧地、极难胜地、
现前地、远行地、不动地、善慧地、法云地①,复说佛地
为第十一。如是诸地几种清净?几分所摄?"
　　尔时,世尊告观自在菩萨曰:"善男子!当知诸地四
种清净,十一分摄。
　　"云何名为四种清净能摄诸地?谓增上意乐清净

摄于初地②，增上戒清净摄第二地③，增上心清净摄第三地④，增上慧清净于后后地转胜妙故⑤，当知能摄从第四地乃至佛地。善男子！当知如是四种清净普摄诸地。

"云何名为十一种分能摄诸地？谓诸菩萨先于胜解行地⑥，依十法行极善修习胜解忍故⑦，超过彼地证入菩萨正性离生⑧。

"彼诸菩萨由是因缘此分圆满，而未能于微细毁犯误现行中正知而行，由是因缘于此分中犹未圆满，为令此分得圆满故，精勤修习便能证得。

"彼诸菩萨由是因缘此分圆满，而未能得世间圆满等持、等至及圆满闻持陀罗尼⑨，由是因缘于此分中犹未圆满，为令此分得圆满故，精勤修习便能证得。

"彼诸菩萨由是因缘此分圆满，而未能令随所获得菩提分法多修习住，心未能舍诸等至爱及与法爱，由是因缘于此分中犹未圆满，为令此分得圆满故，精勤修习便能证得。

"彼诸菩萨由是因缘此分圆满，而未能于诸谛道理如实观察，又未能于生死涅槃弃舍一向背趣作意⑩，又未能修方便所摄菩提分法，由是因缘于此分中犹未圆满，为令此分得圆满故，精勤修习便能证得。

"彼诸菩萨由是因缘此分圆满，而未能于生死流转如实观察，又由于彼多生厌故未能多住无相作意，由是因缘于此分中犹未圆满，为令此分得圆满故，精勤修习便能证得。

"彼诸菩萨由是因缘此分圆满，而未能令无相作意无缺无间多修习住，由是因缘于此分中犹未圆满，为令此分得圆满故，精勤修习便能证得。

"彼诸菩萨由是因缘此分圆满，而未能于无相住中舍离功用，又未能得于相自在，由是因缘于此分中犹未圆满，为令此分得圆满故，精勤修习便能证得。

"彼诸菩萨由是因缘此分圆满，而未能于异名、众相、训词差别、一切品类宣说法中得大自在[11]，由是因缘于此分中犹未圆满，为令此分得圆满故，精勤修习便能证得。

"彼诸菩萨由是因缘此分圆满，而未能得圆满法身现前证受，由是因缘于此分中犹未圆满，为令此分得圆满故，精勤修习便能证得。

"彼诸菩萨由是因缘此分圆满，而未能得遍于一切所知境界无著无碍妙智妙见，由是因缘于此分中犹未圆满，为令此分得圆满故，精勤修习便能证得。

"由是因缘此分圆满，此分满故于一切分皆得圆满。善男子！当知如是十一种分普摄诸地。"

注释：

①十地：地，是住处、住持、生成的意思。即住其位为家，

并于其位持法、育法、生果之意。"十地"即指十个菩萨行的重要阶位。

②增上意乐清净：净信为先，择法为先，对于诸佛法所有胜解，印解决定，称为"菩萨增上意乐"。《瑜伽师地论》第四十八中说菩萨极喜住有十种心意乐，已得意乐清净。这十种是："于一切师长尊重福田，不行虚诳意乐；二者、于同法菩萨忍辱柔和易可共住意乐；三者、胜伏一切烦恼及随烦恼众魔事业心自在转意乐；四者、于一切行深见过失意乐；五者、于大涅槃深见胜利意乐；六者、于诸妙善菩提分法常勤修习意乐；七者、即于彼修为随顺故乐处远离意乐；八者，于诸世间有染尊位利养恭敬无所顾恋意乐；九者、远离下乘趣证大乘意乐；十者、欲作一切有情一切义利意乐。如是十种无倒意乐依心而转。是故说为意乐清净。"

③增上戒：指戒定慧"三学"中的戒学。戒可修善，并防止身、口、意所作之恶业。

④增上心：指戒定慧"三学"中具有增上势力的定学，因为能增进"心"之学，所以称增上心学。

⑤增上慧：指戒定慧"三学"中的慧学。能断除烦恼，显发本性，称为"慧学"。

⑥胜解行地：资粮位、加行位、见道位、修道位、究竟位五位之内，依前二位起深信解，名胜解行地。

⑦十法行：受持经典的方法，可使菩萨成熟有情，也是地前菩萨主要修习的方法。具体为：一书写，二供养，三施他，四若他诵读专心谛听，五自披读，六受持，七正为他开演文义，八讽

诵，九思惟，十修习行。在《瑜伽论记》中对此十法行之功用有分讲："如是十行皆有资义名福。第九是加行道是思。第十净障道者是修。寻此文相。第九方名加行。故可谓前八唯生得善也。"因此"十法行"的功德甚大。

⑧正性离生：见道的异名。所谓"正性"，系指无漏圣道。"离生"指断除由"分别"而生起的烦恼。无漏圣道能离见惑，而称为正性离生。

⑨等持：梵音"三摩地"，译为"等持"，因离沉浮称为"等"，持心令住一境，名为"等持"。等至：梵音为"三摩钵底"，这里译为"等至"。等的意思如前等持，至为至极，寂静到极处的意思称为等至。陀罗尼：意为总持，念慧为体。《大智度论》卷五云："何以故名陀罗尼？云何陀罗尼？答曰：陀罗尼，秦言能持，或言能遮。能持者，集种种善法，能持令不散不失。（中略）能遮者，恶不善根心生，能遮令不生，若欲作恶罪，持令不作，是名陀罗尼。"而据《佛地经论》卷五所述，可知陀罗尼是一种记忆法，即于一法之中，持一切法；于一文之中，持一切文；于一义之中，持一切义；依记忆此一法、一文、一义，总持无量佛法。然此陀罗尼略有四种。第一种是法陀罗尼，指闻持佛之教法而不忘。二者义陀罗尼，指于诸法无量之义趣总持不忘。三者咒陀罗尼，指菩萨能依禅定起咒术为众生除患；四者能得菩萨忍陀罗尼，指安住法之实相而忍持不失。

⑩未能于生死涅槃弃舍一向背趣作意：指未得弃舍一向背生死，一向取涅槃二种作意。《成唯识论》说"未得生死涅槃无差别道"。

172

⑪于异名、众相、训词差别、一切品类宣说法中得大自在：异名,指法无碍境;众相,指义无碍境;训词差别,指词无碍境;一切品类宣说法中得大自在,指乐说无碍境。

译文:

这时,观自在菩萨对佛陀说:"世尊!佛陀所说过菩萨有十地,即极喜地、离垢地、发光地、焰慧地、极难胜地、现前地、远行地、不动地、善慧地、法云地,还说佛地是第十一地,这样诸地由几种清净所摄?几分所摄?"

这时,佛陀告诉观自在菩萨说:"善男子!应该知道诸地由四种清净所摄和十一分所摄。"

"怎么说四种清净能摄诸地? 这是说增上意乐清净摄初地,增上戒清净摄第二地,增上心清净摄第三地,由于增上慧清净在以后诸地中转更为胜妙的缘故,应该知道增上慧清净能摄从第四地到佛地。善男子! 应当知道这样的四种清净普摄诸地。

"怎么说十一种分能摄诸地? 这是因为诸菩萨先前在胜解行地,依照十法行,极善修习,获得胜解忍,从而超过胜解行地,证入菩萨正性离生。

"此类诸菩萨由于这样的因缘,获得此初地正性离生分圆满,但还不能在微细毁犯、误现行中正知而行,由于这样的因缘于此分中还没有圆满,为了能使此分得圆满,精勤修习便能证得。

"此类诸菩萨由于这样的因缘此分圆满,但还不能得到世间圆满等持、等至和圆满闻持陀罗尼，由于这样的原因此分没有圆满，为了能使此分得圆满，精勤修习便能证得。

"此类诸菩萨由于这样的因缘此分圆满，但还不能使随所获得菩提分法多修习住，心还不能舍离等至爱和法爱，由于这因缘此分中还没有圆满，为了能使此分得圆满，精勤修习便能证得。

"此类诸菩萨由于这样的因缘此分圆满，但还不能对于诸谛道理如实观察，也还不能对于生死涅槃弃舍一向背趣作意，又未能修方便所摄的菩提分法，由于这样的原因此分还未圆满，为了能够使此分得圆满，精勤修习便能证得。

"此类诸菩萨由于这样的因缘此分圆满，但还不能在生死流转中如实观察，又由于彼诸菩萨多生厌的缘故，不能多住无相作意，由于这样的原因此分还没有圆满，为了能够使此分圆满，精勤修习便能证得。

"此类诸菩萨由于这样的因缘此分圆满，但还不能使无相作意无缺无间地多修习住，由于这样的原因此分还没有圆满，为了能够使此分圆满，精勤修习便能证得。

"此类诸菩萨由于这样的因缘此分圆满，但还不能够在无相住中舍离功用，又还不能够于相获得自在，由于这样的原因此分还没有圆满，为了能够使此分圆满，精勤修习便能证得。

"此类诸菩萨由于这样的因缘此分圆满，但还不能够在异名、众相、训词差别等一切品类宣说法中得大自在，由于这样的原因此分还没有圆满，为了能够使此分圆满，精勤修习便能证得。

"此类诸菩萨由于这样的因缘此分圆满,但还不能够获得圆满法身的现前证受,由于这样的原因此分还没有圆满,为了能够使此分圆满,精勤修习便能证得。

"此类诸菩萨由于这样的因缘此分圆满,但还不能获得遍于一切所知境界无着无碍的妙智妙见,由于这样的原因此分还没有圆满,为了能够使此分圆满,精勤修习便能证得。

"此类诸菩萨由于这样的因缘此分圆满,由于这分圆满,一切分都得以圆满。善男子!应当知道这样十一种分普摄诸地。"

观自在菩萨复白佛言:"世尊!何缘最初名极喜地?乃至何缘说名佛地?"

佛告观自在菩萨曰:"善男子!成就大义,得未曾得出世间心,生大欢喜,是故最初名极喜地,远离一切微细犯戒①,是故第二名离垢地,由彼所得三摩地及闻持陀罗尼,能为无量智光依止,是故第三名发光地,由彼所得菩提分法烧诸烦恼,智如火焰,是故第四名焰慧地,由即于彼菩提分法方便修习最极艰难方得自在,是故第五名极难胜地,现前观察诸行流转,又于无相多修作意方现在前,是故第六名现前地,能远证入无缺无间无相作意,与清净地共相邻接,是故第七名远行地,由于无相得无功用,于诸相中不为现行烦恼所动,是故第八名不动地,于一切种说法自在,获得无碍广大智慧,是故第九名善慧地,粗重之身广如虚空,法身圆满譬如大云皆能遍覆,是故第十名法云地,永断最极微细烦恼及所知障,无著无碍于一切种所知境界现正等觉故,第十一说名佛地。"

观自在菩萨复白佛言:"于此诸地,有几愚痴,有几粗重为所对治?"

佛告观自在菩萨曰:"善男子!此诸地中有二十二种愚痴,十一种粗重为所对治。谓于初地有二愚痴:一者执著补特伽罗及法愚痴、二者恶趣杂染愚痴及彼粗重为所对治,于第二地有二愚痴:一者微细误犯愚痴、二者种种业趣愚痴及彼粗重为所对治,于第三地有二愚痴:一者欲贪愚痴、二者圆满闻持陀罗尼愚痴及彼粗重为所对治②,于第四地有二愚痴:一者等至爱愚痴、二者法爱愚痴及彼粗重为所对治,于第五地有二愚痴:一者一向作意弃背生死愚痴、二者一向作意趣向涅槃愚痴及彼粗重为所对治,于第六地有二愚痴:一者现前观察诸行流转愚痴、二者相多现行愚痴及彼粗重为所对治,于第七地有二愚痴:一者微细相现行愚痴、二者一向无相作意方便愚痴及彼粗重为所对治,于第八地有二愚痴:一者于无相作功用愚痴、二者于相自在愚痴及彼粗重为所对治,于第九地有二愚痴:一者于无量说法无量法句文字后后慧辩陀罗尼自在愚痴、二者辩才自在愚痴及彼粗重为所对治,于第十地有二愚痴:一者大神通愚痴、二者悟入微细秘

密愚痴及彼粗重为所对治，于如来地有二愚痴：一者
于一切所知境界极微细著愚痴、二者极微细碍愚痴及
彼粗重为所对治③。善男子！由此二十二种愚痴及十
一种粗重故安立诸地，而阿耨多罗三藐三菩提离彼
系缚。"

观自在菩萨复白佛言："世尊！阿耨多罗三藐三菩
提甚奇希有，乃至成就大利大果，令诸菩萨能破如是
大愚痴罗网，能越如是大粗重稠林，现前证得阿耨多
罗三藐三菩提。"

观自在菩萨复白佛言："世尊！如是诸地几种殊胜
之所安立？"

佛告观自在菩萨曰："善男子！略有八种：一者增
上意乐清净，二者心清净，三者悲清净，四者至彼岸清
净，五者见佛供养承事清净，六者成熟有情清净，七者
生清净④，八者威德清净。善男子！于初地中所有增上
意乐清净乃至威德清净，后后诸地乃至佛地所有增上
意乐清净乃至威德清净，当知彼诸清净展转增胜，惟
于佛地除生清净。又初地中所有功德于上诸地平等
皆有，当知自地功德殊胜。一切菩萨十地功德皆是有
上，佛地功德当知无上。"

观自在菩萨复白佛言："世尊！何因缘故，说菩萨生
于诸有生最为殊胜？"

佛告观自在菩萨曰："善男子！四因缘故：一者极
净善根所集起故，二者故意思择力所取故，三者悲愍

济度诸众生故,四者自能无染除他染故。"

观自在菩萨复白佛言:"世尊!何因缘故,说诸菩萨行广大愿、妙愿、胜愿?"

佛告观自在菩萨曰:"善男子!四因缘故:谓诸菩萨能善了知涅槃乐住,堪能速证,而复弃舍速证乐住,无缘、无待发大愿心,为欲利益诸有情故,处多种种长时大苦,是故我说彼诸菩萨行广大愿、妙愿、胜愿。"

注释:

①远离一切微细犯戒:世亲解释为"性戒成就,非如初地思择护戒。性戒成故,诸犯戒垢已远离故"。

②欲贪愚痴:这是能障胜定和修慧。往昔多与欲贪俱,与贪欲同体,名欲贪愚。是所知障之一。

③于一切所知境界极微细着愚痴:此中微所知障。极微细碍愚痴,此中一切任运烦恼障种。

④生清净:谓诸菩萨为利有情受种种生。故《瑜伽论》四十八讲了诸菩萨生的五种:一者除灾生;二者随类生;三者大势生;四者增上生;五者最后生。

译文:

观自在菩萨再问佛陀说:"世尊!以什么因缘最初地名为极喜地?还有后面诸地如何得名,乃至最后为什么说名为佛地。"

佛陀告诉观自在菩萨说:"善男子!成就大义,得未曾得的出世间心，生大欢喜，这样的缘故最初地称名为极喜地；远离了一切微细犯戒，由这样的原因，第二地称名为离垢地；由于彼菩萨所得的三摩地和闻持陀罗尼，能为无量智光所依止，由这样的原因，第三地称名为发光地；由于彼菩萨所得的菩提分法烧诸烦恼，智如火焰，由这样的原因，第四地名称为焰慧地；由于彼菩萨对于彼菩提分法方便修习，经最极艰难方得自在，由这样的原因，第五地称名为极难胜地；彼菩萨能现前观察诸行的流转，又对于无相，须多修作意才现在前，由这样的原因，第六地称名为现前地；彼菩萨能远证入无缺、无间、无相作意，与清净地共相邻接，由这样的原因第七地称名为远行地；彼菩萨于无相得无功用，在诸相中不被现行烦恼所动，由这样的原因第八地称名为不动地；彼菩萨于一切种说法自在，获得无碍广大智慧，由这样的原因第九地名称为善慧地；虽然因我法二执所障的粗重之身广如虚空，但彼菩萨法身圆满时，就像天上广大无边的云一样都能覆盖，这样的原因第十地称名为法云地；那菩萨永远断除了最极微细的烦恼障和所知障，对于一切种的所知境界无着无碍，现正等觉，由这样的原因，第十一地称名为佛地。"

观自在菩萨再问佛陀："在这菩萨诸地中，所对治的愚痴有几种？所对治的粗重有几种？"

佛陀告诉观自在菩萨说："善男子！在这诸地中有所对治的愚痴有二十二种、所对治的粗重有十一种。在初地时，所对治的愚痴有二种：第一种是执着于补特伽罗及法的愚痴；第二种是恶趣杂染愚痴。另外与此二愚痴相应的粗重（种子习气）是所对治的。在第二地时，所对治的愚痴有二种：第一种是微细误犯的愚痴；第二种是种种业趣愚痴。另外与此二愚痴相应的粗重（种子习气）是所对治的。在第三地时，所对治的愚痴有二种：第一种是欲贪愚痴；第二种是圆满闻持陀罗尼愚痴。另外与此二愚痴相应的粗重（种子习气）是所对治的。在第四地时，所对治的愚痴有二种：第一种是等至爱愚痴；第二种是法爱愚痴。另外与此二愚痴相应的粗重（种子习气）是所对治的。在第五地时，所对治的愚痴有二种：第一种是一向作意弃背生死愚痴；第二种是一向作意趣向涅槃愚痴。另外与此二愚痴相应的粗重（种子习气）是所对治的。在第六地时，所对治的愚痴有二种：第一种是现前观察诸行流转愚痴；第二种是相多现行愚痴。另外与此二愚痴相应的粗重（种子习气）是所对治的。在第七地时，所对治的愚痴有二种：第一种是微细相现行愚痴；第二种是一向无相作意方便愚痴。另外与此二愚痴相应的粗重（种子习气）是所对治的。在第八地时，所对治的愚痴有二种：第一种是于无相作功用愚痴；第二种是于相自在愚痴。另外与此二愚痴相应的粗重（种子习气）是所对治的。在第九地时，所对治的愚痴有二种：第一种于无量说法陀罗尼，无量法句、文、字陀罗尼，后后慧辩陀罗尼自在的愚痴；第二种是辩才自在愚痴。另外与此二愚痴相应的粗重（种子习气）是所对治的。在第十地时，所对治的愚痴有二种：第一种是大神通愚痴；第二种是悟入微细秘密愚痴。另外与此二愚痴相应的粗重（种子习气）是所对治的。在如来地时，所对治的愚痴有二种：第一种是对于一切所知境界极微细着愚痴；第二种是极微细碍愚痴。

另外与此二愚痴相应的粗重（种子习气）是所对治的。善男子！因为有这二十二种愚痴和十一种粗重，所以安立了诸地，但是阿耨多罗三藐菩提则离系了这些愚痴和粗重的系缚。"

观自在菩萨再对佛陀说："世尊！阿耨多罗三藐三菩提真是甚奇稀有啊！其能够成就大利大果，能够使诸菩萨能够破这样的大愚痴罗网，能穿越如是大粗重的稠林，现前证得阿耨多罗三藐三菩提，这真是稀有啊！"

观自在菩萨再问佛陀说："世尊！这些菩萨诸地中几种殊胜可以安立？"

佛陀告诉观自在菩萨说："善男子！这里略说有八种殊胜可以安立：第一种是增上意乐清净；第二种是心清净；第三种是悲清净；第四种是至彼岸清净；第五种是见佛供养承事清净；第六种是成熟有情清净；第七种是生清净；第八种是威德清净。善男子！在初地中具有增上意乐清净乃至威德清净的所有清净，以后诸地一直到佛地，都具有从增上意乐清净乃至威德清净的所有清净，其中惟除佛地没有生清净。应当知道各地的清净是展转增胜的，后地超胜前一地的清净。又初地中所有功德在初地以上诸地中平等都具有，还应当知道十地各自具有各自的功德殊胜。一切菩萨的十地功德都有比其地更殊胜的，佛地功德应当知道是无上的，没有再比其更殊胜的。"

观自在菩萨再问佛陀说："世尊！以什么因缘说菩萨生于诸有情众生中是最为殊胜的？"

佛陀告诉观自在菩萨说："善男子！这里面有四种因缘：第一种是极净善根所集起的缘故（势力而生）；第二种是故意

思择力所取的缘故（愿力而生）；第三种是悲愍济度众生的缘故；第四种是自己已经能够无染，但能除他染的缘故。"

观自在菩萨再问佛陀说："世尊！以什么因缘说诸菩萨行广大愿、妙愿、胜愿？"

佛告诉观自在菩萨说："善男子！这是以四因缘的缘故，因诸菩萨能善了知涅槃乐住，并堪能速证；但舍弃速证涅槃乐住；以无缘、无待发大愿心；为了能够利益诸有情的缘故，而处于许多种种长时的大苦。因此我说彼诸菩萨行广大愿，妙愿、胜愿。"

观自在菩萨复白佛言："世尊！是诸菩萨凡有几种所应学事？"

佛告观自在菩萨曰："善男子！菩萨学事略有六种：所谓布施、持戒、忍辱、精进、静虑、智慧到彼岸①。"

观自在菩萨复白佛言："世尊！如是六种所应学事，几是增上戒学所摄？几是增上心学所摄？几是增上慧学所摄？"

佛告观自在菩萨曰："善男子！当知初三但是增上戒学所摄，静虑一种但是增上心学所摄，慧是增上慧学所摄，我说精进遍于一切。"

观自在菩萨复白佛言："世尊！如是六种所应学事，几是福德资粮所摄？几是智慧资粮所摄？"

佛告观自在菩萨曰："善男子！若增上戒学所摄者，

是名福德资粮所摄,若增上慧学所摄者,是名智慧资粮所摄,我说精进、静虑二种遍于一切。"

观自在菩萨复白佛言:"世尊!于此六种所学事中,菩萨云何应当修学?"

佛告观自在菩萨曰:"善男子!由五种相应当修学:一者最初于菩萨藏波罗蜜多相应微妙正法教中猛利信解,二者次于十种法行以闻、思、修所成妙智精进修行,三者随护菩提之心,四者亲近真善知识[②],五者无间勤修善品。"

观自在菩萨复白佛言:"世尊!何因缘故,施设如是所应学事但有六数?"

佛告观自在菩萨曰:"善男子!二因缘故:一者饶益诸有情故,二者对治诸烦恼故。当知前三饶益有情,后三对治一切烦恼。前三饶益诸有情者,谓诸菩萨由布施故,摄受资具饶益有情,由持戒故,不行损害、逼迫、恼乱饶益有情,由忍辱故,于彼损害、逼迫、恼乱堪能忍受饶益有情。后三对治诸烦恼者,谓诸菩萨由精进故,虽未永伏一切烦恼,亦未永害一切随眠,而能勇猛修诸善品,彼诸烦恼不能倾动善品加行,由静虑故永伏烦恼,由般若故永害随眠。"

观自在菩萨复白佛言:"世尊!何因缘故,施设所余波罗蜜多但有四数?"

佛告观自在菩萨曰:"善男子!与前六种波罗蜜多

为助伴故。谓诸菩萨于前三种波罗蜜多所摄有情，以诸摄事方便善巧而摄受之安置善品，是故我说方便善巧波罗蜜多与前三种而为助伴。

"若诸菩萨于现法中烦恼多故，于修无间无有堪能，羸劣意乐故，下界胜解故，于内心住无有堪能，于菩萨藏不能闻、缘、善修习故，所有静虑不能引发出世间慧，彼便摄受少分狭劣福德资粮，为未来世烦恼轻微心生正愿，如是名愿波罗蜜多。由此愿故，烦恼微薄，能修精进，是故我说愿波罗蜜多与精进波罗蜜多而为助伴。

"若诸菩萨亲近善士、听闻正法、如理作意为因缘故，转劣意乐成胜意乐，亦能获得上界胜解，如是名力波罗蜜多。由此力故，于内心住有所堪能，是故我说力波罗蜜多与静虑波罗蜜多而为助伴。

"若诸菩萨于菩萨藏已能闻、缘、善修习故，能发静虑，如是名智波罗蜜多，由此智故堪能引发出世间慧，是故我说智波罗蜜多与慧波罗蜜多而为助伴。"

观自在菩萨复白佛言："世尊！何因缘故，宣说六种波罗蜜多如是次第？"

佛告观自在菩萨曰："善男子！能为后后引发依故，谓诸菩萨若于身财无所顾吝，便能受持清净禁戒，为护禁戒便修忍辱，修忍辱已能发精进，发精进已能办静虑，具静虑已便能获得出世间慧。是故我说波罗蜜多如是次第。"

注释:

①布施、持戒、忍辱、精进、静虑、智慧到彼岸:即"六度",布施(檀波罗蜜或檀那波罗蜜),总有财施、法施和无畏施三种,谓菩萨由修布施,能对治悭吝贪爱烦恼,与众生利乐;持戒(尸波罗蜜或尸罗波罗蜜),包括出家、在家、大乘、小乘一切戒法和善法,谓菩萨由修一切戒法和善法,能断身口意一切恶业;忍辱(羼提波罗蜜),谓菩萨由修忍度,能忍受一切有情骂辱击打及外界一切寒热饥渴等之大行,即能断除嗔恚烦恼;精进(毗梨耶波罗蜜),谓菩萨精励身心,精修一切大行,能对治懈怠,成就一切善法;静虑(禅度波罗蜜或禅那波罗蜜),也称"禅定"、"三昧"、"三摩地"、定,谓思维真理,定止散乱,心一境性,调伏眼耳等诸根,会趣寂静妙境,有"四禅"、"八定"及"一切三昧"等;智慧到彼岸(般若波罗蜜),谓通达诸法体性本空之智及断除烦恼证得真性之慧,能对治痴昧无知(无明)。

②善知识:指教示佛法之正道,令得胜益之师友。善知识相圆满有八个方面:一者住戒;二者多闻;三者具证;四者哀愍;五者无畏;六者堪忍;七者无倦;八者善词。

译文:

观自在菩萨再问佛陀说:"世尊!这些发广大愿的诸菩萨总有几种所应学事?"

佛陀告诉观自在菩萨说:"善男子!菩萨应学的事略说有六

种,就是布施、持戒、忍辱、精进、静虑、智慧到彼岸。"

观自在菩萨再问佛陀说:"世尊! 这六种所应学事中,哪几种是增上戒学所摄? 哪几种是增上心学所摄? 哪几种是增上慧学所摄?"

佛陀告诉观自在菩萨说:"善男子! 应当知道前三种只是增上戒学所摄,静虑一种是增上心学所摄,智慧到彼岸是增上慧学所摄,我说精进遍于增上戒学、增上心学、增上慧学中。"

观自在菩萨再问佛陀说:"世尊! 这六种所应学事中,哪几种是福德资粮所摄? 哪几种是智慧资粮所摄?"

佛陀告诉观自在菩萨说:"善男子! 如是增上戒学所摄的属于福德资粮所摄,如是增上慧学所摄的属于智慧资粮所摄,我说精进、静虑二种所学遍于集积福德资粮和智慧资粮之中。"

观自在菩萨再对佛陀说:"世尊! 这六种所学事中,菩萨怎样来修学?"

佛陀告诉观自在菩萨说:"善男子! 这里应当修学五种相应:第一种相应是最初对于集大乘法要的菩萨藏,与诸度(波罗蜜)相应的微妙正法教,起猛利信解;第二种相应是以闻、思、修所成妙智精进地修行:书写、供养、施他、若他诵读专心谛听、自披读、受持、正为他开演文义、讽诵、思惟、修习等十法行;第三种是时时护念菩提心;第四种是亲近真善知识;第五种是无间地勤修善品。

观自在菩萨再对佛陀说:"世尊! 以什么原因施设这样的所学事只有六种?"

佛陀告诉观自在菩萨说:"善男子! 这里有两种原因才如此

施设的：第一种是饶益诸有情的缘故；第二种是对治烦恼的缘故。应该知道，前面三种是饶益有情的，后面三种是对治一切烦恼的。说前面三种饶益诸有情，是指诸菩萨由于行布施，能够使众生获得资具，从而饶益有情；由于持戒能够不行损害、逼迫、恼乱其他众生，从而饶益有情；由忍辱的缘故，菩萨在受损害、逼迫、恼乱时堪能忍受，以此饶益有情。说后面三种对治诸烦恼，是指诸菩萨由于精进的原因，虽然未能永伏一切烦恼，也未能永害一切随眠，但能勇猛修习诸善品，使诸烦恼不能倾动善品的加行；由静虑禅定的缘故，而能永伏烦恼；由般若智慧的缘故而能永害随眠。"

观自在菩萨再对佛陀说："世尊！以什么原因施设所余的波罗蜜多只有四种？"

佛陀告诉观自在菩萨说："善男子！这是由于有四种波罗蜜多能作为前面六种波罗蜜多助伴的缘故。菩萨们在行施前面三种波罗蜜多，摄受有情时，常常以诸摄事的方便善巧来安置善品，因此我说方便善巧波罗蜜多是前面三种波罗蜜多的助伴。

"如果菩萨们在现实中烦恼多，不能无间隙地修习善法，意乐也较羸劣，只是对欲界和散位处有所胜解，不能获得心一境性的内心安住，由于对菩萨藏不能听闻，不能缘虑，不能善修习，所有静虑不能引发出世间慧，那菩萨便只能获得少分狭劣的福德资粮，但是为了能够使于未来世烦恼变轻微，心里生起正愿，这样称名为愿波罗蜜多。由这样生起愿波罗蜜多的缘故，这类菩萨烦恼减为微薄，能够修习精进波罗蜜多，因此我说愿波罗蜜多是精进波罗蜜多的助伴。

"如果菩萨们能够亲近善士,听闻正法,如理作意,以此为因缘,这样就会转低劣的意乐成为殊胜的意乐,也就能获得能内一心的上界胜解,这样称为力波罗蜜多。由于力波罗蜜多的缘故,内心能够安住心一境性,因此我说力波罗蜜多是静虑波罗蜜多的助伴。"

"如果菩萨们对菩萨藏已经有所听闻、有所缘虑、能善修习,能发静虑,这样称名为智波罗蜜多,由于获得了智波罗蜜多,就能够引发出世间慧,因此我说智波罗蜜多是慧波罗蜜多的助伴。"

观自在菩萨再问佛陀说:"世尊!是以什么原因来宣说这样的六种波罗蜜多次第的?"

佛陀告诉观自在菩萨说:"善男子!这是由于前面的波罗蜜多能够引发后面的波罗蜜多,并能作为后面波罗蜜多的依止。展开来说,如果诸菩萨对于身财没有顾客,那就能受持清净禁戒,而为了护持禁戒便须修忍辱,修忍辱后就能发起精进,发精进后就能够成办静虑,而具备了静虑后便能获得出世间慧。因此,我以这样的次第来宣说波罗蜜多。"

观自在菩萨复白佛言:"世尊!如是六种波罗蜜多,各有几种品类差别?"

佛告观自在菩萨曰:"善男子!各有三种。施三种者:一者法施,二者财施,三者无畏施,戒三种者:一者转舍不善戒,二者转生善戒,三者转生饶益有情戒①,忍三种者:一者耐怨害忍,二者安受苦忍,三者谛察法忍②,精进三种者:一者被甲精进③,二者转生善法加行精进,三者饶益有情加行精进,静虑三种者:一者无分别寂静、极寂静、无罪故、对治烦恼众苦乐住静虑④,二者引发功德静虑,三者引发饶益有情静虑⑤,慧三种者:一者缘世俗谛慧,二者缘胜义谛慧,三者缘饶益有情慧。"

观自在菩萨复白佛言:"世尊!何因缘故,波罗蜜多说名波罗蜜多?"

佛告观自在菩萨曰:"善男子!五因缘故:一者无染着故,二者无顾恋故,三者无罪过故,四者无分别故,五者正回向故。无染著者,谓不染著波罗蜜多诸相违事;无顾恋者,谓于一切波罗蜜多诸果异熟及报恩中⑥,心无系缚;无罪过者,谓于如是波罗蜜多无间杂染法,离非方便行;无分别者,谓于如是波罗蜜多不如言词执着自相;正回向者,谓以如是所作、所集波罗蜜多,回求无上大菩提果。"

"世尊!何等名为波罗蜜多诸相违事?"

"善男子!当知此事略有六种:一者于喜乐欲财富自在诸欲乐中深见功德及与胜利,二者于随所乐纵身语意而现行中深见功德及与胜利,三者于他轻蔑不堪忍中深见功德及与胜利,四者于不勤修著欲乐中深见功德及与胜利,五者于处愦闹世杂乱行深见功德及与胜利，六者于见闻觉知言说戏论深见功德及与胜利[⑦]。"

"世尊！如是一切波罗蜜多何果异熟？"

"善男子！当知此亦略有六种：一者得大财富，二者往生善趣[⑧]，三者无怨无坏多诸喜乐，四者为众生主，五者身无恼害，六者有大宗叶[⑨]。"

"世尊！何等名为波罗蜜多间杂染法？"

"善男子！当知略由四种加行[⑩]：一者无悲加行故，二者不如理加行故，三者不常加行故，四者不殷重加行故。不如理加行者，谓修行余波罗蜜多时，于余波罗蜜多远离失坏。"

"世尊！何等名为非方便行？"

"善男子！若诸菩萨以波罗蜜多饶益众生时，但摄财物饶益众生便为喜足，而不令其出不善处安置善处，如是名为非方便行。何以故？善男子！非于众生惟作此事名实饶益。譬如粪秽若多若少终无有能令成香洁，如是众生由行苦故其性是苦，无有方便但以财物暂相饶益可令成乐，惟有安处妙善法中，方可得名第一饶益。"

注释：

①"一者法施"三句：即为律仪戒、摄善法戒、饶益有情戒。一律仪戒，指诸菩萨所受七众别解脱戒；二摄善法戒，指诸菩萨受别解脱后，所有一切为大菩提，由身语意积集诸善，总说名为

摄善法戒;三饶益有情戒,指诸菩萨于诸有情能引义利。

②谛察法忍:堪能审谛观察诸法。即法思胜解忍,指诸菩萨于一切法能正思择、善安胜解。

③被甲精进:谓诸菩萨加行,其心勇悍,先擐誓甲。

④无分别寂静:指离一切虚妄分别以及粗重。《瑜伽师地论》中说:"远离一切分别,能生身心轻安。"极寂静:指远诸爱味,泯一切相。无罪:《瑜伽师地论》中说"远离憍举","远离六度随烦恼"。对治烦恼众苦乐住:指由此定能治烦恼苦,神通自在,得现法乐。

⑤"一者无分别"至"三者引发饶益"三句:对这三种静虑,世亲论师曾归纳为:一是安住静虑,由此能安现法乐住。二引发静虑,由此能引六种神通。三成所作事静虑,依此成立所作利有情事。

⑥异熟:指依善恶业因而得的果报。梵语vipâka(毗播迦),原义为食物的调理,后用于指煮熟、消化或果物生熟成长等状态的转化,或指异常的结果。旧译果报,新译异熟。由于因有善有恶,果则具非善非恶之无记性,系与因异类而成熟者,故称"异熟"。《俱舍论》卷二中说:"所造业至得果时,变而能熟,故名异熟。果从彼生,名异熟生。彼所得果与因别类,而是所熟,故名异熟。"

⑦"当知此事略有六种"数句:以上六事,分别可指违施障事,违戒度事,违忍度事,违精进事,违定度事,违慧度事。

⑧善趣:《大智度论》卷三十中说,六道中,地狱、畜生、饿鬼等,属于恶趣;天、人、阿修罗等,属于善趣。此为通说。《俱舍

论》卷十八则以人、天二者为善趣。

⑨此中由布施力故得大财富；由持戒故往生善趣；由忍辱故无怨无坏，多诸欢喜；由勤精进故得大尊贵，为众生主；由静虑故伏除烦恼，故能感得身无怨害；由般若故广解五明，得大宗叶。叶指施族，大宗叶为广大宗族的意思。

⑩加行：旧译作"方便"。即加功用行之意。乃针对正行之预备行。据《成唯识论》卷九、《大乘法苑义林章》卷二末之说，接近见道的四善根之位，特称加行，然亦广通资粮位。

译文：

观自在菩萨再问佛陀说："世尊！这样的六种波罗蜜多，各有几种品类差别？"

佛陀告诉观自在菩萨说："善男子！六种波罗蜜多各自有三种品类差别。布施波罗蜜多有三种：第一种是法施；第二种是财施；第三种是无畏施。持戒波罗蜜多有三种：第一种是舍去不善戒；第二种是生起诸善的戒；第三种是饶益有情的戒。忍辱波罗蜜多有三种：第一种是耐怨害忍；第二种是安受苦忍；第三种是谛察法忍；精进波罗蜜多有三种：第一种是披甲精进；第二种是转生善法加行精进；第三种是饶益有情加行精进。静虑波罗蜜多有三种：第一种是因为达到无分别寂静，远离诸爱味，泯一切相的极寂静，远离我慢、我爱、我见的随烦恼得清净的无罪境界，从而对治诸烦恼众苦，获得现法乐住的静虑；第二种是能引发菩萨诸种功德的静虑；第三种是能引发饶益有情的静虑。慧波罗蜜多有三种：第一种是缘世俗谛慧；第二种是缘胜义谛慧;第三种是缘饶益有情慧。"

观自在菩萨再问佛陀说:"世尊!以什么原因说波罗蜜多为波罗蜜多(到彼岸)呢?"

佛陀告诉观自在菩萨说:"善男子!以五种因缘而称为波罗蜜多:第一种是无染着;第二种是无顾恋;第三种是无罪过;第四种是无分别;第五种是正回向。无染着是指不染着与波罗蜜多诸相违的事;无顾恋是指在一切波罗蜜多所带来的诸异熟果报和报恩的果报中,心中没有被其系缚;没有罪过是指行持波罗蜜多时,没有间杂染法,远离非方便行;无分别是指行持波罗蜜多时,不去如他言词所说的执着自相;正回向是指行持如上所说的波罗蜜多,所集诸波罗蜜多的功德,都回求无上大菩提果。"

"世尊!哪些行为是与波罗蜜多诸相违的事?"

"善男子!应该知道这些事简略说来有六种:第一种是喜欢欲境、喜乐于财富、喜乐于自在,在诸种欲乐中,反而深见功德和胜利;第二种是在随其所乐中,放纵身、语、意的行为,在这样的的现行中,反而深见功德和胜利;第三种是在被他人轻蔑中不堪忍受,对此反而深见功德和胜利;第四种是不精勤修习,耽于欲乐,对于这其中反而深见功德和胜利;第五种是处于世间愦闹的场所,行世间杂乱事时,对这种情形时,反而深见功德和胜利;第六种是对于世间的见、闻、觉知、言说戏论反而深见功德和胜利。"

"世尊!那么这一切的波罗蜜多会得到什么样的异熟果报呢?"

"善男子! 应该知道这里略有六种: 第一种是会获得巨大的财富; 第二种是以后能够往生人、天等善趣; 第三种是没有怨敌, 行事不会被破坏, 常被人所喜乐; 第四种是为众生主; 第五种是身没有恼害; 第六种是广解五明, 得大宗叶的异熟果报。"

"世尊! 什么称为波罗蜜多的间杂染法?"

"善男子! 应当知道波罗蜜多的间杂染法略有四种加行: 第一种是没有悲心的加行; 第二种是不如理的加行, 第三种是不常常用功的加行; 第四种是心不殷重的加行。其中不如理加行是指修行某波罗蜜多时, 远离了或失坏了其他的波罗蜜多。"

"世尊! 那怎样称为非方便行?"

"善男子! 如果诸菩萨以波罗蜜多饶益众生的时候, 只是施予财物去饶益众生, 便以此喜足了, 而没有努力使众生远离那些不善处, 安置众生于善处, 这样称为非方便行。为什么这么说呢? 善男子! 对众生只是作些财物上施予的事情不是真正的饶益。譬如粪秽无论是增多一些或减少一些, 终不能使粪秽成为香洁的。同样的对于众生, 由于诸行本质是苦的, 所以众生性也是苦的, 若其他没有方便, 而只是施予世间的财物, 那只能暂时地饶益有情, 使其成乐。只有将众生安处在妙善法中, 才称得上第一饶益。"

观自在菩萨复白佛言:"世尊! 如是一切波罗蜜多有几清净?"

佛告观自在菩萨曰:"善男子! 我终不说波罗蜜多除上五相有余清净, 然我即依如是诸事, 总别当说波罗蜜多清净之相。

"总说一切波罗蜜多清净相者,当知七种。何等为七?一者菩萨于此诸法不求他知,二者于此诸法见已不生执著,三者即于如是诸法不生疑惑:谓为能得大菩提不?四者终不自赞毁他有所轻蔑,五者终不憍傲放逸,六者终不少有所得便生喜足,七者终不由此诸法于他发起嫉妒悭吝。

"别说一切波罗蜜多清净相者,亦有七种。何等为七?谓诸菩萨如我所说七种布施清净之相随顺修行:一者由施物清净行清净施①,二者由戒清净行清净施②,三者由见清净行清净施③,四者由心清净行清净施④,五者由语清净行清净施⑤,六者由智清净行清净施⑥,七者由垢清净行清净施⑦,是名七种施清净相⑧。

"又诸菩萨能善了知制立律仪一切学处,能善了知出离所犯,具常尸罗、坚固尸罗、常作尸罗、常转尸罗、受学一切所有学处⑨,是名七种戒清净相。

"若诸菩萨于自所有业果异熟深生依信,一切所有不饶益事现在前时不生愤发,亦不反骂、不嗔、不打、不恐、不弄、不以种种不饶益事反相加害,不怀怨结,若谏诲时不令恚恼,亦复不待他来谏诲,不由恐怖、有染爱心而行忍辱,不以作恩而便放舍,是名七种忍清净相。

"若诸菩萨通达精进平等之性,不由勇猛勤精进故自举凌他,具大势力,具大精进,有所堪能,坚固勇猛,于诸善法终不舍轭,如是名为七种精进清净之相。

"若诸菩萨有善通达相三摩地静虑、有圆满三摩地静虑、有俱分三摩地静虑、有运转三摩地静虑、有无所依三摩地静虑、有善修治三摩地静虑、有于菩萨藏闻缘修习无量三摩地静虑⑩,如是名为七种静虑清净之相。

"若诸菩萨远离增益、损减二边,行于中道,是名为慧,由此慧故,如实了知解脱门义,谓空、无愿、无相三解脱门,如实了知有自性义,谓遍计所执、若依他起、若圆成实三种自性,如实了知无自性义,谓相、生、胜义三种无自性性,如实了知世俗谛义,谓于五明处⑪,如实了知胜义谛义,谓于七真如,又无分别离诸戏论纯一理趣多所住故、无量总法为所缘故、及毗钵舍那故,能善成办法随法行,是名七种慧清净相。"

观自在菩萨复白佛言:"世尊!如是五相各有何业?"

佛告观自在菩萨曰:"善男子!当知彼相有五种业,谓诸菩萨无染著故,于现法中,于所修习波罗蜜多,恒常殷重勤修加行无有放逸,无顾恋故,摄受当来不放逸因,无罪过故,能正修习极善圆满、极善清净、极善鲜白波罗蜜多,无分别故,方便善巧波罗蜜多速得圆满,正回向故,一切生处波罗蜜多及彼可爱诸果异熟皆得无尽,乃至无上正等菩提。"

观自在菩萨复白佛言:"世尊!如是所说波罗蜜多,何者最广大?何者无染污?何者最明盛?何者不可动?何者最清净?"

佛告观自在菩萨曰:"善男子!无染着性、无顾恋性、正回向性最为广大,无罪过性、无分别性无有染污,思择所作最为明盛,已入无退转法地者名不可动,若十地摄、佛地摄者名最清净。"

注释:

①施物清净:非不净物等而行惠施,称为施物清净。

②戒清净:息除诸恶等而行惠施,称为戒清净。

③见清净:不计度我能行施为我所等而行惠施,称为见清净。

④心清净:以怜爱心等而行惠施,称为心清净。

⑤语清净:舒颜含笑先言问讯等而行惠施,称为语清净。

⑥智清净:皆如实知等而行惠施,称为智清净。

⑦垢清净:远离懈怠贪嗔痴等垢而行惠施,名为垢清净。

⑧以上七种清净相,各有十相,如在《瑜伽师地论》中说施物清净有十相:一广大施,谓众多差别故;二平等施,谓无增无减故;三应时施,谓当彼所乐故;四上妙施,谓色等具足故;五清净施,谓非不净物所杂秽故;六如法施,谓无罪相应故;七随乐施,谓随求者所爱乐故;八利益施,谓随彼所宜故;九或顿或渐施,谓观求者故;十无间施,谓无断绝故。

⑨具常尸罗:指不弃舍诸学处。坚固尸罗:指谓不毁犯诸

学处。常作尸罗：指于学处无穿穴。常转尸罗：指穿穴已复还净。受学一切所有学处：指具随学的诸处。

⑩善通达相三摩地静虑：善通达俗谛相定。圆满三摩地静虑：缘彼圆满真如境定。俱分三摩地静虑：通缘真俗二境之定。运转三摩地静虑：指加行智相应，唯是有漏作意运转所依之定。无所依三摩地静虑：根本智相应，无异境相可为依止所依之定。善修治三摩地静虑：后得智相应定。指能善修治种种诸行所依之定。于菩萨藏闻缘修习无量三摩地静虑：明加行定，指于大乘菩萨藏教，以闻慧为缘，修习无量诸静虑。

⑪五明：是印度古代的五类学术，即声明、因明、医方明、工巧明和内明。其内容如《大唐西域记》卷二说：声明，释训诂字，诠目疏别。工巧明，伎术机关，阴阳历数。医方明，禁咒闲邪，药石针艾。因明，考定正邪，研核真伪。内明，究畅五乘，因果妙理。

译文：

观自在菩萨再问佛陀说："世尊！这样一切波罗蜜多有几种清净相？"

佛陀告诉观自在菩萨说："善男子！我终不说波罗蜜多除了以上所说的无染着、无顾恋、无罪过、无分别、正回向等五种相外还有其他的清净相，然而，我还是依于这五种相事来总说和别说波罗蜜多的清净相。

"总的来说一切波罗蜜多的清净相，应当知道有七种。是哪七种呢？第一种是菩萨对于诸波罗蜜多法不求他人知道；第二种是对于诸波罗蜜多法见后不生执着；第三种是对于诸波罗蜜多法不会产生'行持这样的波罗蜜多法能得大菩提吗'的疑惑；第四种是终不会自赞毁他，对于他人有所轻蔑；第五种终不骄傲放逸；第六种终不少有所得便生喜足；第七种终不因自己具有诸波罗多蜜法而对其他有情发起嫉妒和悭吝。

"分别说一切波罗蜜多的清净相，也有七种。是哪七种呢？这是说诸菩萨按我下面所说七种布施清净相随顺修行：第一种是以清净之物布施而行清净施；第二种是持戒清净而行清净施；第三种见清净而行清净施；第四种是心清净而行清净施；第五种是语清净而行清净施；第六种是以如实知的智清净而行清净施；第七种是以远离懈怠、贪、嗔、痴等的垢清净而行清净施；这样称为七种施清净相。

"又诸菩萨能善巧地了知佛陀制立的一切律仪戒的学处；能善巧地了知怎样去遵守这一切学处，并能避免违犯他，而且还了知如果违反后应该怎样进行忏悔所犯；具常尸罗，虽尽寿命也不舍弃所学处；坚固尸罗，不毁犯诸学处；常作尸罗，于学处没有违犯；常转尸罗，如有违犯也能恢复清净；受学一切所有的学处。这称为七种戒清净相。

"如果诸菩萨对于自己所有的异熟业果深生依信，一切所有不饶益事现在前时不生愤发；也不反骂，也不嗔恨，也不打，不恐吓，不弄，不因为种种不饶益事反相加害；不怀怨结，被他损恼时，也没有怨嫌；如果有菩萨的怨家前来谏诲的，应即便受谢而不能使其生恼；如果有菩萨怨家损害菩萨了，菩萨应该亲自速往怨家处求忏谢，而不是等待他来谏诲；菩萨也不是因为恐怖害怕他或有贪爱染心而行忍辱；菩萨不是以一度饶益众生便以为恩足，从而舍弃其他的饶益事。这称为七种忍清净相。

"如果诸菩萨通达精进平等之性；不因为勇猛精进的缘故而自举凌他；具大势力；具大精进；有所堪能；坚固勇猛；对于诸善法不曾懈废，终不舍弃，这样称为七种精进清净之相。

"如果诸菩萨有善通达三摩地静虑；有圆满三摩地静虑；有俱分三摩地静虑，有运转三摩地静虑；有无所依三摩地静虑；有善修治三摩地静虑；有对于菩萨藏闻缘修习无量三摩地静虑，这样七种称为静虑清净相。

"如果诸菩萨远离增益、损减两边，行于中道称名为慧；由于有这慧的缘故，如实了知解脱门义，空、无愿、无相称为三解脱门；如实了知有自性义，遍计所执性、依他起性、圆成实性称为三种自性；如实了知无自性义，相无自性、生无自性、胜义无自性称为三种无自性性；如实地了知世俗谛义，五明处称为世俗谛义；如实了知胜义谛义，七真如称为胜义谛义；又因能够无分别，离诸戏论纯一理趣多所住的缘故和无量总法为所缘的原因和毗钵舍那，能够善成办随法行，称为七种慧清净相。"

观自在菩萨再问佛陀说："世尊！以上无染着、无顾恋、无罪过、无分别、正回向五种相有什么业呢？"

佛陀告诉观自在菩萨说："善男子！应该知道这些五相有五种业：诸菩萨因无染着的缘故，在现法中修习波罗蜜多时，恒常殷重勤修加行，没有放逸；诸菩萨因无顾恋的缘故，能获得将来不放逸的因；诸菩萨因无罪过的缘故，能正修习极善圆满、极善清净、极善鲜白的波罗蜜多；诸菩萨因无分别的缘故，使方便善巧波罗蜜多速得圆满；诸菩萨因正回向的缘故，于一切菩萨所生处，波罗蜜多和由波罗蜜多所带来的美好诸果异熟无穷无尽，乃至可以获得无上正等菩提。"

观自在菩萨再问佛陀说："世尊！这里所说波罗蜜多，什么最为广大？什么是无污染的？什么是最明盛的？什么是不可动的？什么是最清净的？"

佛陀告诉观自在菩萨说："善男子！无染着性、无顾恋性、正回向性的波罗蜜多最为广大；无罪过性、无分别性的波罗蜜多无有染污；思择所作的波罗蜜多最为明盛；已入无退转法地的波罗蜜多为不可动；十地所摄、佛地所摄的波罗蜜多是最清净的。"

观自在菩萨复白佛言："世尊！何因缘故，菩萨所得波罗蜜多诸可爱果及诸异熟常无有尽，波罗蜜多亦无有尽？"

佛告观自在菩萨曰："善男子！展转相依生起修习无间断故。"

观自在菩萨复白佛言："世尊！何因缘故，是诸菩萨深信爱乐波罗蜜多，非于如是波罗蜜多所得可爱诸果异熟？"

佛告观自在菩萨曰："善男子！五因缘故：一者波罗蜜多是最增上喜乐因故，二者波罗蜜多是其究竟饶益一切自他因故，三者波罗蜜多是当来世彼可爱果异熟因故,四者波罗蜜多非诸杂染所依事故,五者波罗蜜多非是毕竟变坏法故。"

观自在菩萨复白佛言:"世尊!一切波罗蜜多各有几种最胜威德?"

佛告观自在菩萨曰:"善男子!当知一切波罗蜜多各有四种最胜威德:一者于此波罗蜜多正修行时,能舍悭吝、犯戒、心愤、懈怠、散乱、见趣所治,二者于此正修行时,能为无上正等菩提真实资粮,三者于此正修行时,于现法中,能自摄受饶益有情,四者于此正修行时,于未来世,能得广大无尽可爱诸果异熟。"

观自在菩萨复白佛言:"世尊!如是一切波罗蜜多何因?何果?有何义利?"

佛告观自在菩萨曰:"善男子!如是一切波罗蜜多大悲为因,微妙可爱诸果异熟、饶益一切有情为果,圆满无上广大菩提为大义利。"

观自在菩萨复白佛言:"世尊!若诸菩萨具足一切无尽财宝,成就大悲,何缘世间现有众生贫穷可得?"

佛告观自在菩萨曰:"善男子!是诸众生自业过失。若不尔者,菩萨常怀饶益他心,又常具足无尽财宝,若诸众生无自恶业能为障碍,何有世间贫穷可得?譬如饿鬼为大热渴逼迫其身,见大海水悉皆涸竭,非大海过,是诸饿鬼自业过耳。如是菩萨所施财宝犹如大海,无有过失,是诸众生自业过耳,犹如饿鬼自恶业力令无有水。"

观自在菩萨复白佛言:"世尊!菩萨以何等波罗蜜多取一切法无自性性?"

佛告观自在菩萨曰:"善男子!以般若波罗蜜多能取诸法无自性性。"

"世尊!若般若波罗蜜多能取诸法无自性性,何故不取有自性性①?"

"善男子!我终不说以无自性性取无自性性②,然无自性性离诸文字、自内所证,不可舍于言说文字而能宣说,是故我说般若波罗蜜多能取诸法无自性性。"

观自在菩萨复白佛言:"世尊!如佛所说波罗蜜多、近波罗蜜多、大波罗蜜多,云何波罗蜜多?云何近波罗蜜多?云何大波罗蜜多?"

佛告观自在菩萨曰:"善男子!若诸菩萨经无量时修行施等成就善法,而诸烦恼犹故现行未能制伏,然为彼伏,谓于胜解行地软中胜解转时③,是名波罗蜜多。复于无量时修行施等渐复增上成就善法,而诸烦恼犹故现行,然能制伏,非彼所伏,谓从初地已上,是名近波罗蜜多。复于无量时修行施等转复增上成就善法,一切烦恼皆不现行,谓从八地已上,是名大波罗蜜多。"

注释:

①何故不取有自性性:此句此是设难说,如果取无自性性,

也是执着,那么应该有所执(有自性性了),这样的话为什么不说取有自性性。另外一种解释是,假如般若能够取诸法的无自性性,那么也应能够取有自性性。因为一真如具有性和无性义两种义,或者说三种无自性性,也有无性和有性二义,为什么不取有性义?

②我终不说以无自性性取无自性性:此句有两种解释:一种是终不说以有执着无自性性取无自性性,因此说取有自性性。另一种是说终不说以无自性性取无自性性,因无自性性离名言,因此同样也不说取有自性性。

③胜解行地软中胜解转:指胜解行地中,地前所修还未成上品,是软品中的中品胜解转的时候。

译文:

观自在菩萨再问佛陀说:"世尊!以什么原因说菩萨所得的波罗蜜多可爱果和诸异熟果报常常没有穷尽,同样波罗蜜多也没有穷尽?"

佛陀告诉观自在菩萨说:"善男子!这是由于展转相依生起,修习无间断的缘故。"

观自在菩萨再问佛陀说:"世尊!是什么原因使诸菩萨不对这样美好的波罗蜜多所生成的诸果异熟深信爱乐,而是深信爱乐波罗蜜多本身?"

佛陀告诉观自在菩萨说:"善男子!对于此,这有五种因缘:第一种,波罗蜜多是最增上喜乐的因;第二种,波罗蜜多是其究竟饶益一切自他的因;第三种,波罗蜜多是为当来世彼可爱果异熟的因；第四种，波罗蜜多是非诸杂染所依事；第五种，是波罗蜜多不是毕竟变坏法。"

观自在菩萨再问佛陀说："世尊！一切波罗蜜多各有几种最胜威德？"

佛陀告诉观自在菩萨说："善男子！应当知道一切波罗蜜多各有四种最胜威德：第一种，正修行此波罗蜜多时，能够舍弃悭吝、犯戒、心愤、懈怠、散乱、智慧所对治的邪见；第二种，正修行此波罗蜜多时，能成为无上正等菩提的真实资粮；第三种，正修行此波罗蜜多时，在现世法中就能够摄受自他，饶益有情；第四种，正修行此波罗蜜多时，于未来世能够得到广大无尽可爱的诸果异熟。"

观自在菩萨再问佛陀说："世尊！这样一切波罗蜜多以什么为因？以什么为果？有什么义利？"

佛陀告诉观自在菩萨说："善男子！这样的一切波罗蜜多是以大悲为因的，是以微妙可爱诸果异熟和饶益一切有情为结果的，是以圆满无上广大菩提为大义利的。"

观自在菩萨再问佛陀说："世尊！如果诸菩萨具足一切无尽的财宝，并且成就了大悲，那为何世间现有的众生还有贫穷的现象呢？"

佛陀告诉观自在菩萨说："善男子！这是诸众生自己业力的过失。如果不是这样的话，菩萨常常怀饶益他的心，又常常具足无尽的财宝，如果诸众生没有自己的恶业能为障碍，怎么会有世间的贫穷现象呢？譬如饿鬼被大热渴逼迫其身，看见大海水都涸竭了，这不是大海的过错，这是诸饿鬼自己业力的缘故。

正像如此，菩萨所施的财宝犹如大海一样，对于众生的贫穷现象并没有过失，这是诸众生自己业力的缘故，犹如饿鬼因自己恶业力的缘故，而使大海没有水。"

观自在菩萨再对佛陀说："世尊！菩萨以哪种波罗蜜多取一切法无自性性？"

佛陀告诉观自在菩萨说："善男子！以般若波罗蜜多能取诸法无自性性。"

"世尊！如果般若波罗蜜多能取诸法的无自性性，（就有所取，这样的话）为什么不取有自性性？"

"善男子！我最终不说以无自性性取无自性性（因无自性性离名言不可说取，若说取，则成为有执着的无自性性，与本义不符），虽然无自性性是离诸文字、自内所证的，但也是不可以离开言说文字而能宣说的，因此我宣说般若波罗蜜多能取诸法无自性性。"

观自在菩萨再问佛陀说："世尊！像佛所说的波罗蜜多、近波罗蜜多、大波罗蜜多，什么是波罗蜜多？什么是近波罗蜜多？什么是大波罗蜜多？"

佛陀告诉观自在菩萨说："善男子！如果诸菩萨经过无量时间修行布施等诸波罗蜜多，成就了善法，但是诸烦恼还是能够现行，不能制伏，反而被烦恼所伏，到胜解行地中软品位的中品胜解转时，称为波罗蜜多。再在无量时间里，修行布施等诸波罗蜜多，渐渐再增上成就善法，诸烦恼仍能现行，但是能制伏烦恼，不被烦恼所伏，这是指从初地以上称为近波罗蜜多。再在无量时间里，修行布施等波罗蜜多，转复增上成就善法，一切烦恼皆不现行,这是指从八地以上称为大波罗蜜多。"

观自在菩萨复白佛言:"世尊!此诸地中烦恼随眠可有几种①?"

佛告观自在菩萨曰:"善男子!略有三种。一者害伴随眠,谓于前五地。何以故?善男子!诸不俱生现行烦恼②,是俱生烦恼现行助伴③,彼于尔时永无复有,是故说名害伴随眠。二者羸劣随眠,谓于第六第七地中,微细现行若修所伏不现行故。三者微细随眠,谓于第八地已上,从此已去一切烦恼不复现行,惟有所知障为依止故。"

观自在菩萨复白佛言:"世尊!此诸随眠,几种粗重断所显示④?"

佛告观自在菩萨曰:"善男子!但由二种:谓由在皮粗重断故,显彼初二,复由在肤粗重断故,显彼第三,若在于骨粗重断者,我说永离一切随眠,位在佛地。"

观自在菩萨复白佛言:"世尊!经几不可数劫能断如是粗重?"

佛告观自在菩萨曰:"善男子!经于三大不可数劫、或无量劫,所谓年、月、半月、昼夜、一时、半时、须臾、瞬息、刹那量劫不可数故。"

观自在菩萨复白佛言:"世尊!是诸菩萨于诸地中,所生烦恼当知何相?何失?何德?"

佛告观自在菩萨曰："善男子！无染污相。何以故？是诸菩萨于初地中，定于一切诸法法界已善通达，由此因缘，菩萨要知方起烦恼非为不知，是故说名无染污相。于自身中不能生苦，故无过失。菩萨生起如是烦恼，于有情界能断苦因，是故彼有无量功德。"

观自在菩萨复白佛言："甚奇世尊！无上菩提乃有如是大功德利，令诸菩萨生起烦恼尚胜一切有情、声闻、独觉善根，何况其余无量功德？"

观自在菩萨复白佛言："世尊！如世尊说若声闻乘、若复大乘惟是一乘，此何密意？"

佛告观自在菩萨曰："善男子！如我于彼声闻乘中，宣说种种诸法自性，所谓五蕴、或内六处、或外六处如是等类，于大乘中即说彼法同一法界、同一理趣，故我不说乘差别性。于中或有如言于义妄起分别，一类增益、一类损减⑥，又于诸乘差别道理谓互相违，如是展转递兴诤论，如是名为此中密意。"

尔时，世尊欲重宣此义而说颂曰：

诸地摄想所对治⑥，殊胜生愿及诸学，
由依佛说是大乘，于此善修成大觉，
宣说诸法种种性，复说皆同一理趣，
谓于下乘或上乘，故我说乘无异性。
如言于义妄分别，或有增益或损减，
谓此二种互相违，愚痴意解成乖诤。

尔时,观自在菩萨摩诃萨复白佛言:"世尊!于是解深密法门中,此名何教?我当云何奉持?"

佛告观自在菩萨曰:"善男子!此名诸地波罗蜜多了义之教,于此诸地波罗蜜多了义之教汝当奉持!"

说此诸地波罗蜜多了义教时,于大会中,有七十五千菩萨皆得菩萨大乘光明三摩地[7]。

注释:

①随眠:"烦恼"或"烦恼"种子的异名。小乘中,说一切有部以贪、嗔、痴等根本烦恼为随眠;经部将烦恼的现行称为"缠",将其种子称为"随眠"。大乘唯识家亦将眠伏于阿赖耶识中的烦恼种子,称为随眠。

②不俱生现行烦恼:见道所断分别烦恼。

③俱生烦恼:一切烦恼,略有两种:一者俱生烦恼,与生俱来之先天性烦恼;一种是分别起烦恼。分别起烦恼即是见所断惑;俱生烦恼就是修所断惑。

④粗重:由烦恼障,所知障二障种势分力使令有漏身无所堪能,称为粗重,也称为"习气"。

⑤增益:对于如来说的三乘教门,如文执义。闻说三乘,定执着三乘一向各异,称为"增益"。损减:听闻一乘总皆成佛,定执只有一乘,称为"损减"。

⑥想:名的意思,因名从想起。

⑦大乘光明三摩地:指此定能显发照了大乘理、教、行、果的智光明。

译文：

观自在菩萨再问佛陀说："世尊！在菩萨诸地中烦恼随眠可以有几种？"

佛陀告诉观自在菩萨说："善男子！这里略说有三种烦恼随眠。第一种是害伴随眠，这在前五地中都具有，为什么呢？善男子！诸不俱生的现行烦恼是俱生烦恼的现行助伴，在前五地中永不再有了，五地中具有的烦恼随眠称为害伴随眠。第二种是赢劣随眠，在第六第七地中，有微细烦恼现行，如果菩萨观修的话就能制伏不让其现行。第三种是微细随眠，这是指第八地以上，从此已去一切烦恼不再现行了，只有所知障作为依止了。"

观自在菩萨再问佛陀说："世尊！这诸种随眠，是由几种粗重断所显示出来的？"

佛陀告诉观自在菩萨说："善男子！这有两种：因皮粗重断的缘故显第一和第二种随眠；再由在肤粗重断的缘故，显第三种随眠，我说永离一切随眠，这是位于佛地的。"

观自在菩萨再问佛陀说："世尊！时间上来说要经过多少不可数劫能断这样的粗重？"

佛陀告诉观自在菩萨说："善男子！这要经过三大不可数劫，或无量劫，指年、月、半月、昼夜、一时、半时、须臾、瞬息、刹那量劫不可数的时间。"

观自在菩萨再问佛陀说："世尊！这些菩萨们在诸地中所生的烦恼应当知道是什么相？有何过失？有何功德呢？"

佛陀告诉观自在菩萨说："善男子！这些菩萨们在诸地中所

生的烦恼是无染污相。为什么呢？这是因为诸菩萨在初地中就决定对一切诸法的法界已善通达，由这样的因缘，当烦恼初生起时，菩萨是知道烦恼生起的，而不是不知，因此称为无染污相。烦恼虽然生起，但在自身中不会生苦，因此没有过失。菩萨生起这样烦恼时，反而成为有情界能断苦的因，因此说菩萨生起这样的烦恼有无量功德。"

观自在菩萨再对佛陀说："真是奇妙世尊！无上菩提乃有这样殊胜的大功德利益，即使是令诸菩萨生起烦恼尚胜过一切有情、声闻、独觉的善根，何况菩萨的其余无量功德呢？"

观自在菩萨再问佛陀说："世尊！像您所说的，或所谓的声闻乘，或所谓的大乘这些实际上只是一乘，这里有什么密意吗？"

佛告诉观自在菩萨说："善男子！如我在那些声闻乘中所宣说的种种诸法自性，如五蕴、或内六处、或外六处如是等等种类，在大乘中就说那些法同一法界、同一理趣，因此我不说乘的差别性。在这其中或许有如言取义而妄起分别的，一类取义，会定执三乘一向是各自不同，从而增益；一类取义，会定执只有一乘，从而损减。同时又会于诸乘的差别道理认为是互相违背的。这样会展转兴起诤论。（如此，我宣说或所谓的声闻乘，或所谓的大乘这些实际上只是一乘，）这样称为此中的密意。

这时，佛陀为了重新宣说此义而说颂为：

　　诸地摄想所对治，殊胜生愿及诸学，
　　由依佛说是大乘，于此善修成大觉，
　　宣说诸法种种性，复说皆同一理趣，

谓于下乘或上乘,故我说乘无异性。

如言于义妄分别,或有增益或损减,

谓此二种互相违,愚痴意解成乖诤。

这时,观自在菩萨摩诃萨再问佛陀说:"世尊!在这解深密法门中,这称为什么教授?我应当奉持什么?"

佛陀告诉观自在菩萨说:"善男子!这称为诸地波罗蜜多了义之教,对于这诸地波罗蜜多了义之教你应当奉持!"

当佛陀宣说这诸地波罗蜜多了义教时,在大会中,有七十五千菩萨都获得了菩萨大乘光明三摩地。

卷 五

如来成所作事品第八

　　如来，佛十号之一，佛之尊称。《大智度论》中说，乘如实道，来成正觉，为如来。成所作事，指依境行成办如来现身智等化身事业。本品属所得果，讲述如来的果地功德境界。在本品中，如来法身是由修诸地波罗蜜多善修出离，转依成满后而得，如来化身是方便善巧示现的。本品对如来的言音教化归纳了三类，即契经、调伏、本母。契经指义摄事来显示诸法，有四事、九事、二十九事之分，其中二十九事依杂染四事、世间清净四事、出世间清净二十一事来说，这是一个完整的道次第。调伏即为戒律及相应法。本母以"决了、分别、显示诸法"有十一相，其中第七相即是有名的《解深密经》的四种道理：观待道理、作用道理、证成道理、法尔道理。其中证成道理实是因明之学。在总结契经、调伏、本母时，本品提出了不共外道的陀罗尼义，其以"一切皆无作用，亦都无有补特伽罗"为核心。本品讲如来为何有利益众生的心生生起，这是由于先前修习方便般若加行力的缘故。本品还宣说明了化身有心无心，如来所行境界差别相，成佛转轮涅槃无二相，如来于有情为缘差别，如来法身三乘解脱身差别相，如来菩萨威德住持有情相，净秽二土差别相等。

　　尔时，曼殊室利菩萨摩诃萨白佛言[①]："世尊！如佛所说如来法身,如来法身有何等相?"

佛告曼殊室利菩萨曰:"善男子!若于诸地波罗蜜多善修出离,转依成满②,是名如来法身之相。当知此相二因缘故不可思议,无戏论故、无所为故,而诸众生计著戏论、有所为故。"

"世尊!声闻、独觉所得转依名法身不?"

"善男子!不名法身。"

"世尊!当名何身?"

"善男子!名解脱身。由解脱身故,说一切声闻、独觉与诸如来平等平等,由法身故,说有差别。如来法身有差别故,无量功德最胜差别,算数、譬喻所不能及。"

曼殊室利菩萨复白佛言:"世尊!我当云何应知如来生起之相?"

佛告曼殊室利菩萨曰:"善男子!一切如来化身作业,如世界起一切种类,如来功德众所庄严,住持为相。当知化身相有生起,法身之相无有生起。"

曼殊室利菩萨复白佛言:"世尊!云何应知示现化身方便善巧?"

佛告曼殊室利菩萨曰:"善男子!遍于一切三千大千佛国土中,或众推许增上王家,或众推许大福田家,同时入胎、诞生、长大、受欲、出家、示行苦行、舍苦行已成等正觉,次第示现,是名如来示现化身方便善巧。"

注释：

①曼殊室利菩萨：即文殊菩萨，也称"妙吉祥"。具不可思议微妙功德，最胜吉祥，故称"妙吉祥"。

②转依：转所依之意。又作"所依已转"、"变住"。转，转舍、转得之义；依，指使染净迷悟等诸法得以成立之所依。转依，即转舍劣法之所依，而证得胜净法之所依。如唯识宗所说，由修圣道，断灭烦恼障、所知障，而证得涅槃、菩提之果，此二果即称为"二转依果"，或"二转依妙果"，此乃修习之最殊胜境界。所断除之烦恼、所知二障，即是所转舍之法；所证得之涅槃、菩提二果，即是所转得之法。《成唯识论》卷九对"转依"之解释有二说：（一）依，乃染净法之所依，即指"依他起性"；转，乃转舍"依他起性"上之"遍计所执性"，而转得"依他起性"中之"圆成实性"。此系从三性上说明人之思想应如何自世间转向出世间，对于缘起现象不应执为实我、实法，而应见到唯识真性。（二）依，指生死与涅槃所依之唯识真如；转，乃灭除依于唯识真如之生死，而证得依于唯识真如之涅槃。此系直接从对唯识真如之迷悟的认识上，说明如何自生死苦而达涅槃乐。此种转依，均通过阿赖耶识中种子之消长生灭来实现，转舍烦恼障种子即转得涅槃果，转舍所知障种子即转得菩提果。

译文：

这时，曼殊室利大菩萨（文殊菩萨）问佛陀说："世尊！对于佛所说的如来法身，这如来法身有什么样的相呢？"

佛陀告诉曼殊室利菩萨说："善男子！菩萨如果于诸地波罗

蜜多善修出离，获得涅槃菩提果即转依成满，称为如来法身相。
应该知道，这如来法身由二种因缘来说是不可思议的，这二种
因缘是无戏论和无所为，与此相反，诸众生是计着戏论且有所
为的。"

"世尊！声闻、独觉所得的转依称为法身吗？"

"善男子！声闻、独觉所得的转依不称为法身。"

"世尊！那应当称为什么身呢？"

"善男子！声闻、独觉所得的转依称为解脱身。由解脱身
的缘故，说一切声闻、独觉和诸如来平等平等，由法身的缘故，
而说其中有差别。如来法身与二乘解脱身有差别，差别在于如
来法身有最胜的无量功德，这是二乘的解脱身通过数目、譬喻
来形容都是不能及的。"

曼殊室利菩萨再问佛陀说："世尊！我应当怎样知道如来
生起相？"

佛陀告诉曼殊室利菩萨说："善男子！一切如来的化身作
业，就像世界由种种的业起种种事而摄持众生。如来化身也是
这样，如来行无量种类功德庄严摄持众生作为化相。应当知道
化身相有生起，法身相没有生起。"

曼殊室利菩萨再问佛陀说："世尊！应该知道什么样是如
来示现化身的方便善巧？"

佛陀告诉曼殊室利菩萨说："善男子！如来化身遍于一切
三千大千佛的国土中，在众生推许的增上王家，或者众生所推
许的大福田家，如来化身同时入胎、诞生、长大、受欲、出家、示
行苦行、舍苦行后成等正觉，次第示现，这样称为如来示现化身

的方便善巧。"

曼殊室利菩萨复白佛言:"世尊! 凡有几种一切如来身所住持言音差别,由此言音所化有情未成熟者令其成熟,已成熟者缘此为境速得解脱?"

佛告曼殊室利菩萨曰:"善男子! 如来言音略有三种: 一者契经,二者调伏,三者本母。"

"世尊! 云何契经? 云何调伏? 云何本母?"

"曼殊室利! 若于是处,我依摄事显示诸法是名契经,谓依四事,或依九事,或复依于二十九事。

"云何四事? 一者听闻事,二者归趣事,三者修学事,四者菩提事①。

"云何九事? 一者施设有情事,二者彼所受用事,三者彼生起事,四者彼生已住事,五者彼染净事,六者彼差别事,七者能宣说事,八者所宣说事,九者诸众会事②。

"云何名为二十九事? 谓依杂染品有摄诸行事,彼次第随转事,即于是中作补特伽罗想已于当来世流转因事,作法想已于当来世流转因事,依清净品有系念于所缘事,即于是中勤精进事,心安住事,现法乐住事③,超一切苦缘方便事,彼遍知事,此复三种: 颠倒遍知所依处故、依有情想外有情中邪行遍知所依处故、内离增上慢遍知所依处故,修依处事,作证事,修习事,

令彼坚固事④，彼行相事⑤，彼所缘事⑥，已断未断观察
善巧事⑦，彼散乱事⑧，彼不散乱事⑨，不散乱依处事⑩，
修习劬劳加行事⑪，修习胜利事⑫，彼坚牢事⑬，摄圣行
事，摄圣行眷属事，通达真实事，证得涅槃事，于善说
法、毗奈耶中世间正见超升一切外道所得正见顶事，
及即于此不修退事⑭，于善说法毗奈耶中不修习故说
名为退，非见过失故名为退。

"曼殊室利！若于是处，我依声闻及诸菩萨显示别
解脱及别解脱相应之法是名调伏⑮。"

"世尊！菩萨别解脱几相所摄？"

"善男子！当知七相：一者宣说受轨则事故⑯，二者
宣说随顺他胜事故⑰，三者宣说随顺毁犯事故⑱，四者
宣说有犯自性故⑲，五者宣说无犯自性故⑳，六者宣说
出所犯故㉑，七者宣说舍律仪故㉒。"

注释：

①"一者听闻事"至"四者菩提事"四句：《显扬圣教论》中
说闻为听闻十二分教；归趣中三最胜归依指谓佛、法、僧三种归
趣；修学中三学指戒、定、慧等三学。菩提指三菩提即声闻菩
提、独觉菩提、无上正等菩提。

②"一者施设有情事"至"九者诸众会事"数句："有情事"
指五取蕴；"受用事"指十二处；"生起事"指十二缘生；"生已住
事"指四食；"染净事"指四圣谛；"差别事"指无量界；"能宣说
事"指佛和诸佛弟子；"所宣说事"指四念住等的菩提分法；"众

会事"指八众：一、刹帝力众，二、婆罗门众，三、长者众，四、沙门众，五、四大天王众，六、三十三天众，七、焰摩天众，八、梵天众。

③现法乐住事：指四事定。谓得六神通已于现世中安乐而住。

④令彼坚固事：是指真见道。又有一种解说，谓由获得见道为缘，永不退转为异生故名为令彼见道坚固事。

⑤彼行相事：即有相见道。

⑥彼所缘事：是说有相见道之所缘境事。

⑦已断未断观察善巧事：指有相见道，已断见所断的烦恼，于修所断烦恼尚未断时的所有观察。

⑧彼散乱事：指修道时，不依闻思二慧断除三界修所断烦恼的加行远道。

⑨彼不散乱事：指住定时，所有其他心、心所等皆不散乱。

⑩不散乱依处事：指专持正定行相，因作为慧依处的缘故所以称为依处。

⑪修习劬（qú）劳加行事：谓断除欲界修所断烦恼的无间道和解脱道。

⑫修习胜利事：指断除色界修所断烦恼的无间道及解脱道。

⑬彼坚牢事：指断除无色界修所断烦恼之无间道，亦即金刚喻定。

⑭"谓依杂染品有摄诸行事"至"及即于此不修退事"数句：以上 二十九事，前四事是依杂染品说为四：一、说五蕴，二、

说十二缘生，三、说我执，四、说法执。有系念于所缘事者以下是第二依清净品说有二十五事，其中分二：第一宣说"四种世间清净事者"，即说闻慧、说思慧、说加行定、说四事定。超一切苦缘方便事以下，是第二说二十一种出世间清净事，这又分为六：一、明依一事说顺解脱分，二、明依四事说顺决择分，三、明依四事说见道，四、明依六事说修道，五、明依四事说无学道，六、明依二事说殊胜及非殊胜。

⑮别解脱：是七众所受律仪戒法皆名别解脱。其中差别，即二乘所受唯于身语七支安立为体，菩萨则总于身等三业安立为体。一切有部的诸教典中认为八众初受律仪时之表色别别弃舍各种恶故，而立别解脱及业道名。

⑯宣说受轨则事：宣说受戒轨则。

⑰宣说随顺他胜事：指如果有违犯四种重罪，则其定被他胜烦恼所制伏。他胜处法共有四种，如《瑜伽师地论》中说："若诸菩萨，为欲贪求利养恭敬，自赞毁他。及性悭吝故，于诸有情不施财法。由忿恨故捶打有情，发粗恶言，谤菩萨藏，宣说邪法等四种他胜处法。"其论还说断命、不与取、邪淫、妄语、酤酒及说他过失等也是他胜处。

⑱宣说随顺毁犯事：此指前说重罪以外其他轻罪，如《梵网经》所说四十八种轻罪及《瑜伽师地论》所说各种轻罪。

⑲宣说有犯自性：宣说有犯自性相，有犯自性指有犯有所违越罪。

⑳宣说无犯自性：即宣说无制罪，如果彼心增上狂乱，或重苦受之所逼切，或未曾受净戒律仪，这样一切都无违犯。《瑜伽

师地论》中还加上了加初修业者。

㉑宣说出所犯：即宣说发露忏罪及出所犯之法。

㉒宣说舍律仪：即宣说舍律仪相。

译文：

曼殊室利菩萨再问佛陀说："世尊！如来的言音能使所化有情未成熟者令其成熟，已成熟者能够缘此如来言音为境速得解脱，那么总共有几种这样的一切如来身所住持的言音差别呢？"

佛告曼殊室利菩萨说："善男子！如来言音略有三种：第一种是契经；第二种是调伏；第三种是本母。"

"世尊！什么是契经？什么是调伏？什么是本母呢？"

"曼殊室利！对于此，我依摄事来显示诸法称为契经，这里有依于四事或者依于九事或者依于二十九事等几类之分。

"四事是哪四种事呢？这第一种是听闻事；第二种是归趣事；第三种是修学事；第四种是菩提事。

"九事是哪九种事呢？第一种是施设有情事；第二种是彼所受用事，第三种是彼生起事，第四种是彼生已住事，第五种是彼染净事，第六种是彼差别事，第七种是能宣说事，第八种是所宣说事，第九种是诸众会事。

"为什么说名为二十九事？这二十九事是指依杂染品有摄诸行事；次第随转事；众生在杂染和次第随转事中生补特伽罗想后成为当来世流转的因事（我执想）；作法想后成为当来世流转因事（法执想）；依清净品有系念于所缘事；在系念所缘

事中勤精进事；心安住事；现法乐住事；超一切苦缘的方便事；彼遍知事，这里再有三种遍知：遍知颠倒所依处事、遍知依有情想，于外有情中起邪行的所依处事、遍知内离增上慢的所依处事；修依处事；作证事；修习事；令彼坚固事；彼行相事；彼所缘事；善巧观察已断未断烦恼事；彼散乱事；彼不散乱事；不散乱的依处事；修习劬劳加行事；修习胜利事；彼坚牢事；摄圣行事；摄圣行眷属事；通达真实事；证得涅槃事；在善说法中、毗奈耶（调伏法）中，以世间的正见超升一切外道所得正见，成为顶上之事；及即于此不修退事，因在善说法、毗奈耶（调伏法）中不修习的缘故称为退，没能见到过失称为退。

"曼殊室利！若是这样的，我给声闻和诸菩萨们所显示别解脱及别解脱相应法称为调伏。"

"世尊！菩萨别解脱有几相所摄？"

"善男子！这里应当知道有七相所摄：第一种是宣说受戒的轨则事；第二种是宣说违犯重罪的随顺他胜事；第三种宣说违犯轻罪的随顺毁犯事；第四种是宣说有犯自性；第五种是宣说无犯自性；第六种是宣说发露忏悔及出所犯之法；第七种是宣说舍去戒律仪相。"

"曼殊室利！若于是处，我以十一种相决了、分别、显示诸法，是名本母。何等名为十一种相？一者世俗相，二者胜义相，三者菩提分法所缘相，四者行相，五者自性相，六者彼果相，七者彼领受开示相，八者彼障碍法相，九者彼随顺法相，十者彼过患相，十一者彼胜利相。

"世俗相者当知三种：一者宣说补特伽罗故，二者宣说遍计所执自性故，三者宣说诸法作用事业故。

"胜义相者，当知宣说七种真如故。

"菩提分法所缘相者，当知宣说遍一切种所知事故。

"行相者，当知宣说八行观故。云何名为八行观耶？一者谛实故，二者安住故，三者过失故，四者功德故，五者理趣故，六者流转故，七者道理故，八者总别故。谛实者，谓诸法真如。安住者，谓或安立补特伽罗，或复安立诸法遍计所执自性，或复安立一向、分别、反问、置记①，或复安立隐密、显了记别差别。过失者，谓我宣说诸杂染法有无量门差别过患。功德者，谓我宣说诸清净法有无量门差别胜利。理趣者，当知六种：一者真义理趣②，二者证得理趣，三者教导理趣，四者远离二边理趣，五者不可思议理趣③，六者意趣理趣。流转者，所谓三世、三有为相及四种缘。道理者，当知四种：一者观待道理，二者作用道理，三者证成道理，四者法尔道理。观待道理者，谓若因若缘能生诸行及起随说，如是名为观待道理④。作用道理者，谓若因若缘能得诸法，或能成办，或复生已作诸业用，如是名为作用道理。证成道理者，谓若因若缘能令所立、所说、所标义得成立，令正觉悟，如是名为证成道理⑤。又此道理略有二种：一者清净，二者不清净。由五种相名

223

为清净，由七种相名不清净。云何由五种相名为清净？
一者现见所得相，二者依止现见所得相，三者自类譬
喻所引相，四者圆成实相，五者善清净言教相。现见
所得相者，谓一切行皆无常性、一切行皆是苦性、一切
法皆无我性，此为世间现量所得，如是等类是名现见
所得相。依止现见所得相者，谓一切行皆刹那性、他
世有性、净不净业无失坏性，由彼能依粗无常性现可
得故，由诸有情种种差别依种种业现可得故，由诸有
情若乐若苦、净不净业以为依止现可得故，由此因缘
于不现见可为比度，如是等类是名依止现见所得相。
自类譬喻所引相者，谓于内外诸行聚中，引诸世间共所
了知所得生死以为譬喻，引诸世间共所了知所得生等
种种苦相以为譬喻，引诸世间共所了知所得不自在相
以为譬喻，又复于外引诸世间共所了知所得衰盛以为
譬喻，如是等类当知是名自类譬喻所引相。圆成实相
者，谓即如是现见所得相、若依止现见所得相、若自类
譬喻所得相，于所成立决定能成，当知是名圆成实相。
善清净言教相者，谓一切智者之所宣说，如言涅槃究
竟寂静，如是等类当知是名善清净言教相。善男子！
是故由此五种相故，名善观察清净道理，由清净故应
可修习。”

曼殊室利菩萨复白佛言：“世尊！一切智者相[⑥]，当
知有几种？”

佛告曼殊室利菩萨曰：“善男子！略有五种：一者

若有出现世间，一切智声无不普闻，二者成就三十二种大丈夫相，三者具足十力，能断一切众生一切疑惑，四者具足四无所畏宣说正法，不为一切他论所伏，而能摧伏一切邪论，五者于善说法毗奈耶中，八支圣道、四沙门等皆现可得。如是生故、相故、断疑网故、非他所伏能伏他故、圣道沙门现可得故，如是五种当知名为一切智相。

"善男子！如是证成道理由现量故、由比量故、由圣教量故⑦，由五种相名为清净。

"云何七种相名不清净？一者此余同类可得相，二者此余异类可得相，三者一切同类可得相，四者一切异类可得相，五者异类譬喻所得相，六者非圆成实相，七者非善清净言教相⑧。若一切法意识所识性，是名一切同类可得相。若一切法相、性、业、法、因果异相⑨，由随如是一一异相决定展转各各异相，是名一切异类可得相⑩。善男子！若于此余同类可得相及譬喻中，有一切异类相者，由此因缘，于所成立非决定故，是名非圆成实相；又于此余异类可得相及譬喻中，有一切同类相者，由此因缘于所成立不决定故，是名非圆成实相。非圆成实故，非善观察清净道理，不清净故不应修习。若异类譬喻所引相，若非善清净言教相，当知体性皆不清净。

"法尔道理者，谓如来出世、若不出世，法性安住、法住、法界⑪，是名法尔道理。

"总别者，谓先总说一句法已，后后诸句差别分别究竟显了。

"自性相者，谓我所说有行有缘所有能取菩提分法，谓念住等，如是名为彼自性相。

"彼果相者，谓若世间、若出世间，诸烦恼断及所引发世出世间诸果功德，如是名为得彼果相。

"彼领受开示相者，谓即于彼以解脱智而领受之，及广为他宣说开示，如是名为彼领受开示相。

"彼障碍法相者，谓即于修菩提分法能随障碍诸染污法，是名彼障碍法相。

"彼随顺法相者，谓即于彼多所作法，是名彼随顺法相。

"彼过患相者，当知即彼诸障碍法所有过失，是名彼过患相。

"彼胜利相者，当知即彼诸随顺法所有功德，是名彼胜利相。"

注释：

①一向：即"一向记"。如有问："一切生者决定灭耶？佛法僧良福田耶？"这样的问应一向记，此义是决定的缘故。分别：即"分别记"。如有问："一切灭者定更生耶？佛法僧宝唯一有耶？"这样的问应分别记，此义是不定的缘故。反问：即"反问

记"。如有问:"菩萨十地为上为下? 佛法僧宝为胜为劣?"这样的等问应反问记:"汝望何问?"置记:即"默置记",如有问:'实有性我为善为恶? 石女儿色为黑为白?"这样的问应默置记,不应记,因为应记的话会增长戏论。

②真义理趣:《显扬圣教论》由离二边理趣解释"真义理趣",离二边理趣者略有六种:一、远离于不实有而妄执为真实有之增益边;二、远离于真实有而妄执为不实有之损减边;三、远离执常边;四、远离执断边;五、远离受用欲乐边;六、远离受用自苦边。

③不可思议理趣:《显扬圣教论》说有六种不可思议事:一、我不可思议,二、有情不可思议,三、世间不可思议,四、一切有情业报不可思议,五、证静虑者及静虑境界不可思议,乃至诸佛及诸佛境界不可思议。

④观待道理:在《瑜伽师地论》中说有两种观待,一、生起观待,二、施设观待。"生起观待者,谓由诸因诸缘势力,生起诸蕴。此蕴生起要当观待诸因诸缘。施设观待者,谓由名身、句身、文身,施设诸蕴。此蕴施设,要当观待名身、句身、文身。是名于蕴生起观待,施设观待。即此生起观待、施设观待,生起诸蕴施设诸蕴,说名道理。"

⑤证成道理:《瑜伽师地论》通过三量来说证成道理:"谓于一切蕴皆是无常,或众缘所生,或苦、空、无我等义,由三量故,谓由至教量故、由现量故、由比量故,如实观察。诸有智者于证成道理,心正喜悦,由三量故,能于诸蕴皆无常性,或众缘生性,或苦性、空性及无我性安置成立。如是等名证成道理。"

⑥一切智:《瑜伽师地论》中说,一切智是证知一切之智。于一切界、一切事、一切品、一切时智无碍转称名为"一切智"。

⑦现量:又称"真现量",乃指对境时无任何分别筹度之心,各各逼附自体,显现分明,照了量知。亦即由五官能力直接觉知外界之现象者;此一觉知乃构成知识之最基础来源。比量:乃由既知之境比附量度,而能正确推知未现前及未知之境。圣教量:为一切智所说之言教,或从其闻,或随其法,其中又分:不违圣言,佛自说经教,辗转流布,不违正法、正义;能治杂染,善修此法,能永调伏贪痴等烦恼;不违法相,不于一切离言法中建立言说。

⑧"云何七种相"至"七者非善清净言教相"数句:此经所说七种相中,前五种相即是《因明正理门论》所说六不定中前五种,《因明正理门论》中第六相是违决定。

⑨若一切法相、性、业、法、因果异相:相比量,指由现在,或先所见随其所有相状相属,推度境界。业比量,指以作用比业所依。法比量,指以此相邻相属法,比余相邻相属法。因果比量,指以因果展转相比。在《瑜伽师地论》中说,比量指与思择俱,已思、应思所有境界。这里有五种:一、相比量,二、体比量,三、业比量,四、法比量,五、因果比量。

⑩一切异类可得相:此处指一切法、相、性、业等互相观待,彼此不同,因此称为"一切异类"。例如声上的所闻性等只是声上有,非是宗法上有,因此其名因。彼所闻声,只是宗法上有,没有同喻。因之异类如闪电上有非所闻相,称为"一切异类可得相"。

⑪法性：是诸缘起，无始时来，理成就性，称为"法性"。
法住：如成就性，以无颠倒文句安立，是名"法住"。法界：由法
住，以彼法性为因，是故说彼名为"法界"。

译文：

"曼殊室利！若是这样的，我以十一种相决了、分别、显示
诸法，称名为本母。十一种相是哪些呢？第一种是世俗相；第
二种是胜义相；第三种是菩提分法所缘相；第四种是行相；第
五种是自性相；第六种是彼果相；第七种是彼领受开示相；第
八种是彼障碍法相；第九种是彼随顺法相；第十种是彼过患
相；第十一种是彼胜利相。

"世俗相应该知道有三种：第一种是宣说补特伽罗；第二
种是宣说遍计所执自性；第三种是宣说诸法作用事业。

"胜义相应该知道是指宣说七种真如。

"菩提分法所缘相应当知道是宣说遍一切种所知事。

"行相应当知道是指宣说八行观。怎么称为八行观呢？八
行观是指：第一种是谛实；第二种是安住；第三种是过失；第四
种是功德；第五种是理趣；第六种流转；第七种是道理；第八种
是总别。谛实指诸法真如。安住指安立补特伽罗或安立诸法
遍计所执自性，或安立一向、分别、反问、置记，或安立隐密、显
了记别差别。过失指我所宣说的诸杂染法有无量门的差别过
患。功德是指我宣说的诸清净法有无量门的差别胜利。理趣
应该知道还分六种：第一种是真义理趣；第二种是证得理趣；
第三种是教导理趣；第四种是远离二边理趣；第五种是不可思

议理趣；第六种是意趣理趣。流转是指三世、三世有为相和四种缘。道理应当知道再分为四种：第一种是观待道理；第二种是作用道理；第三种是证成道理；第四种是法尔道理。观待道理是指诸因诸缘的势力，生起诸行，诸行生起时要观待诸因诸缘，以及对此随起言说时要以名身、句身、文身等观待诸行而起，这样称为观待道理。作用道理是指诸因诸缘具足而能得诸法或者能成办或诸法生起后能有诸业用，这样称为作用道理。证成道理是指对于诸因诸缘能够使所安立的宗义，所说立义的依据，解释先所说的立义获得成立，由此还能令人生起正确的觉悟。又证成道理略有二种：第一种是清净；第二种是不清净。这里有五种相称为清净，有七种相称为不清净。是由哪五种相称为清净呢？第一种是现见所得相；第二种是依止现见所得相；第三种是自类譬喻所引相；第四种是圆成实相；第五种是善清净言教相。现见所得相是指一切行都是无常性；一切行都是是苦性；一切法都是无我性。这些是世间的现量可以见到的，因此如是等类称为现见所得相。依止现见所得相是指一切行都是刹那性；他世有性；净不净业没有失坏。由现见粗的无常性，可以推出一切行都是微细生灭的刹那性；由现见诸有情种种差别都是依于过去的种种业，可以推出因现在所作的业能所引发未来世果的存在；由现见诸有情因依止净不净业的缘故而有或乐或苦，可以推出净不净业不会失坏性。由于这些原因，对于不可见相可以通过现见所得相来比量推度了知，如是等类称名为依止现见所得相。所谓的自类譬喻所引相，是指在内在有情和外在非有情的诸行所汇聚中，内有情中，

引以诸世间都所了知的内有情生命都有生死作为譬喻；引以诸
世间都所了知内有情都有生等种种苦相作为譬喻；引以诸世间
共所了知的内有情所得不自在以为譬喻；又再在外非有情中，引
诸世间共所了知的所得有衰盛以为譬喻。像这样等类，应当知
道称为自类譬喻所引相。圆成实相是指按如上所说的现见所
得相、依止现见所得相、自类譬喻所得相，对于所要成立的道
理决定能成，应该知道这样称为圆成实相。善清净言教相是指
一切智者所宣说的，如说涅槃究竟寂静，这样的言教应当知道
称为善清净言教相。善男子！这样五种相称为善观察清净道
理。因为是清净的，应予以修习。"

曼殊室利菩萨再问佛陀说："世尊！以上提到的一切智者
相，应该知道的有几种呢？"

佛陀告诉曼殊室利菩萨说："善男子！一切智者的相略说
有五种：第一种是如果有一切智者出现世间，其一切智的名声
天上天下无不普闻，第二种是成就三十二种大丈夫相，第三种
是具足十力，能断一切众生的一切疑惑；第四种是具足四无所
畏宣说正法，不被一切他论所伏，而且能够摧伏一切邪论；第
五种是在其善说法、毗奈耶（调伏法）中，八支圣道、四沙门果
等都现前可获得。这样的出生、相、断疑网、非他所能伏他、
圣道沙门现可得五种相应当知道称为一切智相。

"善男子！这样的证成道理由现量、比量、圣教量的缘故，
由五种相称为清净。

"哪七种相称为不清净呢？第一种是此余同类可得相；第
二种是此余异类可得相；第三种是一切同类可得相；第四种是

一切异类可得相；第五种是异类譬喻所得相；第六种是非圆成实相，第七种是非善清净言教相。一切法的意识所识性称为一切同类可得相；一切法的相、性、业、法、因果互相观待彼此不同，随着这些的一一异相决定展转后的各各异相，称为一切异类可得相。善男子！如在以上的同类可得相和譬喻中，有一切异类相，由于这样的原因，对所要成立的道理非决定的缘故，这样称为非圆成实相。又在以上说的余异类可得相和譬喻中，有一切同类相，由于这样的原因，对于所要成立的道理不决定的缘故，这样称为非圆成实相。因为是非圆成实的缘故，所以不是善观察清净道理，因不清净的缘故不应该修习。像异类譬喻所引相如果不是善清净言教相，应该知道体性都不清净。

"所谓的法尔道理是指不管如来出世或不出世，法性安住、法住、法界，这样称为法尔道理。

"总别是指先总说一句法，后面诸句差别、分别地究竟显了前面的总句。

"自性相是指我所说的有缘境的行相和能缘的自体，所有能取的菩提分法，如四念住等，这些称为彼自性相。

"彼果相是指于世间中或出世间中，依与前所说的菩提分法的自性相，断诸烦恼和由断烦恼所引发的世出世间诸果的功德，这称为得彼果相。

"彼领受开示相是指对于前说的断烦恼和由断烦恼所引发的世出世间功德，以解脱智领受之，并广为他人宣说开示，这样称为领受开示相。

"彼障碍法相是指在修菩提分法时，能随作障碍的诸染污法,称为彼障碍法相。

"彼随顺法相是指对于菩提分法能够多所作法,称为彼随顺法相。

"对于彼过患相,应该知道,就是指诸障碍修菩提分法的诸染污法的所有过失称为彼过患相。

"对于彼胜利相,应该知道,就是指随顺法的所有功德称为彼胜利相。"

曼殊室利菩萨白佛言:"惟愿世尊为诸菩萨略说契经、调伏、本母不共外道陀罗尼义,由此不共陀罗尼义,令诸菩萨得入如来所说诸法甚深密意。"

佛告曼殊室利菩萨曰:"善男子!汝今谛听!吾当为汝略说不共陀罗尼义,令诸菩萨于我所说密意言辞能善悟入。善男子!若杂染法、若清净法,我说一切皆无作用,亦都无有补特伽罗,以一切种离所为故,非杂染法先染后净,非清净法后净先染。凡夫异生于粗重身执著诸法、补特伽罗自性、差别①,随眠妄见以为缘故计我我所,由此妄谓我见、我闻、我嗅、我尝、我触、我知、我食、我作、我染、我净如是等类邪加行转,若有如实知如是者,便能永断粗重之身,获得一切烦恼不住,最极清净,离诸戏论,无为依止,无有加行。善男子!当知是名略说不共陀罗尼义。"

尔时,世尊欲重宣此义复说颂曰:

> 一切杂染清净法，皆无作用数取趣，
> 由我宣说离所为，染污清净非先后，
> 于粗重身随眠见，为缘计我及我所，
> 由此妄谓我见等，我食我为我染净。
> 若如实知如是者，乃能永断粗重身，
> 得无染净无戏论，无为依止无加行。

注释：

①异生：由执各种异见而生。粗重身：示痴所缘境，意为有漏五蕴是由二障所引的，粗重随行，因此称为"粗重身"。

译文：

曼殊室利菩萨对佛陀说："希望世尊能为诸菩萨略说契经、调伏、本母三者不共外道的总持陀罗尼义，由这不共总持陀罗尼义可以使菩萨得入如来所说的诸法甚深密意。"

佛陀告诉曼殊室利菩萨说："善男子！你现在谛听！我应当为你略说不共陀罗尼义，使诸菩萨对我所说的密意言辞能善悟入。善男子！对于杂染法、对于清净法我说一切皆没有作用，也没有补特伽罗，因一切种离所为的缘故。杂染法不是先染后可转净的，清净法也不是后转净先前是染垢的。凡夫众生于有漏五蕴的粗重身起执着诸法、补特伽罗有自性差别，这是由于凡夫众生以随眠种子和妄见以为缘而遍计有我和我所，并由此妄见而认为有我见、我闻、我嗅、我触、我知、我食、我作、我染、我净这样等类的邪加行转。如果能如实地知道这样的道理，便能永断烦恼的粗重之身，获得一切烦恼不住，最极清净，离诸戏论，无为依止，无有加行。善男子！应当知道这是略说不共陀罗尼义。"

这时，世尊佛陀想重新宣说以上教义再说颂为：

一切杂染清净法，皆无作用数取趣，

由我宣说离所为，染污清净非先后，

于粗重身随眠见，为缘计我及我所，

由此妄谓我见等，我食我为我染净。

若如实知如是者，乃能永断粗重身，

得无染净无戏论，无为依止无加行。

尔时，曼殊室利菩萨摩诃萨复白佛言："世尊！云何应知诸如来心生起之相？"

佛告曼殊室利菩萨曰："善男子！夫如来者，非心意识生起所显，然诸如来有无加行心法生起，当知此事犹如变化。"

曼殊室利菩萨复白佛言："世尊！若诸如来法身远离一切加行①，既无加行，云何而有心法生起？"

佛告曼殊室利菩萨曰："善男子！先所修习方便般若加行力故有心生起。善男子！譬如正入无心睡眠，非于觉悟而作加行，由先所作加行势力而复觉悟；又如正在灭尽定中，非于起定而作加行，由先所作加行势力还从定起。如从睡眠及灭尽定心更生起，如是如来由先修习方便般若加行力故,当知复有心法生起。"

曼殊室利菩萨复白佛言:"世尊!如来化身当言有心、为无心耶②?"

佛告曼殊室利菩萨曰:"善男子!非是有心、亦非无心。何以故?无自依心故,有依他心故③。"

曼殊室利菩萨复白佛言:"世尊!如来所行、如来境界,此之二种有何差别?"

佛告曼殊室利菩萨曰:"善男子!如来所行,谓一切种如来共有不可思议无量功德,众所庄严清净佛土。如来境界,谓一切种五界差别。何等为五?一者有情界,二者世界,三者法界,四者调伏界,五者调伏方便界。如是名为二种差别。"

曼殊室利菩萨复白佛言:"世尊!如来成等正觉、转正法轮、入大涅槃,如是三种当知何相?"

佛告曼殊室利菩萨曰:"善男子!当知此三皆无二相,谓非成等正觉、非不成等正觉,非转正法轮、非不转正法轮,非入大涅槃、非不入大涅槃。何以故?如来法身究竟净故,如来化身常示现故。"

曼殊室利菩萨复白佛言:"世尊!诸有情类但于化身见闻奉事生诸功德,如来于彼有何因缘?"

佛告曼殊室利菩萨曰:"善男子!如来是彼增上所缘之因缘故,又彼化身是如来力所住持故。"

曼殊室利菩萨复白佛言:"世尊!等无加行,何因缘故如来法身为诸有情放大智光，及出无量化身影像？声闻、独觉解脱之身无如是事？"

佛告曼殊室利菩萨曰："善男子！譬如等无加行从日月轮水火二种颇胝迦宝放大光明，非余水火颇胝迦宝，谓大威德有情所住持故，诸有情业增上力故；又如从彼善工业者之所雕饰末尼宝珠出印文像，不从所余不雕饰者。如是缘于无量法界方便般若极善修习，磨莹集成如来法身，从是能放大智光明，及出种种化身影像，非惟从彼解脱之身有如斯事。"

曼殊室利菩萨复白佛言："世尊！如世尊说，如来、菩萨威德住持，令诸众生于欲界中生刹帝力、婆罗门等大富贵家，人身、财宝无不圆满，或欲界天、色、无色界一切身财圆满可得。世尊！此中有何密意？"

佛告曼殊室利菩萨曰："善男子！如来菩萨威德住持，若道、若行于一切处能令众生获得身财皆圆满者，即随所应为彼宣说此道此行，若有能于此道此行正修行者，于一切处所获身财无不圆满。若有众生于此道行违背轻毁，又于我所起损恼心及嗔恚心，命终已后于一切处所得身财无不下劣。曼殊室利！由是因缘当知如来及诸菩萨威德住持，非但能令身财圆满，如来菩萨住持威德，亦令众生身财下劣。"

注释:

①法身:佛的自性真身。是大小乘诸家通用的名称。因此随诸家所说而有种种不同内容。小乘诸部对佛所说之教法及其所诠之菩提分法、佛所得之无漏功德法等,皆称为"法身"。如小乘家立戒、定、慧、解脱、解脱知见的"五分法身"。大乘则除此之外,别以佛之自性真如净法界,称为"法身",谓法身即无漏无为、无生无灭。此处有的以如来圆满受用身者为解释。

②化身:乃佛为利益地前凡夫等众生而变现种种形相之身。

③自依心:指见分心,自已缘虑是依见分种子而生起故。依他心:指相分心,依见分心而得生起,不作缘虑故。

译文:

这时,曼殊室利大菩萨再问佛陀说:"世尊! 诸如来心生起之相是如何的?"

佛陀告诉曼殊室利菩萨说:"善男子! 如来心的生起不是心意识生起所显的,然而如来有无加行的心法生起,应当知道这事犹如变化一样。"

曼殊室利菩萨再问佛陀说:"世尊! 如果诸如来法身远离一切加行,既然没有加行,那为什么说有心法生起?"

佛陀告诉曼殊室利菩萨说:"善男子! 这是由于先前所修习方便般若加行力的缘故而有心自然生起。善男子! 这好像正入无心睡眠的人,不是在睡眠中作觉醒的加行,而是由于睡前所作的加行势力而使其觉醒;这又像有情正在灭尽定中,其在定中不作起定的加行,是由于入灭尽定之前所作的加行势力使其从灭尽定出。像从睡眠和灭尽定中的心再生起一样,如来由于先前修习的方便般若加行力的缘故,应当知道再有心法生起。"

曼殊室利菩萨再问佛陀说:"世尊!如来的化身应当说是有心的还是无心的?"

佛陀告诉曼殊室利菩萨说:"善男子!这既不是有心也不是无心。为什么这么说呢?这是因为没有自依心,而有依他心的缘故。"

曼殊室利菩萨再问佛陀说:"世尊!如来所行和如来境界,这二种有什么差别?"

佛陀告诉曼殊室利菩萨说:"善男子!如来所行是指一切种如来共有的不可思议的无量功德,众所庄严清净的佛土。如来境界是指一切种的五界差别。是哪五种呢?第一种是有情界;第二种是世界;第三种是法界;第四种是调伏界;第五种是调伏方便界。这样称为二种差别。"

曼殊室利菩萨再问佛陀说:"世尊!如来成等正觉,转正法轮,入大涅槃这样三种应当知道是什么相呢?"

佛陀告诉曼殊室利菩萨说:"善男子!应当知道这三种都是无二相,是非成等正觉、非不成等正觉,非转正法轮、非不转正法轮,非入大涅槃、非不入大涅槃。为什么呢?这是由于如来法身究竟清净,而如来化身常示现的原因。"

曼殊室利菩萨再问佛陀说:"世尊!诸有情众生只是看到如来的化身,听闻佛法,对于如来化身供养、奉事等从而生诸功德，那么如来对彼众生有何因缘呢？"

佛陀告诉曼殊室利菩萨说："善男子！如来具有作有情众生增上所缘的因缘，而且那能使有情众生生出诸功德的如来化身是如来力所住持的。"

曼殊室利菩萨再问佛陀说："世尊！如来法身和声闻独觉的解脱身都没有加行，那么是什么原因如来法身能为诸有情放大智光，并能出无量的化身影像，而声闻、独觉解脱身则没有？"

佛陀告诉曼殊室利菩萨说："善男子！这譬如日月轮的水火二种颇胝迦宝与其他水火颇胝迦宝一样是没有加行的，但是日月轮的水火二种颇胝迦宝能放出大光明，而其他水火颇胝迦宝则不能放出大光明，这是因为日月轮中有大威德的有情所住持的缘故，还有世间诸有情殊胜增上业力的因缘，能感得光明。又譬如能从经过具有善巧技术的工匠雕饰过的末尼宝珠会现出印文的像出来，而其余的末尼宝珠则显不出来。如来法身正是如此，其之前缘于无量法界方便般若极善修习，才磨莹集成如来法身，从这样的如来法身能放出大智光明，和现种种化身影像，因此，于二乘解脱身则见不到这样的功德事。"

曼殊室利菩萨再问佛陀："世尊！像世尊所说，因如来、菩萨威德住持的缘故，能使诸众生在欲界中生于刹帝力、婆罗门等的大富贵家，人身和财宝无不圆满，或者生于欲界天，色界天，无色界天中，可得一切身财圆满。世尊！这里面有什么密意？"

佛陀告诉曼殊室利菩萨说："善男子！如来、菩萨威德住持，如能按教授的若道、若行而奉行的话，则能使得众生于一切处中获得身财皆圆满。就是说,如来随众生所应而宣说此道此行,众生如果听了后能按此道此行正修行的话,那么其生于一切处所获身财无不圆满。假使有众生不仅不按此道此行修行,而且违背轻毁此道此行,并对我生起损恼心和嗔恚心,此类众生命终以后再生于一切处所得身财都是下劣不圆满的。曼殊室利!由这样的因缘,应当知道如来和诸菩萨威德住持,不但能使众生所得身财圆满,而且如来菩萨住持威德,也能使众生所得身财下劣。"

曼殊室利菩萨复白佛言:"世尊!诸秽土中何事易得、何事难得?诸净土中何事易得、何事难得?"

佛告曼殊室利菩萨曰:"善男子!诸秽土中八事易得,二事难得。何等名为八事易得?一者外道,二者有苦众生,三者种姓家世兴衰差别,四者行诸恶行[①],五者毁犯尸罗[②],六者恶趣,七者下乘,八者下劣意乐加行菩萨[③]。何等名为二事难得?一者增上意乐加行菩萨之所游集[④],二者如来出现于世。曼殊室利!诸净土中与上相违,当知八事甚为难得,二事易得。"

尔时,曼殊室利菩萨摩诃萨白佛言:"世尊!于是解深密法门中此名何教?我当云何奉持?"

佛告曼殊室利菩萨摩诃萨曰:"善男子!此名如来成所作事了义之教,于此如来成所作事了义之教汝当奉持!"

说是如来成所作事了义教时,于大会中有七十五千菩萨摩诃萨皆得圆满法身证觉⑤。

注释:

①行诸恶行:未受律仪的补特伽罗所有罪行都称为"行诸恶行"。

②毁犯尸罗:已受律仪的补特伽罗所有违犯戒律者都称为"毁犯尸罗"。

③下劣意乐:地前所有初发低劣心称为"下劣意乐"。

④增上意乐加行菩萨:指初地以上的菩萨。

⑤法身证觉:此处指获得十地因圆满法身,尚未获得微妙正遍觉果圆满法身。

译文:

曼殊室利菩萨再问佛陀说:"世尊!诸秽土中什么事易得、什么事难得?诸净土中什么事易得、什么事难得?"

佛陀告诉曼殊室利菩萨说:"善男子!诸秽土中有八事易得而二事难得。是哪八事呢?第一种是外道;第二种是有苦众生;第三种是种姓家世兴衰差别;第四种是行诸恶行;第五种是毁犯尸罗;第六种是恶趣;第七种是下乘;第八种是下劣意乐加行菩萨。是哪二事难得呢?第一种是具有增上意乐加行的众菩萨游集;第二种是如来出现于世。曼殊室利!在诸净土中刚好与秽土中相违,应当知道也有相应的八事甚为难得,而二事易得。"

这时，曼殊室利大菩萨再问佛陀说："世尊！在这解深密法门中，此称为什么教授？我应当奉持什么？"

佛陀告诉曼殊室利大菩萨说："善男子！此教授称为如来成所作事了义之教，对于这如来成所作事了义之教你应当奉持！"

在佛陀宣说此如来成所作事了义教时，在大会中，有七十五千大菩萨都获得了圆满法身证觉。

附　录

《解深密经》总纲：

解深密经
- 境——胜义了义之教
  - 胜义谛相品（胜义境）般若真空
  - 心意识相品（世俗境）
  - 一切法相品（有性境）　唯识法相
  - 无自性相品（无性境）空有双融，回归中道
- 行
  - 瑜伽了义之教　　　　分别瑜伽品
  - 地波罗蜜多了义之教　地波罗蜜多品
- 果　如来成所作事了义之教　如来成所作事品

序品第一

如来净土十八圆满	如来二十一德	声闻众十三德	菩萨众十大
显色圆满，	于所知一向无障转功德；	心善调顺德；	精进大；
形色圆满，	有无无二相真如最胜清净能入功德；	绍隆佛种德；	因大；
分量圆满，	无功用佛事不休息住功德；	心慧解脱德；	所缘大；
方所圆满，	法身中所依意乐作业无差别功德；	戒善清净德；	时大；
因圆满，	修一切障对治功德；	求法乐德；	无染大；
果圆满，	降伏外道功德；	闻持积集德；	作意大；
主圆满，	生在世间不为世法所碍功德；	三业随智德；	住持大；
辅翼圆满，	安立正法功德；	诸慧差别德；	清净大；
眷属圆满，	授记功德；	具足三明德；	证得大；
任持圆满，	一切世界示现受用变化身功德；	现法乐住德；	业大。
事业圆满，	断疑功德；	胜净福田德；	

如来净土十八圆满	如来二十一德	声闻众十三德	菩萨众十大
摄益圆满, 无畏圆满, 住处圆满, 路圆满, 乘圆满, 门圆满, 依持圆满。	令入种种行功德; 当来法生遍智功德; 如其胜解示现功德; 无量所依调伏有情加行功德; 平等法身波罗蜜多成满功德; 随其胜解示现差别佛土功德; 三种佛身方处无分限功德; 穷生死际常现利益安乐一切有情功德;无尽功德; 究竟功德。	威仪寂静德; 忍辱柔和德。	

胜义谛相品第二

1. 一切法无二

			一切法无二的原因	
一切法	有为法	非有为	言有为 乃是本师假施设句。 若是本师假施设句, 即是遍计所集言辞所说, 若是遍计所集言辞所说, 即是究竟种种遍计言辞所说,不成实故,非是有为。	诸圣者以圣智圣见离名言故现正等觉,即于如是离言法性,为欲令他现等觉故,假立名相谓之有为
		非无为	言无为者,亦堕言辞。 (设离有为无为少有所说,其相亦尔。)	

续表

		一切法无二的原因	
无为法	非无为	言无为者, 亦是本师假施设句。 若是本师假施设句, 即是遍计所集言辞所说, 若是遍计所集言辞所说, 即是究竟种种遍计言辞所 说,不成实故,非是无为。	诸圣者以圣智圣 见离名言故现正 等觉,即于如是离 言法性,为欲令他 现等觉故,假立名 相谓之无为。
	非有为	言有为者,亦堕言辞, (设离无为有为少有所说,其 相亦尔。)	

2.胜义超过一切寻思境相

胜 义	寻 思
无相所行	但行有相境界
不可言说	但行言说境界
绝诸表示	但行表示境界
绝诸诤论	但行诤论境界
由此道理当知胜义超过一切寻思相。	

3.胜义谛微细甚深超过诸行一异性相

	假 设	推 论	相违和结论
约三五 过破一 异执	若胜义谛相与 诸行相都无异 者,	应于今时一切异生 皆已见谛,又诸异生 皆应已得无上方便安 隐涅槃,或应已证阿 耨多罗三藐三菩提。	由于今时非诸异生皆已见 谛,非诸异生已能获得无上 方便安隐涅槃,亦非已证 阿耨多罗三藐三菩提,是故 "胜义谛相与诸行相都无异 相"不应道理。

	假 设	推 论	相违和结论
	若胜义谛相与诸行相一向异者	已见谛者于诸行相应不除遣,若不除遣诸行相者,应于相缚不得解脱,此见谛者于诸相缚不解脱故,于粗重缚亦应不脱,由于二缚不解脱故,已见谛者应不能得无上方便安隐涅槃,或不应证阿耨多罗三藐三菩提。	由于今时非见谛者于诸行相不能除遣,然能除遣,非见谛者于诸相缚不能解脱,然能解脱,非见谛者于粗重缚不能解脱,然能解脱,以于二障能解脱故,亦能获得无上方便安隐涅槃,或有能证阿耨多罗三藐三菩提,是故"胜义谛相与诸行相一向异相"不应道理。
约净共相。破一异执。	若胜义谛相与诸行相都无异者	如诸行相堕杂染相,此胜义谛相亦应如是堕杂染相。	由于今时胜义谛相非堕杂染相,诸行共相名胜义谛相,是故"胜义谛相与诸行相都无异相"不应道理。
	若胜义谛相与诸行相一向异者	应非一切行相共相名胜义谛相。	由诸行共相名胜义谛相,"胜义谛相与诸行相一向异相"不应道理。
约行无别及无我等。破一异执。	若胜义谛相与诸行相都无异者	如胜义谛相于诸行相无有差别,一切行相亦应如是无有差别,修观行者于诸行中如其所见、如其所闻、如其所觉、如其所知不应后时更求胜义。	由于今时一切行相皆有差别、非无差别,修观行者于诸行中如其所见、如其所闻、如其所觉、如其所知复于后时更求胜义,是故"胜义谛相与诸行相都无有异"不应道理。
	若胜义谛相与诸行相一向异者,	应非'诸行唯无我性、唯无自性之所显现是胜义相',又应俱时别相成立,谓杂染相及清净相。	又即'诸行唯无我性、唯无自性之所显现名胜义相',又非俱时染净二别相成立,是故'胜义谛相与诸行相"一向异"不应道理。

十喻说

	十喻色	
色	螺贝白色—异喻	如是, 胜义谛相不可施设与诸行相一相一 异相。
	金与黄色—异喻声	
声	箜篌声曲—异喻香	
香	黑沉与妙香—异喻味	
味	胡椒辛味—异喻	
	诃梨淡味—异喻触	
触	绵与柔软—异喻	
	熟酥醍醐—异喻法	
法	理事—异喻	
	烦恼性相—异喻	

4.胜义谛遍一切一味相

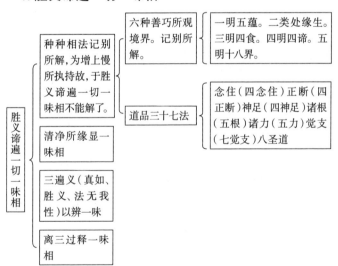

心意识相品第三

1. 心意识秘密之义

①阿陀那识，阿赖耶识，心的含义

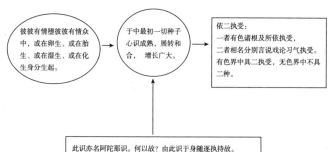

②阿陀那识与六识，五识与意识的关系

	根	境	识	意识与五识关系	意识随转的特性
阿陀那识为依止、为建立故六识身转	眼	色	眼及色为缘生眼识，	眼识俱随行同时同境有分别意识转	若于尔时一眼识转，即于此时唯有一分别意识与眼识同所行转，若于尔时二、三、四、五诸识身转，即于此时唯有一分别意识与五识身同所行转。
	耳	声	耳及声为缘生耳识	耳识俱随行同时同境有分别意识转	
	鼻	香	鼻以香为缘生鼻识	鼻识俱随行同时同境有分别意识转	
	舌	味	舌以味所缘生舌识	舌识俱随行同时同境有分别意识转	
	身	触	身以触为缘生身识	身识俱随行同时同境有分别意识转	
	意				

③以阿陀那识为依止，诸识随转的譬喻：

原文：譬如大暴水流，若有一浪生缘现前唯一浪转，若二若多浪生缘现前有多浪转,然此暴水自类恒流无断无尽。又如善净镜面,若有一影生缘现前唯一影起,若二若多影生缘现前有多影起,非此镜面转变为影,亦无受用灭尽可得。如是广慧,由似暴流阿陀那识为依止为建立故,若于尔时有一眼识生缘现前,即于此时一眼识转,若于尔时乃至有五识身生缘现前,即于此时五识身转。(译文略)

④心意识一切秘密善巧菩萨的得名

原文:若诸菩萨于内各别如实不见阿陀那、不见阿陀那识,不见阿赖耶、不见阿赖耶识,不见积集、不见心,不见眼、色及眼识,不见耳、声及耳识,不见鼻、香及鼻识,不见舌、味及舌识,不见身、触及身识,不见意、法及意识,是名胜义善巧菩萨,如来施设彼为胜义善巧菩萨。广慧!齐此名为于心意识一切秘密善巧菩萨,如来齐此施设彼为于心意识一切秘密善巧菩萨。(译文略)

一切法相品第四

1. 三种法相

名 义	眩翳过患喻	清净颇胝迦宝喻	
一者遍计所执相	谓一切法假名安立自性差别,乃至为令随起言说。	眩翳人眼中所有眩翳过患。	如彼清净颇胝迦上所有染色相应,依他起相上遍计所执相言说习气当知亦尔,如彼清净颇胝迦上所有帝青、大青、琥珀、末罗羯多、金等邪执,依他起相上遍计所执相执当知亦尔。

名　义	眩翳过患喻	清净颇胝迦宝喻	
二者依他起相	谓一切法缘生自性,则此有故彼有,此生故彼生,谓无明缘行乃至招集纯大苦蕴。	如眩翳人眩翳众相,或发毛轮、蜂蝇、苣藤,或复青黄赤白等相差别现前。	如彼清净颇胝迦宝,依他起相当知亦尔。
三者圆成实相	谓一切法平等真如,于此真如,诸菩萨众勇猛精进为因缘故、如理作意无倒思惟为因缘故乃能通达,于此通达渐渐修习,乃至无上正等菩提方证圆满。	如净眼人远离眼中眩翳过患,即此净眼本性所行无乱境界。	如彼清净颇胝迦上所有帝青、大青、琥珀、末罗羯多、真金等相,于常常时于恒恒时无有真实、无自性性,即依他起相上由遍计所执相于常常时于恒恒时无有真实、无自性性,圆成实相当知亦尔。

2. 三相的了知

原文:相名相应以为缘故,遍计所执相而可了知,依他起相上遍计所执相执以为缘故,依他起相而可了知,依他起相上遍计所执相无执以为缘故,圆成实相而可了知。

若诸菩萨能于诸法依他起相上,如实了知遍计所执相,即能如实了知一切无相之法,若诸菩萨如实了知依他起相,即能如实了知一切杂染相法,若诸菩萨如实了知圆成实相,即能如实了知一切清净相法。善男子!若诸菩萨能于依他起相上如实了知无相之法,即能断灭杂染相法,若能断灭杂染相法,即能证得清净相法。(译文省)

无自性相品第五
1.依三种无自性性,密意说言一切诸法皆无自性

三种无自性性	三性	名义	譬喻
相无自性性	遍计所执相	谓诸法遍计所执相。由假名安立为相,非由自相安立为相,是故说名相无自性性。	譬如空华,相无自性性当知亦尔
生无自性性	依他起相	谓诸法依他起相。此由依他缘力故有,非自然有,是故说名生无自性性。	譬如幻像,生无自性性当知亦尔,
胜义无自性性	依他起相	谓诸法由生无自性性故,说名无自性性,即缘生法亦名胜义无自性性。何以故?于诸法中若是清净所缘境界,我显示彼以为胜义无自性性。依他起相非是清净所缘境界,是故亦说名为胜义无自性性。	譬如幻像,一分胜义无自性性当知亦尔,
	圆成实相	复有诸法圆成实相亦名胜义无自性性。何以故?一切诸法法无我性名胜义,亦得名为无自性性,是一切法胜义谛故,无自性性之所显故,由此因缘名为胜义无自性性。	譬如虚空,惟是众色无性所显,遍一切处,一分胜义无自性性当知亦尔,法无我性之所显故,遍一切故。

2.立三种无自性性的原因

原文:非由有情界中诸有情类,别观遍计所执自性为自性故,亦非由彼别观依他起自性及圆成实自性为自性故,我立三种无自性性,然由有情于依他起自性及圆成实自性上增益遍计所执自性故,我立三种无自性性。(译文省)

3.一乘妙清净道的原理

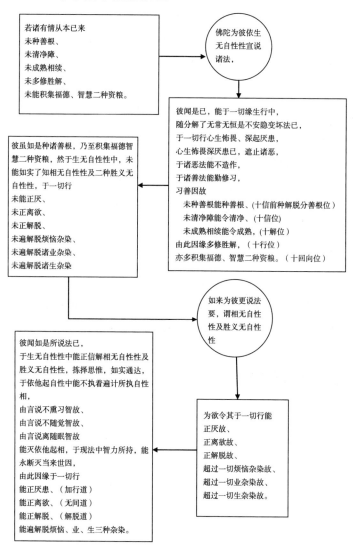

若诸有情从本已来
未种善根、
未清净障、
未成熟相续、
未多修胜解、
未能积集福德、智慧二种资粮。

佛陀为彼依生
无自性性宣说
诸法，

彼闻是已，能于一切缘生行中，
随分解了无常无恒是不安隐变坏法已，
于一切行心生怖畏、深起厌患，
心生怖畏深起厌患已，遮止诸恶，
于诸恶法能不造作，
于诸善法能勤修习，
习善因故
　　未种善根能种善根、（十信前种解脱分善根位）
　　未清净障能令清净、（十信位）
　　未成熟相续能令成熟、（十解位）
由此因缘多修胜解，（十行位）
亦多积集福德、智慧二种资粮。（十回向位）

彼虽如是种诸善根，乃至积集福德智
慧二种资粮，然于生无自性性中，未
能如实了知相无自性性及二种胜义无
自性性，于一切行
未能正厌、
未正离欲、
未正解脱、
未遍解脱烦恼杂染、
未遍解脱诸业杂染、
未遍解脱诸生杂染

如来为彼更说法
要，谓相无自性
性及胜义无自性
性

彼闻如是所说法已，
于生无自性性中能正信解相无自性性及
胜义无自性性，拣择思惟，如实通达，
于依他起自性中能不执着遍计所执自性
相，
由言说不熏习智故、
由言说不随觉智故、
由言说离随眠智故
能灭依他起相，于现法中智力所持，能
永断灭当来世因，
由此因缘于一切行
能正厌患、（加行道）
能正离欲、（无间道）
能正解脱、（解脱道）
能遍解脱烦恼、业、生三种杂染。

为欲令其于一切行能
正厌故、
正离欲故、
正解脱故、
超过一切烦恼杂染故、
超过一切业杂染故、
超过一切生杂染故。

4.密意说言惟有一乘

原文:"复次胜义生!诸声闻乘种姓有情,亦由此道、此行迹故证得无上安隐涅槃,诸独觉乘种姓有情、诸如来乘种姓有情,亦由此道、此行迹故证得无上安隐涅槃。一切声闻、独觉、菩萨皆共此一妙清净道,皆同此一究竟清净,更无第二。我依此故,密意说言惟有一乘,非于一切有情界中无有种种有情种姓,或钝根性、或中根性、或利根性有情差别。"(译文略)

5.一向趣寂声闻种姓

原文:"善男子!若一向趣寂声闻种姓补特伽罗,虽蒙诸佛施设种种勇猛加行方便化导,终不能令当坐道场证得阿耨多罗三藐三菩提。何以故?由彼本来惟有下劣种姓故,一向慈悲薄弱故,一向怖畏众苦故。由彼一向慈悲薄弱,是故一向弃背利益诸众生事,由彼一向怖畏众苦,是故一向弃背发起诸行所作。我终不说一向弃背利益众生事者、一向弃背发起诸行所作者当坐道场能得阿耨多罗三藐三菩提,是故说彼名为一向趣寂声闻。(译文略)

6.诸有情意解种种差别

如来但依如是三种无自性性，由深密意于所宣说不了义经，以隐密相说诸法要，谓一切法皆无自性、无生无灭、本来寂静、自性涅槃　。

| 于是经中，若诸有情已种
上品善根、
已清净诸障、
已成熟相续、
已多修胜解、
已能积集上品福德智慧资粮，
彼若听闻如是法已，
于我甚深密意言说如实解了，
于如是法深信解，
于如是义以无倒慧
　如实通达，
于此通达善修习故，
　速疾能证最极究竟，
亦于我所深生净信，
知是如来应正等觉于一切法现正等觉。 | 若诸有情已种
上品善根、
已清净诸障、
已成熟相续、
已多修胜解、
未能积集上品福德智慧资粮，
其性质直，
是质直类，
虽无力能思择废立，
而不安住自见取中。
彼若听闻如是法已，于我甚深秘密言说虽无力能如实解了，然于此法能生胜解、发清净信，信此经典是如来说，是甚深显现、甚深空性相，难见难悟、不可寻思，非诸寻思所行境界、微细详审聪明智者之所解了，于此经典所说义中自轻而住， | 若诸有情
广说
乃至

未能积集上品福德智慧资粮，
性非质直，
非质直类，
虽有力能思择废立，
而复安住自见取中。
彼若听闻如是法已，
于我甚深密意言说不能如实解了，
于如是法虽生信解，
然于其义随言执者， | 若诸有情
未种善根、
未清净障、
未熟相续、
无多胜解、
未集福德智慧资粮，
性非质直，
非质直类，
虽有力能思择废立，
而常安住自见取中
彼若听闻如是法已，
不能如实解我甚深密意言说，亦于此法不生信解，于是法中起非法想、于非法中起是法想，于是法中执为非法、于非义中执为是义， |

7. 了义与不了义的三时教法

初时	婆罗疴斯仙人堕处施鹿林中，惟为发趣声闻乘者，以四谛相转正法轮，虽是甚奇、甚为希有，一切世间诸天人等先无有能如法转者，而于彼时所转法轮，有上有容，是未了义，是诸诤论安足处所。
第二时	惟为发趣修大乘者，依一切法皆无自性、无生无灭、本来寂静、自性涅槃，以隐密相转正法轮，虽更甚奇、甚为希有，而于彼时所转法轮，亦是有上、有所容受，犹未了义，是诸诤论安足处所。
第三时	普为发趣一切乘者，依一切法皆无自性、无生无灭、本来寂静、自性涅槃无自性性，以显了相转正法轮，第一甚奇、最为希有，于今世尊所转法轮，无上无容，是真了义，非诸诤论安足处所。

分别瑜伽品第六

1.大乘中修奢摩他、毗钵舍那的依住

菩萨法假安立及不舍阿耨多罗三藐三菩提愿为依、为住，于大乘中修奢摩他、毗钵舍那。

2.四种所缘境事

四种所缘境事	奢摩他毗钵舍那所缘	修道次第上所缘
一者有分别影像所缘境事，	毗钵舍那所缘	通地前地后
二者无分别影像所缘境事	奢摩他所缘	
三者事边际所缘境事	奢摩他、毗钵舍那俱所缘	见道登初地时证得,后后地中以分别影像所缘境事,无分别影像所缘境事,事边际所缘境事三种所缘作意思惟
四者所作成办所缘境事		证得阿耨多罗三藐三菩提,得所作成满所缘。

3.奢摩他的含义与次第

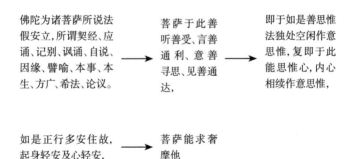

佛陀为诸菩萨所说法假安立,所谓契经、应诵、记别、讽诵、自说、因缘、譬喻、本事、本生、方广、希法、论议。 → 菩萨于此善听善受、言善通利、意善寻思、见善通达, → 即于如是善思惟法独处空闲作意思惟,复即于此能思惟心,内心相续作意思惟,

如是正行多安住故,起身轻安及心轻安, → 菩萨能求奢摩他

4. 毗钵舍那的含义与次第

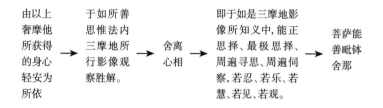

由以上奢摩他所获得的身心轻安为所依 → 于如所善思惟法内三摩地所行影像观察胜解。 → 舍离心相 → 即于如是三摩地影像所知义中,能正思择、最极思择、周遍寻思、周遍伺察,若忍、若乐、若慧、若见、若观。 → 菩萨能善毗钵舍那

5. 未能得轻安的随顺奢摩他,毗钵舍那胜解相应作意

随顺奢摩他胜解相应作意	诸菩萨缘心为境,内思惟心乃至未得身心轻安所有作意
随顺毗钵舍那胜解相应作意	诸菩萨乃至未得身心轻安,于如所思所有诸法内三摩地所缘影像作意思惟

6. 奢摩他、毗钵舍那,心,识的关系

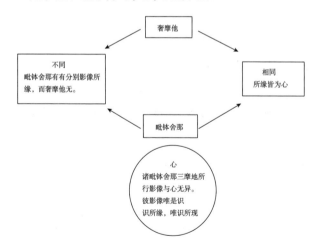

奢摩他

不同
毗钵舍那有有分别影像所缘,而奢摩他无。

相同
所缘皆为心

毗钵舍那

心
诸毗钵舍那三摩地所行影像与心无异。
彼影像唯是识
识所缘,唯识所现

7. 诸毗钵舍那三摩地所行影像与心无异,为何此心还见此心的奥秘

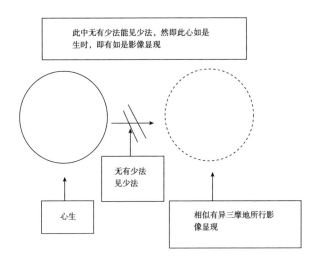

8. 有情日常自性而住、缘色等心所行影像与心、识关系

诸有情自性而住、缘色等心所行影像与心,无有异,而诸愚夫由颠倒觉,于诸影像不能

如实知唯是识,作颠倒解。

（以上三项是佛陀说一切唯识的道理）

9. 一向修毗钵舍那,奢摩他和奢摩他毗钵舍那俱转的含义

菩萨一向修毗钵舍那	相续作意唯思惟心相
菩萨一向修奢摩他	相续作意唯思惟无间心
菩萨奢摩他毗钵舍那和合俱转	正思惟心一境性
心相	三摩地所行有分别影像,毗钵舍那所缘
无间心	缘彼影像心,奢摩他所缘
心一境性	通达三摩地所行影像唯是其识,或通达此已,复思惟如性

10. 毗钵舍那和奢摩他的分类

毗钵舍那	有相毗钵舍那	纯思惟三摩地所行有分别影像毗钵舍那。
	寻求毗钵舍那	由慧故,遍于彼彼未善了一切法中为善了故,作意思惟毗钵舍那。
	伺察毗钵舍那	由慧故,遍于彼彼已善了一切法中为善证得极解脱故,作意思惟毗钵舍那。
奢摩他	三种	随有相毗钵舍那的奢摩他 随寻求毗钵舍那的奢摩他 随伺察毗钵舍那的奢摩他
	八种	初静虑(初禅) 第二静虑(二禅) 第三静虑(三禅) 第四静虑(四禅) 空无边处定 识无边处定 无所有处定 非想非非想处定
	四种	慈无量 悲无量 喜无量 舍无量

11. 依法奢摩他毗钵舍那和不依法奢摩他毗钵舍那

	名 义	修奢摩他毗钵舍那的根性
依法奢摩他毗钵舍那	若诸菩萨随先所受所思法相,而于其义得奢摩他毗钵舍那	由依止法得奢摩他毗钵舍那故,我施设随法行菩萨是利根性,
不依法奢摩他毗钵舍那	若诸菩萨不待所受所思法相,但依于他教诫教授,而于其义得奢摩他毗钵舍那,谓观青瘀及脓烂等、或一切行皆是无常、或诸行苦、或一切法皆无有我、或复涅槃毕竟寂静如是等类奢摩他毗钵舍那,	由不依法得奢摩他毗钵舍那故,我施设随信行菩萨是钝根性。

12. 缘别法奢摩他毗钵舍那和缘总法奢摩他毗钵舍那

	名　义	
缘别法奢摩他毗钵舍那	若诸菩萨缘于各别契经等法,于如所受所思惟法修奢摩他毗钵舍那,是名缘别法奢摩他毗钵舍那。	
缘总法奢摩他毗钵舍那	若诸菩萨即缘一切契经等法,集为一团、一积、一分、一聚作意思惟,此一切法随顺真如、趣向真如、临入真如,随顺菩提、随顺涅槃、随顺转依及趣向彼、若临入彼,此一切法宣说无量无数善法,如是思惟修奢摩他毗钵舍那,是名缘总法奢摩他毗钵舍那。	知菩萨得缘总法奢摩他毗钵舍那的五缘: 一者于思惟时刹那刹那融销一切粗重所依; 二者离种种想,得乐法乐; 三者解了十方无差别相、无量法光; 四者所作成满相应净分无分别相恒现在前; 五者为令法身得成满故,摄受后后转胜妙因。	菩萨于缘总法奢摩他毗钵舍那: 从初极喜地名为通达, 从第三发光地乃名为得

另有缘小总法、缘大总法、缘无量总法奢摩他毗钵舍那:

缘小总法奢摩他毗钵舍那	若缘各别契经乃至各别论义为一团等作意思惟,当知是名缘小总法奢摩他毗钵舍那
缘大总法奢摩他毗钵舍那	若缘乃至所受所思契经等法为一团等作意思惟,非缘各别,当知是名缘大总法奢摩他毗钵舍那
缘无量总法奢摩他毗钵舍那	若缘无量如来法教、无量法句文字、无量后后慧所照了为一团等作意思惟,非缘乃至所受所思,当知是名缘无量总法奢摩他毗钵舍那

2

0

13. 奢摩他、毗钵舍那中的三摩地

有寻有伺三摩地	于如所取寻伺法相,若有粗显领受观察诸奢摩他毗钵舍那,是名有寻有伺三摩地。	若有寻求奢摩他毗钵舍那,是名有寻有伺三摩地。
无寻惟伺三摩地	若于彼相,虽无粗显领受观察,而有微细彼光明念领受观察诸奢摩他毗钵舍那是名无寻惟伺三摩地。	若有伺察奢摩他毗钵舍那,是名无寻惟伺三摩地。
无寻无伺三摩地	若即于彼一切法相,都无作意领受观察诸奢摩他毗钵舍那,是名无寻无伺三摩地。	若缘总法奢摩他毗钵舍那,是名无寻无伺三摩地。

14. 修奢摩他、毗钵舍那中的止相、举相、舍相

	所对治	作 意
止相	心掉举或恐掉举	诸可厌法作意及彼无间心作意,是名止相
举相	心沉没或恐沉没	诸可欣法作意及彼心相作意,是名举相
舍相	若于一向止道、或于一向观道、或于双运转道二随烦恼所染污时,	诸无功用作意及心任运转中所有作意,是名舍相

15. 修奢摩他、毗钵舍那诸菩萨众的知法知义

修奢摩他、毗钵舍那诸菩萨众知法 {
一者知名:谓于一切染净法中,所立自性想假施设。
二者知句:谓即于彼名聚集中,能随宣说诸染净义依持建立。
三者知文:谓即名、句二所依止字。
四者知别:谓由各别所缘作意。
五者知总:谓由总合所缘作意。
}

彼诸菩萨由十种相了知于义

一者知尽所有性:诸杂染清净法中,所有一切品别边际,是名此尽所有性。
二者知如所有性:即一切染净法中所有真如,是名此中如所有性。(此中有七种真如,见下图)
三者知能取义:内五色处,若心、意、识及诸心法。
四者知所取义:诸外六处。又能取义,亦所取义。
五者知建立义:器世界,于中可得建立一切诸有情界。
六者知受用义:所说诸有情类,为受用故摄受资具。
七者知颠倒义:即于彼能取等义,无常计常,想倒、心倒、见倒,苦计为乐、不净计净、无我计我,想倒、心倒、见倒。
八者知无倒义:与颠倒义相违、能对治彼。
九者知杂染义:三界中三种杂染,一者烦恼杂染,二者业杂染,三者生杂染。
十者知清净义:即三种杂染所有离系菩提分法。

修奢摩他、毗钵舍那诸菩萨众知义

彼诸菩萨由能了知五种义故名为知义

一者遍知事:即是一切所知,谓或诸蕴、或诸内处、或诸外处,如是一切。
二者遍知义:乃至所有品类差别所应知境,谓世俗故、或胜义故,或功德故、或过失故,缘故,世故,或生、或住、或坏相故,或如病等故,或苦、集等故,或真如、实际、法界等故,或广、略故,或一向记故、或分别记故、或反问记故、或置记故,或隐密故、或显了故如是等类,当知一切名遍知义。
三者遍知因:即是能取前二者的菩提分法,所谓念住或正断等。
四者得遍知果:谓贪恚痴永毗奈耶及贪恚痴一切永断的诸沙门果,及佛陀所说声闻、如来若共不共、世出世间所有功德,对于这些果位和功德去作证。
五者于此觉了:谓即于此作证法中诸解脱智广为他说、宣扬开示。

修奢摩他、毗钵舍那诸菩萨众知义	彼诸菩萨由能了知四种义故名为知义。	一者心执受义， 二者领纳义， 三者了别义， 四者杂染清净义。
	彼诸菩萨由能了知三种义故名为知义三义	一者文义：谓名身等 二者义义，复有十种： 一者真实相，　六者即彼真实相等品类差 　　　　　　　　别相， 二者遍知相，　七者所依、能依相属相， 三者永断相，　八者即遍知等障碍法相， 四者作证相，　九者即彼随顺法相， 五者修习相，　十者不遍知等及遍知等过 　　　　　　　　患、功德相。三者界义。 五种界： 一者器世界，　四者所调伏界， 二者有情界，　五者调伏方便界。 三者法界，

16. 闻所成慧了、思所成慧、奢摩他毗钵舍那修所成慧了知其义的差别

闻所成慧	依止于文，但如其说，未善意趣，未现在前，随顺解脱，未能领受成解脱义，
思所成慧	亦依于文，不惟如说，能善意趣，未现在前，转顺解脱，未能领受成解脱义
修所成慧	亦依于文、亦不依文，亦如其说、亦不如说，能善意趣，所知事同分三摩地所行影像现前，极顺解脱，已能领受成解脱义。

17. 修奢摩他、毗钵舍那中的智与见

智	若缘总法修奢摩他毗钵舍那所有妙慧，是名为智。
见	若缘别法修奢摩他毗钵舍那所有妙慧，是名为见。

18.修奢摩他毗钵舍那诸菩萨众的作意和除遣诸相

真如作意
除遣

法相：名、句、文、别、总
义相：以上所说十义、五义、
四义、三义等一切义

除遣的总原则：
1、对于诸法相、义相的名和名自性无所得，
2、也不观彼所依之相，如是除遣。
具体为：
如于其名，于句、于文、于一切义当知亦尔，乃至于界及界自性无所
得时，亦不观彼所依之相，如是除遣。
另：
所了知真如义中都无有相，亦无所得。
了知真如义时，能伏一切法义之相，非此了达，余所能伏。

19.菩萨善修心与观察心

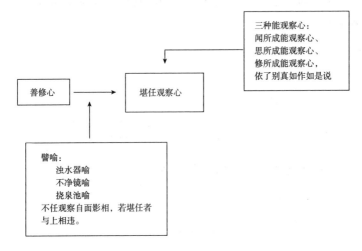

三种能观察心：
闻所成能观察心、
思所成能观察心、
修所成能观察心，
依了别真如作如是说

善修心

堪任观察心

譬喻：
　浊水器喻
　不净镜喻
　挠泉池喻
不任观察自面影相，若堪任者
与上相违。

20.了知法义菩萨遣除诸相的原理

①空能除遣十种相

了知的十种法义	十种相	空能除遣
一者了知法义	有种种文字相	一切法空
二者了知安立真如义	有生灭住异性、相续随转相	相空、无先后空
三者了知能取义	有顾恋身相及我慢相,	内空、无所得空
四者了知所取义	有顾恋财相,	外空
五者了知受用义	男女承事、资具相应故,有内安乐相、外净妙相	内外空、本性空
六者了知建立义	有无量相	大空
七者了知无色	有内寂静解脱相	有为空
八者了知相真如义	有补特伽罗无我相、法无我相、若唯识相及胜义相	毕竟空、无性空、无性自性空及胜义空
九者由知清净真如义	有无为相、无变异相	无为空、无变异空
十者即于彼相对治空性作意思惟	有空性相	空空

以上就胜来说以上十种相除遣,是某种空治某种相,但不是说各个空不能治一切相,这就象十二缘起中的无明不是不能生识乃至老等诸杂染法,就胜来说是无明生行,这是由于诸行亲近的缘故。

②略图

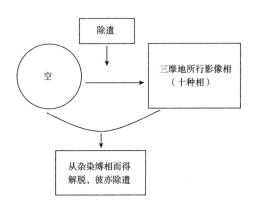

21. 大乘总空性相

原文：若于依他起相及圆成实相中，一切品类杂染、清净遍计所执相毕竟远离性，及于此中都无所得，如是名为于大乘中总空性相。

译文：如果在依他起相和圆成实相中，对一切品类杂染的遍计所执相和一切品类的清净遍计所执相毕竟的远离性，而且于其中都无所得，这称为大乘中的总空性相。

22. 奢摩他、毗钵舍那的因、果、业

因	果	业
清净尸罗、清净闻思所成正见以为其因。	善清净心、善清净慧以为其果。 一切声闻及如来等所有世间及出世间一切善法，当知皆是此奢摩他毗钵舍那所得之果。	能解脱相缚和粗重缚二缚为业。

23. 奢摩他、毗钵舍那的障与圆满清净

	障				圆满清净
	五种系中		五盖中		
	障	俱障	障	俱障	
奢摩他	顾恋身、财	乐相杂住、于少喜足当知俱障，由第一故不能造修，由第二故所修加行不到究竟。	掉举恶作	贪欲嗔恚	乃至所有惛沉、睡眠正善除遣
毗钵舍那	于诸圣教不得随欲		惛沉睡眠、疑		乃至所有掉举、恶作正善除遣

24. 奢摩他、毗钵舍那现在前时的五种心散动

一者作意散动	若诸菩萨舍于大乘相应作意，堕在声闻、独觉相应诸作意中，当知是名作意散动。
二者外心散动	若于其外五种妙欲诸杂乱相所有寻思随烦恼中，及于其外所缘境中纵心流散，当知是名外心散动。
三者内心散动	若由惛沉及以睡眠、或由沉没、或由爱味三摩钵底、或由随一三摩钵底诸随烦恼之所染污，当知是名内心散动。
四者相散动	若依外相，于内等持所行诸相作意思惟，名相散动。
五者粗重散动	若内作意为缘生起所有诸受，由粗重身计我起慢，当知是名粗重散动。

25. 奢摩他、毗钵舍那从初菩萨地乃至如来地的对治障

菩萨十地和佛地	奢摩他、毗钵舍那对治障
初地	对治恶趣烦恼业、生、杂染障
第二地	对治微细误犯现行障，
第三地	对治欲贪障
第四地	对治定爱及法爱障
第五地	对治生死涅槃一向背趣障
第六地	对治相多现行障
第七地	对治细相现行障
第八地	对治于无相作功用及于有相不得自在障
第九地	对治于一切种善巧言辞不得自在障
第十地	对治不得圆满法身证得障

续表

菩萨十地和佛地	奢摩他、毗钵舍那对治障
如来地	对治极微细、最极微细烦恼障及所知障由能永害如是障故,究竟证得无著无碍一切智见,依于所作成满所缘建立最极清净法身。

26. 菩萨依奢摩他毗钵舍那勤修行证得阿耨多罗三藐三菩提的过程

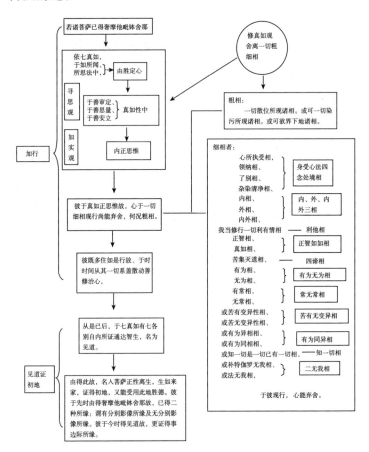

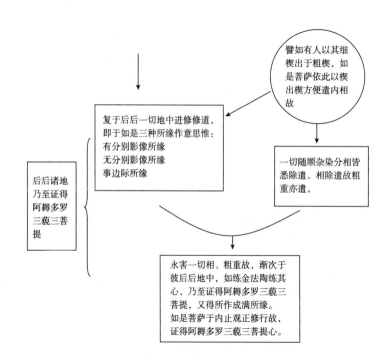

譬如有人以其细楔出于粗楔，如是菩萨依此以楔出楔方便遣内相故

复于后后一切地中进修修道，即于如是三种所缘作意思惟：
有分别影像所缘
无分别影像所缘
事边际所缘

后后诸地乃至证得阿耨多罗三藐三菩提

一切随顺杂染分相皆悉除遣，相除遣故粗重亦遣，

永害一切相、粗重故，渐次于彼后后地中，如练金法陶练其心，乃至证得阿耨多罗三藐三菩提，又得所作成满所缘。
如是菩萨于内止观正修行故，证得阿耨多罗三藐三菩提心。

27. 菩萨善知六处能引发菩萨所有广大威德

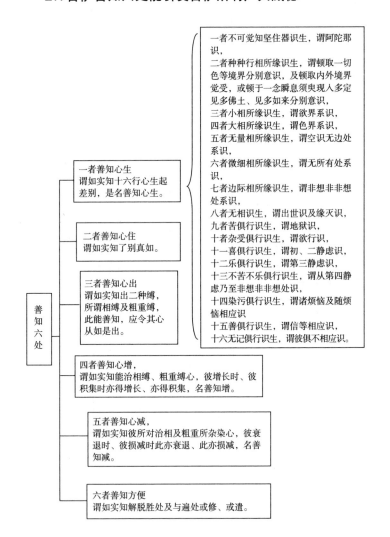

善
知
六
处

一者善知心生
谓如实知十六行心生起
差别，是名善知心生。

二者善知心住
谓如实知了别真如。

三者善知心出
谓如实知出二种缚，
所谓相缚及粗重缚，
此能善知，应令其心
从如是出。

四者善知心增，
谓如实知能治相缚、粗重缚心，彼增长时、彼
积集时亦得增长、亦得积集，名善知增。

五者善知心减，
谓如实知彼所对治相及粗重所杂染心，彼衰
退时、彼损减时此亦衰退、此亦损减，名善
知减。

六者善知方便
谓如实知解脱胜处及与遍处或修、或遣。

一者不可觉知坚住器识生，谓阿陀那
识，

二者种种行相所缘识生，谓顿取一切
色等境界分别意识，及顿取内外境界
觉受，或顿于一念瞬息须臾现入多定
见多佛土、见多如来分别意识，

三者小相所缘识生，谓欲界系识，

四者大相所缘识生，谓色界系识，

五者无量相所缘识生，谓空识无边处
系识，

六者微细相所缘识生，谓无所有处
识，

七者边际相所缘识生，谓非想非非想
处系识，

八者无相识生，谓出世间及缘灭识，

九者苦俱行识生，谓地狱识，

十者杂受俱行识生，谓欲界识，

十一喜俱行识生，谓初、二静虑识，

十二乐俱行识生，谓第三静虑识，

十三不苦不乐俱行识生，谓从第四静
虑乃至非想非非想处识，

十四染污俱行识生，谓诸烦恼及随烦
恼相应识，

十五善俱行识生，谓信等相应识，

十六无记俱行识生，谓彼俱不相应识。

28. 无余依涅槃界中无余永灭的二种受

一者所依粗重受	一者有色所依受	于有余依涅槃界中: 果未成满受一切已灭, 领彼对治明触生受, 领受共有, 或复彼果已成满受, 又二种一切已灭, 惟现领受明触生受。
	二者无色所依受	
	三者果已成满粗重受	
	四者果未成满粗重受	
二者彼果境界受	一者依持受	
	二者资具受,	
	三者受用受	
	四者顾恋受	

地波罗蜜多品第七

1. 菩萨十地十一分圆满过程

十地	名称	圆满	未圆满	四种清净所摄
初地	极喜地	菩萨先于胜解行地, 依十法行极善修习胜解忍故, 超过彼地证入菩萨正性离生。	未能于微细毁犯误现行中正知而行。	增上意乐清净
第二地	离垢地	能于微细毁犯误现行中正知而行。	未能得世间圆满等持、等至及圆满闻持陀罗尼。	增上戒清净
第三地	发光地	能得世间圆满等持、等至及圆满闻持陀罗尼。	未能令随所获得菩提分法多修习住, 心未能舍诸等至爱及与法爱。	增上心清净

十地	名称	圆满	未圆满	四种清净所摄
第四地	焰慧地	能令随所获得菩提分法多修习住，心能舍诸等至爱及与法爱。	未能于诸谛道理如实观察，又未能于生死涅槃弃舍一向背趣作意，又未能修方便所摄菩提分法。	
第五地	极难胜地	能于诸谛道理如实观察，又能于生死涅槃弃舍一向背趣作意，又能修方便所摄菩提分法。	未能于生死流转如实观察，又由于彼多生厌故未能多住无相作意。	
第六地	现前地	能于生死流转如实观察，又由于彼不多生厌故能多住无相作意。	未能令无相作意无缺无间多修习住。	
第七地	远行地	能令无相作意无缺无间多修习住。	未能于无相住中舍离功用，又未能得于相自在，	增上慧清净
第八地	不动地	能于无相住中舍离功用，又能得于相自在。	未能于异名众相、训词差别一切品类宣说法中得大自在，	
第九地	善慧地	能于异名众相、训词差别一切品类宣说法中得大自在。	未能得圆满法身现前证受。	
第十地	法云地，	能得圆满法身现前证受。	未能得遍于一切所知境界无着无碍妙智妙见。	
（第十一地）	（佛地）	能得遍于一切所知境界无着无碍妙智妙见。	一切分皆得圆满	

2.菩萨十地得名、所对治、功德殊胜

十地	名称	得名	所对治的愚痴和粗重	殊胜安立、功德递增
初地	极喜地	成就大义,得未曾得出世间心,生大欢喜。	一者执着补特伽罗及法愚痴、二者恶趣杂染愚痴及彼粗重为所对治。	一者增上意乐清净,二者心清净,三者悲清净,四者至彼岸清净,五者见佛供养承事清净,六者成熟有情清净,七者生清净,八者威德清净。(佛地没有生清净)
第二地	离垢地	远离一切微细犯戒。	一者微细误犯愚痴、二者种种业趣愚痴及彼粗重为所对治。	
第三地	发光地	由彼所得三摩地及闻持陀罗尼,能为无量智光依止。	一者欲贪愚痴、二者圆满闻持陀罗尼愚痴及彼粗重为所对治。	
第四地	焰慧地	由彼所得菩提分法烧诸烦恼,智如火焰。	一者等至爱愚痴、二者法爱愚痴及彼粗重为所对治。	
第五地	极难胜地	由即于彼菩提分法方便修习最极艰难方得自在。	一者一向作意弃背生死愚痴、二者一向作意趣向涅槃愚痴及彼粗重为所对治。	
第六地	现前地	现前观察诸行流转,又于无相多修作意方现在前。	一者现前观察诸行流转愚痴、二者相多现行愚痴及彼粗重为所对治。	
第七地	远行地	能远证入无缺无间无相作意,与清净地共相邻接	一者微细相现行愚痴、二者一向无相作意方便愚痴及彼粗重为所对治。	
第八地	不动地	由于无相得无功用,于诸相中不为现行烦恼所动	一者于无相作功用愚痴、二者于相自在愚痴及彼粗重为所对治。	诸地乃至佛地诸清净展转增胜 初地中所有功德于上诸地平等皆有,当知自地功德殊胜。
第九地	善慧地	于一切种说法自在,获得无碍广大智慧,	一者于无量法无量法句文字后慧辩陀罗尼自在愚痴、二者辩才自在愚痴及彼粗重为所对治。	
第十地	法云地	粗重之身广如虚空,法身圆满譬如大云皆能遍覆	一者大神通愚痴、二者悟入微细秘密愚痴及彼粗重为所对治。	
(第十一地)	(佛地)	永断最极微细烦恼及所知障,无着无碍于一切种所知境界现正等觉	一者于一切所知境界极微细着愚痴、二者极微细碍愚痴及彼粗重为所对治。	

3.菩萨生于诸有生最为殊胜的四因缘

一者极净善根所集起故,二者故意思择力所取故,

三者悲愍济度诸众生故,四者自能无染除他染故。

4.菩萨能行广大愿、妙愿、胜愿的四因缘

谓诸菩萨能善了知涅槃乐住,堪能速证;而复弃舍速证
乐住;

无缘、无待发大愿心;为欲利益诸有情故,处多种种长时
大苦。

5.菩萨六种所应学事(六波罗蜜多)

	戒、心、慧学所摄	资粮所摄	五相修学	所应学事的原因	
布施	增上戒学所摄	福德资粮	一者最初于菩萨藏波罗蜜多相应微妙正法教中猛利信解,二者次于十种法行以闻、思、修所成妙智精进修行,三者随护菩提之心,四者亲近真善知识,五者无间勤修善品。	摄受资具饶益有情。	饶益有情
持戒				不行损害、逼迫、恼乱饶益有情。	
忍辱				于彼损害、逼迫、恼乱堪能忍受饶益有情。	
精进	增上戒学、增上心学、增上慧学俱摄	福德资粮智慧资粮俱摄		虽未永伏一切烦恼,亦未永害一切随眠,而能勇猛修诸善品,彼诸烦恼不能倾动善品加行。	对治一切烦恼
静虑	增上心学所摄			永伏烦恼	
智慧到彼岸	增上慧学所摄	智慧资粮所摄		永害随眠	

	四波罗蜜多助伴	六波罗蜜多次第	六波罗蜜多各自品类差别	波罗蜜多诸相违事	波罗蜜多果异熟
布施			一者法施	一者于喜乐欲财富自在诸欲乐中深见功德及与胜利	一者得大财富
			二者财施		
			三者无畏施		
持戒	方便波罗蜜多	后后引发依,菩萨若于身财无所顾吝,	一者转舍不善戒	二者于随所乐纵身语意而现行中深见功德及与胜利,	二者往生善趣
			二者转生善戒		
			三者转生绕益有情戒		
忍辱			一者耐怨害忍	三者于他轻蔑不堪忍中深见功德及与胜利,	三者无怨无坏多诸喜乐
		受持清净禁戒,	二者安受苦忍		
			三者谛察法忍		
精进	愿波罗蜜多	为护禁戒便修忍辱,	一者被甲精进	四者于不勤修着欲乐中深见功德及与胜利	四者为众生主
			二者转生善法加行精进		
			三者饶益有情加行精进		
静虑	力波罗蜜多	修忍辱已能发精进,	一者无分别寂静极寂静无罪故对治烦恼众苦乐住静虑	五者于处愦闹世杂乱行深见功德及与胜利,	五者身无恼害
		发精进已能办静虑,	二者引发功德静虑		
			三者引发饶益有情静虑		
智慧到彼岸	智波罗蜜多	具静虑已便能获得出世间慧	一者缘世俗谛慧	六者于见闻觉知言说戏论深见功德及与胜利。	六者有大宗叶
			二者缘胜义谛慧		
			三者缘饶益有情慧		

6. 波罗蜜多的间杂染法

略由四种加行:一者无悲加行故,二者不如理加行故,三者不常加行故,四者不殷重加行故。不如理加行者,谓修行余波罗蜜多时,于余波罗蜜多远离失坏。

7. 波罗蜜多的非方便行

若诸菩萨以波罗蜜多饶益众生时,但摄财物饶益众生便为喜足,而不令其出不善处安置善处,如是名为非方便行。

8. 波罗蜜多清净相

总说一切波罗蜜多清净相:
一者菩萨于此诸法不求他知,
二者于此诸法见已不生执着,
三者即于如是诸法不生疑惑:谓为能得大菩提不?

别说一切波罗蜜多清净相

一者由施物清净行清净施,
二者由戒清净行清净施,
三者由见清净行清净施,
四者由心清净行清净施,
五者由语清净行清净施,
六者由智清净行清净施,
七者由垢清净行清净施,
是名七种施清净相。

善了知制立律仪一切学处,
能善了知出离所犯,
具常尸罗,
坚固尸罗,
常作尸罗,
常转尸罗,
受学一切所有学处,
是名七种戒清净相。

若诸菩萨于自所有业果异熟深生依信,
一切所有不饶益事现在前时不生愤发;
亦不反骂、不嗔、不打、不恐、不弄、
不以种种不饶益事反相加害;
不怀怨结;
若谏诲时不令恚恼;
亦复不待他来谏诲;
不由恐怖、有染爱心而行忍辱;
不以作恩而便放舍;
是名七种忍清净相。

若诸菩萨通达精进平等之性;
不由勇猛勤精进故自举凌他;
具大势力;
具大精进;
有所堪能;
坚固勇猛;
于诸善法终不舍轭;
如是名为七种精进清净之相。

若诸菩萨有善通达相三摩地静虑； 有无所依三摩地静虑；

有圆满三摩地静虑； 有善修治三摩地静虑；

有俱分三摩地 有于菩萨藏闻缘修习无量三摩地静虑；

有运转三摩地静虑； 如是名为七种静虑清净之相。

四者终不自赞毁他有所轻蔑，
五者终不憍傲放逸，
六者终不少有所得便生喜足，
七者终不由此诸法于他发起嫉妒悭吝。

若诸菩萨远离增益、损减二边，行于中道，是名为慧；

由此慧故，如实了知解脱门义，谓空、无愿、无相三解脱门；

如实了知有自性义，谓遍计所执、若依他起、若圆成实三种自性；了知无自性性，谓相、生、胜三种无自性性，如实了知世俗谛义，谓于五明处；

如实了知胜义谛义，谓于七真如；

又无分别离诸戏论纯一理趣多所住故、无量总法为所缘故、及毗钵舍那故；

能善成办法随法行；

是名七种慧清净相。

9. 波罗蜜多五相

五 相	名 义	所行业	在波罗蜜多中特点
无染着	不染着波罗蜜多诸相违事	于现法中，于所修习波罗蜜多，恒常殷重勤修加行无有放逸，	最为广大
无顾恋	于一切波罗蜜多诸果异熟及报恩中,心无系缚	摄受当来不放逸因	最为广大
无罪过	于如是波罗蜜多无间杂染法，离非方便行	能正修习极善圆满、极善清净、极善鲜白波罗蜜多。	无染污

续表

五 相	名 义	所行业	在波罗蜜多中特点
无分别	于如是波罗蜜多不如言词执着自相	方便善巧波罗蜜多速得圆满。	无染污
正回向	以如是所作、所集波罗蜜多,回求无上大菩提果	一切生处波罗蜜多及彼可爱诸果异熟皆得无尽,乃至无上正等菩提。	最为广大(另在位次上,思择所作最为明盛,已入无退转法地者名不可动,若十地摄、佛地摄者名最清净。)

10. 一切波罗蜜多各有四种最胜威德

一者于此波罗蜜多正修行时,能舍悭吝、犯戒、心愤、懈怠、散乱、见趣所治,

二者于此正修行时,能为无上正等菩提真实资粮,

三者于此正修行时,于现法中,能自摄受饶益有情,

四者于此正修行时,于未来世,能得广大无尽可爱诸果异熟。

11. 波罗蜜多的因、果、义利

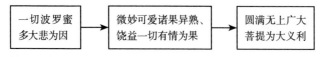

一切波罗蜜多大悲为因 → 微妙可爱诸果异熟、饶益一切有情为果 → 圆满无上广大菩提为大义利

12. 般若波罗蜜多能取诸法无自性性

原文"善男子! 我终不说以无自性性取无自性性,然无自性性离诸文字、自内所证,不可舍于言说文字而能宣说,是故我说般若波罗蜜多能取诸法无自性性。"

译文:"善男子! 我最终不说以无自性性取无自性性(因无自性性离名言不可说取,若说取,则成为有执着的无自性性,与本义不符),虽然无自性性是离诸文字、自内所证的,但也不可

以离开言说文字而能宣说的,因此我宣说般若波罗蜜多能取诸
法无自性性。"

13. 三种波罗蜜多

波罗蜜多分类	分时	名义
波罗蜜多	胜解行地软中胜解转时	若诸菩萨经无量时修行施等成就善法,而诸烦恼犹故现行未能制伏,然为彼伏,谓于胜解行地软中胜解转时,是名波罗蜜多。
近波罗蜜多	初地以上	复于无量时修行施等渐复增上成就善法,而诸烦恼犹故现行,然能制伏,非彼所伏,谓从初地已上,是名近波罗蜜多。
大波罗蜜多	八地以上	复于无量时修行施等转复增上成就善法,一切烦恼皆不现行,谓从八地已上,是名大波罗蜜多。

14. 菩萨十地、佛地和随眠（种子）

菩萨十地和佛地	随眠	粗重断
前五地	害伴随眠:诸不俱生现行烦恼,是俱生烦恼现行助伴,彼于尔时永无复有,是故说名害伴随眠。	皮粗重断
第六地、第七地	羸劣随眠:微细现行若修所伏不现行故。	
第八地、第九地、第十地	微细随眠:从此已去一切烦恼不复现行,惟有所知障为依止故。	肤粗重断
佛地	骨粗重断,永离一切随眠。	

15. 菩萨深信爱乐波罗蜜多,而不深信爱乐波罗蜜多所得果的五种原因

一者波罗蜜多是最增上喜乐因故,

二者波罗蜜多是其究竟饶益一切自他因故,

三者波罗蜜多是当来世彼可爱果异熟因故，

四者波罗蜜多非诸杂染所依事故，

五者波罗蜜多非是毕竟变坏法故。

16. 如来宣说声闻乘、大乘惟是一乘的密意

原文："善男子！如我于彼声闻乘中，宣说种种诸法自性，所谓五蕴、或内六处、或外六处如是等类，于大乘中即说彼法同一法界、同一理趣，故我不说乘差别性。于中或有如言于义妄起分别，一类增益、一类损减，又于诸乘差别道理谓互相违，如是展转递兴诤论，如是名为此中密意。"

译文："善男子！象我在那些声闻乘中所宣说的种种诸法自性，如五蕴、或内六处、或外六处如是等等种类，在大乘中就说那些法同一法界、同一理趣，因此我不说乘的差别性。在这其中或许有如言取义而妄起分别的，一类取义，会定执三乘一向是各自不同，从而增益；一类取义，会定执只有一乘，从而损减。同时又会于诸乘的差别道理认为是互相违背的。这样会展转兴起诤论。（如此，我宣说或所谓的声闻乘，或所谓的大乘这些实际上只是一乘，）这样称为此中的密意。

第八如来成所作事品：

1. 如来法身

若于诸地波罗蜜多善修出离，转依成满，是名如来法身之相。当知此相二因缘故不

可思议，无戏论故、无所为故，而诸众生计着戏论、有所为故。

2. 如来化身

遍于一切三千大千佛国土中，或众推许增上王家，或众推许大福田家，同时入胎、

诞生、长大、受欲、出家、示行苦行、舍苦行已成等正觉，次第示现，是名如来示

现化身方便善巧。

3. 如来言音

如来言音	契经	调伏	本母
名义	若于是处，我依摄事显示诸法是名契经	若于是处，我依声闻及诸菩萨显示别解脱及别解脱相应之法是名调伏。	若于是处，我以十一种相决了分别显示诸法，是名本母。
所摄	四事：一者听闻事，二者归趣事，三者修学事，四者菩提事。 九事：一者施设有情事，二者彼所受用事，三者彼生起事，四者彼生已住事，五者彼染净事，六者彼差别事，七者能宣说事，八者所宣说事，九者诸众会事。 二十九事：如下图。	别解脱七相所摄： 一者宣说受轨则事，二者宣说随顺他胜事，三者宣说随顺毁犯事，四者宣说有犯自性，五者宣说无犯自性，六者宣说出所犯，七者宣说舍律仪。	十一种相： 一者世俗相，有三种： 　一者宣说补特伽罗， 　二者宣说遍计所执自性， 　三者宣说诸法作用事业， 二者胜义相， 三者菩提分法所缘相， 四者行相，有八相： 　一者谛实， 　二者安住， 　三者过失， 　四者功德， 　五者理趣， 有六种： 　一者真义理趣， 　二者证得理趣， 　三者教导理趣， 　四者远离二边理趣， 　五者不可思议理趣，

			六者意趣理趣， 六者流转， 七者道理， 一者观待道理， 二者作用道理， 三者证成道理， 五种相名为清净： 一者现见所得相， 二者依止现见所得相， 三者自类譬喻所引相， 四者圆成实相， 五者善清净言教相。 七种相名不清净： 一者此余同类可得相， 二者此余异类可得相， 三者一切同 类可得相， 四者一切异类可得相， 五者异类譬喻所得相， 六者非圆成实相， 七者非善清净言教相。 四者法尔道理， 八者总别， 五者自性相， 六者彼果相， 七者彼领受开示相， 八者彼障碍法相， 九者彼随顺法相， 十者彼过患相， 十一者彼胜利相。

4. 如来所说契经二十九事

一依杂染品
说有四事
- 摄诸行事 ---------------------------------- 说五蕴事
- 彼次第随转事 ---------------------------------- 十二缘生事
- 即于是中作补特伽罗想
已于当来世流转因事 ---------------------------- 说我执事
- 作法想已于当来世流转因事 --------------------- 说法执事

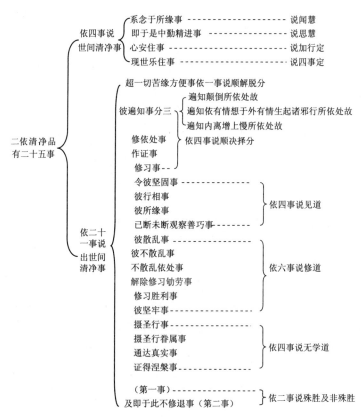

（此图引自观空法师从藏译汉补译的《解深密经疏》）

5.《解深密经》中的四种道理

四种道理	观待道理	作用道理	证成道理	法尔道理
原文	若因若缘能生诸行及起随说，如是名为观待道理。	若因若缘能得诸法，或能成办，或复生已作诸业用，如是名为作用道理。	若因若缘令所立、所说、所标义得成立，令正觉悟，如是名为证成道理。	如来出世、若不出世，法性、安住、法住、法界，是名法尔道理

四种道理	观待道理	作用道理	证成道理	法尔道理
译文	诸因诸缘的势力，生起诸行，诸行生起时要观待诸因诸缘，以及对此随起言说时要以名身、句身、文身等观待诸行而起，这样称为观待道理	诸因诸缘具足而能得诸法或者能成办或诸法生起后能有诸业用，这样称为作用道理。	对于诸因诸缘能够使所安立的宗义，所说立义的依据，解释先所说的立义获得成立，由此还能令人生起正确的觉悟。这样称为证成道理。	不管如来出世或不出世，法性、安住、法住、法界，这样称为法尔道理。

6. 证成道理的五相清净和七相不清净

现见所得相	谓一切行皆无常性、一切行皆是苦性、一切法皆无我性，此为世间现量所得，如是等类是名现见所得相。
依止现见所得相	谓一切行皆刹那性、他世有性、净不净业无失坏性，由彼能依粗无常性现得故，由诸有情种种差别依种种业现得故，由诸有情若乐若苦、净不净业为依止现得故，由此因缘于不现见可为比度，如是等类是名依止现见所得相。
自类譬喻所引相	谓于内外诸行聚中，引诸世间共所了知所得生死以为譬喻，引诸世间共所了知所得生等种种苦相以为譬喻，引诸世间共所了知所得不自在相以为譬喻，又复于外引诸世间共所了知所得衰盛以为譬喻，如是等类当知是名自类譬喻所引相。
圆成实相	谓即如是现见所得相，若依止现见所得相，若自类譬喻所得相，于所成立决定能成，当知是名圆成实相。
善清净言教相	谓一切智者之所宣说，如言涅槃究竟寂静，如是等类当知是名善清净言教相。
一切同类可得相	若一切法意识所识性，是名一切同类可得相。
一切异类可得相	由随如是一一异相决定展转各各异相，是名一切异类可得相。

续表

非圆成实相	若于此余同类可得相及譬喻中,有一切异类相者,由此因缘,于所成立非决定故,是名非圆成实相;
	又于此余异类可得相及譬喻中,有一切同类相者,由此因缘于所成立不决定故,是名非圆成实相。

7. 一切智者相

略有五种:

一者若有出现世间,一切智声无不普闻,

二者成就三十二种大丈夫相,

三者具足十力,能断一切众生一切疑惑,

四者具足四无所畏宣说正法,不为一切他论所伏,而能摧伏一切邪论,

五者于善说法毗奈耶中,八支圣道、四沙门等皆现可得。

7. 契经、调伏、本母不共外道陀罗尼义（三藏总持义）

原文:善男子! 若杂染法、若清净法,我说一切皆无作用,亦都无有补特伽罗,以一切种离所为故,非杂染法先染后净,非清净法后净先染。凡夫异生于粗重身执着诸法、补特伽罗自性、差别,随眠妄见以为缘故计我我所,由此妄谓我见、我闻、我嗅、我尝、我触、我知、我食、我作、我染、我净如是等类邪加行转,若有如实知如是者,便能永断粗重之身,获得一切烦恼不住,最极清净,离诸戏论,无为依止,无有加行。善男子! 当知是名略说不共陀罗尼义。善男子! 应当知道这是略说不共陀罗尼义。

译文:对于杂染法、对于清净法我说一切皆没有作用,也没

有补特伽罗,因一切种离所为的缘故。杂染法不是先染后可转净的,清净法也不是后转净先前是染垢的。凡夫众生于有漏五蕴的粗重身起执着诸法、补特伽罗有自性差别,这是由于凡夫众生以随眠种子和妄见以为缘而遍计有我和我所,并由此妄见而认为有我见、我闻、我嗅、我触、我知、我食、我作、我染、我净这样等类的邪加行转。如果能如实地知道这样的道理,便能永断烦恼的粗重之身,获得一切烦恼不住,最极清净,离诸戏论,无为依止,无有加行。

8. 如来心生起的原因

原文:善男子! 先所修习方便般若加行力故有心生起。善男子! 譬如正入无心睡眠,非于觉悟而作加行,由先所作加行势力而复觉悟;又如正在灭尽定中,非于起定而作加行,由先所作加行势力还从定起。如从睡眠及灭尽定心更生起,如是如来由先修习方便般若加行力故,当知复有心法生起。”

译文:善男子! 这是由于先前所修习方便般若加行力的缘故而有心自然生起。善男子!

这好像正入无心睡眠的人,不是在睡眠中作觉醒的加行,而是由于睡前所作的加行势力而使其觉醒;这又像有情正在灭尽定中,其在定中不作起定的加行,是由于入灭尽定之前所作的加行势力使其从灭尽定出。像从睡眠和灭尽定中的心再生起一样,如来由于先前修习的方便般若加行力的缘故,应当知道再有心法生起。

9. 如来境界五界

一者有情界,二者世界,三者法界,四者调伏界,五者调伏方便界。

10. 秽土八事易得

一者外道,二者有苦众生,三者种姓家世兴衰差别,四者行诸恶行,五者毁犯尸罗,六者恶趣,七者下乘,八者下劣意乐加行菩萨。

秽土二事难得

一者增上意乐加行菩萨之所游集,二者如来出现于世。

延伸阅读书目

1.《藏要》第一辑,《解深密经》。

2.《大正藏》第十六册,《深密解脱经》,《解深密经》,《佛说解节经》,《相续解脱地波罗蜜了义经》,《相续解脱如来所作随顺处了义经》。

3.《大正藏》第三十册,《瑜伽师地论》。

4.《大正藏》第三十一册,《显扬圣教论》,《成唯识论》。

5. 圆测法师,《解深密经疏》,金陵刻经处版,佛陀教育基金会版,《卐新纂续藏经》版第21册。

6. 欧阳竟无居士编,《解深密经注》,金陵刻经处。

7. 太虚大师,《太虚大师全书》精第7册《解深密经纲要》,《解深密经— 如来成所作事品讲录》,台湾善导寺佛经流通处出版,财团法人印顺文教基金会,1980。

8. 演培法师,《谛观全集》第七册,《解深密经语体释》,台湾天华出版事业有限公司,1986。

9. 巨赞法师,《现代佛学》1959年1月号(总101);1959年2月号(总102),《〈解深密经·无自性相品〉述意》。

10. 济群法师,《内明》第246期,《〈解深密经〉与唯识思想》;《〈解深密经〉要义说》,《解深密经讲义》,网络版。

11. 韩清净居士,《瑜伽师地论披寻记》,网络九校版。

12. 智藏论师造,韩镜清居士译藏为汉,《瑜伽师地论摄决择分所引解深密经慈氏品略解》。

13. 宗喀巴大师著,法尊法师译,《宗喀巴大师集》(第四卷),《依止〈解深密经〉辨了不了义》,民族出版社,2003。

14.《佛光大词典》电子版。

15.《中华佛教百科全书》电子版。

16.《中国百科全书》(佛教篇)电子版。

17.《丁福保佛学大词典》电子版。